Große Briefe
aus der Weltgeschichte

Aus der Fülle meines Herzens

Große Briefe aus der Weltgeschichte

herausgegeben von
Martin Jenssen

nymphenburger

Diese Ausgabe ist eine Auswahl der in der »Welt am Sonntag« veröffentlichten Serie »Große Briefe aus der Weltgeschichte«

Schutzumschlaggestaltung: Atelier Höpfner-Thoma
Foto: Ball und Spiegel, München
Satz: Filmsatz Schröter GmbH, München
Gesetzt aus 10/12.5 Lino Walbaum
Druck und Binden: Wiener Verlag, Himberg
Printed in Austria
ISBN 3-485-00602-5

Inhalt

Vorwort

Schöner hat es wohl keiner gesagt: »Briefe gehören unter die wichtigsten Denkmäler, die der einzelne Mensch hinterlassen kann«, notierte Goethe. Wer in dem vorliegenden Buch blättert, wird es schnell merken: Das Lesen alter Briefe ist eine seltsam faszinierende Beschäftigung. Es ist, als würde man mit dem Schreiber in einer längst entschwundenen, aber auf geheimnisvolle Weise wieder gegenwärtigen Zeit wandern.

Briefe sind Fenster zur Seele. Sie wirken immer frisch und aktuell, ganz gleich, ob der Schreiber seine Berichte in Umgangssprache oder in kunstvoll gepflegtem Briefstil abgefaßt hat.

Deshalb sind die Briefsammlungen berühmter Persönlichkeiten nach vielen Jahren immer noch eine reizvolle Lektüre. In Buchhandlungen und Bibliotheken gehören sie zu den gefragten Lesestoffen. Die Lebenswege großer Frauen und Männer wären nicht nachzuvollziehen, wenn man ihre Briefe nicht aufgefunden und gesammelt hätte.

Die Kunst des Briefschreibens hat ihren Ursprung im antiken Griechenland. Briefe, eigentlich nur der Ersatz für persönliche Gespräche, sind seitdem wichtige Instrumente für die Überlieferung geschichtlicher Ereignisse.

Martin Luther, der die deutsche Hochsprache mit seiner Bibelübersetzung verbreitet hat, zählt zu den ersten Schreibern meisterlicher Briefe in deutscher Sprache. Beeinflußt durch Goethes Briefroman »Die Leiden des jungen Werthers« erlebte die deutsche Briefkultur in der Zeit der Romantik ihren Höhepunkt.

Auch wenn Historiker den allmählichen Verfall der Briefkultur seit dem 19. Jahrhundert beklagen, dokumentieren auch Briefe aus unserer Zeit die Tragik geschichtlicher Ereignisse.

Das wird durch die am Schluß der Sammlung veröffentlichten Briefe aus den Todeszellen von Alfred Delp und Helmuth von Moltke eindrucksvoll bewiesen.
Die in diesem Buch abgedruckten Briefe sind zunächst unter der Rubrik »Große Briefe der Weltgeschichte« in der Zeitung WELT am SONNTAG erschienen. Den Redakteurinnen des Ressorts »Kunst und Kultur« sei an dieser Stelle für die angenehme Zusammenarbeit gedankt. Der Abdruck begann auf Anregung des langjährigen Chefredakteurs Claus Jacobi im Januar 1986. Da die Resonanz bei den Lesern sehr groß war, hielt sich die Serie über vier Jahre.
Einige der abgedruckten Briefe mußten aus Platzmangel gekürzt werden. Die Eigentümlichkeiten der Sprache und die Orthographie wurden nach Möglichkeit nicht verändert.
Umfang und Auswahl einer solchen Anthologie sind natürlich begrenzt. Aus der Fülle der Briefe, die in Frage gekommen wären, konnte nur eine kleine Auswahl veröffentlicht werden. Und dennoch: Jeder Brief bleibt ein lebendiges Dokument, ein kleiner Farbtupfer aus dem großen Weltgeschehen.

M. J.

Alexander der Große an den persischen König Darius III.

Kraftprobe zweier Herrscher

Als Alexander der Große 336 v. Chr. den Thron von Makedonien bestieg, war er 20 Jahre alt. Um seine Macht zu festigen, mußte er zunächst eine Verschwörung in der eigenen Provinz und Aufstände der griechischen Städte (Zerstörung Thebens) niederschlagen. Einer der größten Feldherrn der Geschichte wurde er durch die Eroberung des persischen Weltreiches. Sein Heer, 30000 Fußsoldaten und 5000 Reiter, errang im Mai 334 am Granikos den ersten Sieg über die Perser.
Der beunruhigte König Darius III. forderte Alexander daraufhin in einer Botschaft zum Rückzug auf. Als Zeichen seiner Macht und seines Reichtums schickte er dem Herausforderer eine Truhe voll Gold, eine Eselladung Sesam, sowie eine Rute zur Züchtigung und einen Ball zum Spielen für den jungen Monarchen. In seiner Antwort gab Alexander eine eigene Deutung dieser Geschenke. Im November 333 standen sich die beiden Könige in der Schlacht bei Issos gegenüber. Darius erlitt eine verheerende Niederlage. Dargestellt wurde diese Schlacht in dem berühmten Alexandermosaik, das 1831 in Pompeji entdeckt wurde. Nach einer weiteren Niederlage (331 bei Gaugamela) wurde Darius von seinen Offizieren erschlagen. Alexander ernannte sich zum König von Asien. Er starb am 13. Juni 323.

Von Zu-ul-Kurnain (Alexander) an jenen, der da behauptet, er sei der König der Könige, selbst die Heerscharen des Himmels zitterten vor ihm und die Bewohner der Welt würden von ihm erleuchtet! Wie ließe es sich wohl mit der Würde einer solchen Person vereinen, daß sie sich vor einem so verächtlichen Feinde wie Iskander fürchtet?

Weiß Dárá (Darius) denn nicht, daß der hohe und mächtige Herr dem die Macht und Herrschaft gibt, dem er sie geben will? Und auch, daß ein schwacher Sterblicher, der sich selbst für einen Gott hält und glaubt, über die Heerscharen des Himmels siegen zu können, sich ohne jeden Zweifel den Unwillen des Allmächtigen zuzieht und sein Reich dem Untergange weiht?
Wie kann jemand, der zum Tode und zum Verderben verurteilt ist, ein Gott sein, da ihm doch sein Reich genommen wird und er den Genuß der Welt anderen überlassen muß?
Siehe! Ich habe mich entschlossen, dir in einer Schlacht zu begegnen, und marschiere daher nach deinem Reich. Ich bekenne, der schwache und geringe Diener des Gottes zu sein, den ich verehre, an den ich meine Gebete richte und der mir Sieg und Triumph verleihen wird.
Zugleich mit dem Schreiben, in dem du von deiner großen Macht soviel Wesens machst, hast du mir eine Rute, einen Ball, eine mit Gold gefüllte Truhe und eine Eselladung Sesam geschickt. Alle diese Gaben betrachte ich als günstige Vorzeichen, die mir mein Glück verkünden. Die Rute deutet an, daß ich das Werkzeug deiner Züchtigung sein und dein Herrscher, Erzieher und Führer werden soll. Der Ball besagt, daß die Oberfläche der Erde und der Umkreis der Welt unter meine Statthalter verteilt werden. Die Truhe mit dem Golde, das ein Teil deines Schatzes ist, verspricht mir, daß deine Reichtümer bald auf mich übergehen werden. Was endlich den Sesam angeht, so ist er zwar reich an Körnern, aber doch weich, wenn man ihn berührt, und von allen Nahrungsmitteln ist er das harmloseste und am wenigsten zuwider.
Als Gegengabe sende ich dir einen Kaffis Senfsamen, damit du die Bitterkeit meines Sieges schmecken und anerkennen mögest. Und während du dich vermessen selbst erhöht hast, durch die Größe deines Reiches übermütig geworden bist, behauptest, eine Gottheit auf Erden zu sein, und deine Machtstellung sogar auf den Himmel hast ausdehnen wollen,

bin ich in Wahrheit dein Herr, dem du untertan bist; und obgleich du versucht hast, mich durch die Aufzählung deiner Kriegsvorbereitungen, deiner Stärke und der Menschenmassen, über die du gebietest, zu erschrecken, setze ich mein Vertrauen auf das Eingreifen der göttlichen Vorsehung, daß es dem Allmächtigen gefallen wird, dein Rühmen an den Verwünschungen der Menschheit zunichte werden zu lassen, und daß er in demselben Maße, wie du dich selbst erhöht hast, Demütigungen über dich bringen und mir den Sieg über dich schenken wird. Mein Vertrauen und meine Zuversicht ruhen in dem Herrn.
Und somit lebe wohl.

Julia Agrippina an ihren Sohn

Taub für das Flehen der Mutter

Im Jahre 54 n. Chr. tötete Agrippina (16–59) ihren Gatten, Kaiser Claudius, mit einem Gericht aus giftigen Pilzen. So verhalf sie Nero, ihrem Sohn aus erster Ehe, auf den römischen Kaiserthron. Der junge Imperator ließ seine machthungrige Mutter jedoch schon wenige Monate später vom Hof verbannen. Junia Silana, in Rom berühmt durch ihre Schönheit und Ausschweifungen, war durch Eifersucht eine Todfeindin von Neros Mutter geworden. Sie ließ im Jahre 55 das Gerücht verbreiten, Agrippina plane ein Komplott gegen den Kaiser. Der Imperator schäumte vor Wut. Sofort gab er den Befehl, seine Mutter zu töten. Seneca, Lehrer und Berater Neros, erreichte einen Aufschub. So konnte Agrippina noch einen Bittbrief schreiben. Die Historiker streiten darüber, ob dieser von Tacitus überlieferte Brief echt ist. »Zweifellos«, so erklärt aber der Nero-Biograph Gérard Walter, »hat Agrippina den Brief in ihren Memoiren aufgezeichnet«.

Nero wurde durch den Brief besänftigt. Als fünf Jahre später jedoch weitere Gerüchte über Verschwörungen auftauchten, hinter denen Agrippina stecken sollte, ließ Nero seine eigene Mutter ermorden.

Ich wundere mich nicht darüber, daß die unfruchtbare Silana das Gefühl der Mutterliebe nicht kennt. Wer nie einen Sohn geboren hat, kann nicht wissen, was es für eine Mutter bedeutet, ihr Kind zu verlieren. Die Natur macht uns für das, was wir nicht selber durchmachen, gleichgültig oder läßt es uns gar hassenswert erscheinen ... Ich bin erstaunt, daß ein wenn auch noch so geschicktes Ränkespiel mit Worten dich bewegen konnte, auch nur eine Sekunde an eine solche unmenschliche Barbarei zu glauben...

Weißt du denn nicht, mein Sohn, daß alle Mütter von Natur aus ihre Kinder lieben? Unsere Liebe ist unbegrenzt, und sie wird ständig von einer Zärtlichkeit gespeist, die niemand außer uns kennt. Nichts kann uns teurer sein als das, was wir mit dem Einsatz unseres Lebens erworben haben, und nichts kostbarer als das, um dessentwillen wir solche Schmerzen und solche Pein erduldet haben. Diese Schmerzen sind so heftig und so unerträglich, daß es bald keine Zeugung mehr geben würde, ließ uns nicht das Traumbild einer erfolgreichen Geburt unsere furchtbaren Qualen vergessen.

Ich trug dich in meinem Schoß und nährte dich mit meinem Blut. Neun volle Monate lang. Vergiß das nicht. Ist es da wohl wahrscheinlich, daß ich das teure Kind, das ich mit so viel Pein erkauft habe, um es zur Welt zu bringen, selber sollte zu beseitigen trachten? Vielleicht habe ich die gerechten Götter mit meiner allzu großen Liebe zu dir erzürnt. Vielleicht wollen sie mich auf diese Weise bestrafen.

Unglückliche Agrippina! Man verdächtigt dich eines Verbrechens, obwohl doch niemand ernsthaft glauben kann, du wärest schuldig!... Was bedeutet mir der Titel einer Kaiserin, wenn man mich eines Verbrechens bezichtigt, vor dem selbst die niedrigste aller Frauen zurückschaudern würde? Unglücklich ist, wer Hofluft atmet. Selbst die Weisesten sind in diesem Hafen vor Stürmen nicht sicher. Dort ist sogar eine Windstille gefährlich. Aber warum sollte ich den Hof schmähen? Könnte er wohl schuld daran sein, daß man mich verdächtigt, ich wolle mein Kind ermorden?...

Warum, frage ich dich, sollte ich Anschläge gegen dein Leben ersinnen? Um mich selber in das größte Unglück zu stürzen? Das ist nicht wahrscheinlich . Welche Hoffnungen könnte ich auf deinen Sturz gründen? Ich weiß, daß Machtbegierde oft die natürlichen Gesetze umstößt; daß die Gerechtigkeit kein Schwert besitzt, um die zu bestrafen, die sich in dieser Weise vergehen, und daß der Ehrgeiz sich um kein Unrecht kümmert, solange es zum Erfolge führt... Welche Gottheit könnte ich wohl um Vergebung anflehen, nachdem ich eine so schwarze Tat begangen hätte? ...

Wie viele Schwierigkeiten habe ich nicht überwinden müssen, um deine Stirn mit dem Lorbeer bekränzen zu können? Aber ich beleidige dich. Scheint es doch, als zweifelte ich an deiner Dankbarkeit, wenn ich dich an die Dienste erinnere, die ich dir erwiesen habe. Meine Unschuld sollte es nicht nötig haben, sich zu verteidigen. Sie kann sich ganz auf deine Gerechtigkeit verlassen.

Lebe wohl!

Plinius d. Jüngere an den römischen Kaiser Trajan

Die Christen, der Kaiser und sein Statthalter

Plinius der Jüngere, Neffe und Adoptivsohn des Schriftstellers und Naturforschers Plinius des Älteren, ist durch seine Briefe in die Weltliteratur eingegangen. Berühmt wurden vor allem seine Schilderungen vom Ausbruch des Vesuvs (79) und von der Christenverfolgung. Als Senator unter Kaiser Domitian machte er sich um die römische Finanzverwaltung verdient. Freund und Vertrauter wurde er dann von Trajan, der im Jahre 98 den Kaiserthron bestieg. 111 schickte der Kaiser Plinius als Statthalter in die schwierige Provinz Bithynien (Kleinasien). Die Anfrage des Plinius, wie er sich den Christen gegenüber zu verhalten habe, beantwortete Trajan umgehend. Die bereits ergriffenen Maßnahmen fand der Kaiser durchaus angemessen. Er wies den Statthalter aber an, jegliche Bespitzelung der Christen einzustellen. Anonyme Anzeigen sollten nicht mehr verfolgt werden. Trajans Anordnungen bekamen allgemeine Gültigkeit. Sie beendeten die Christenverfolgung nicht, schafften aber eine vorübergehende Beruhigung.

Ein Grundsatz, von dem ich unter keinen Umständen abweiche, gebietet mir, daß ich mich stets, wenn ich über etwas im Zweifel bin, an dich, mein Kaiser, wende. Denn wer könnte wohl besser meine Bedenken zerstreuen oder mich zurechtweisen, wenn ich unschlüssig bin? Da ich niemals einem Verhör von Christen beigewohnt habe, kenne ich weder die dabei anzuwendenden Methoden, noch weiß ich, innerhalb welcher Grenzen man sich zu halten hat, wenn man sie verhört und bestraft: ob man also auf das Alter Rücksicht zu nehmen hat; ob zwischen den Jugendlichen und den

Erwachsenen kein Unterschied zu machen ist; ob Reumütigen verziehen werden darf, oder ob es einem Manne, der einmal ein Christ gewesen ist, zu gar nichts hilft, wenn er widerruft; ob bereits das Bekenntnis zum Christentum, auch wenn keinerlei Verbrechen begangen wurde, strafbar ist, oder ob nur die damit verbundenen Verbrechen der Bestrafung unterliegen. In allen diesen Punkten bin ich gar sehr im Ungewissen.

Inzwischen habe ich denen gegenüber, die mir als Christen angezeigt worden waren, folgendes Verfahren angewandt. Ich fragte sie, ob sie Christen wären. Wenn sie bekannten, wiederholte ich meine Frage noch zwei Male, indem ich ihnen gleichzeitig mit der Todesstrafe drohte. Verharrten sie noch immer bei ihrem Bekenntnis, ließ ich sie hinrichten...

Die bloße Tatsache, daß diesen Dingen nachgegangen wurde, bewirkte ein Anwachsen der Zahl der Beschuldigungen, und es zeigte sich, daß es verschiedene Arten des Vergehens gab. Ein Namensverzeichnis von angeblichen Christen, das keine Unterschrift trug, wurde öffentlich angeschlagen. Diejenigen unter diesen Beschuldigten, die beteuerten, sie wären keine Christen und wären es auch nie gewesen, glaubte ich, laufen lassen zu sollen, nachdem sie mir eine Anrufung der Götter nachgesprochen, deiner Statue (die ich zugleich mit Götterbildern zu diesem Zwecke hatte herbeischaffen lassen) Wein und Weihrauch geopfert und schließlich den Namen Christi verflucht hatten. Denn zu nichts von alledem kann man, wie es heißt, wirkliche Christen jemals zwingen. Andere, die der Angeber namhaft gemacht hatte, bekannten zuerst, Christen zu sein, leugneten es dann aber. Es wäre wohl richtig, sagten sie, daß sie früher einmal diesem Glauben angehangen hätten, sie hätten ihn aber aufgegeben (die einen vor drei Jahren, andere vor vielen Jahren, einige wenige sogar schon vor fünfundzwanzig). Sie alle beteten deine Statue und die Götterbilder an und verfluchten den Namen Christi.

Sie versicherten indessen, ihre ganze Schuld oder ihr ganzer

Irrtum habe darin bestanden, daß sie an einem bestimmten Tage vor Sonnenaufgang zusammengekommen wären, Christus, als einem Gott, zu Ehren einen Wechselgesang angestimmt und sich durch einen feierlichen Eid nicht etwa zu schlechten Taten verpflichtet, sondern versprochen hätten, niemals Betrug zu üben, keinen Diebstahl oder Einbruch zu begehen, stets ihr Wort zu halten und niemals anvertrautes Gut abzustreiten, wenn seine Rückgabe gefordert würde. Darauf wären sie ihrer Gewohnheit gemäß auseinandergegangen, hätten sich aber alsbald wieder versammelt, um Nahrung – und zwar Nahrung der üblichen, harmlosen Art – zu sich zu nehmen. Aber auch diesen Brauch hätten sie aufgegeben, als mein Erlaß, in dem ich, deinem Befehl gemäß, politische Vereinigungen verbot, öffentlich bekanntgemacht worden wäre. Um so mehr hielt ich es für notwendig, mit Hilfe der Folter Wahrheit herauszubringen. Ich vermochte indessen nichts anderes zu entdecken als einen verderbten und schwärmerischen Aberglauben.
Ich habe es daher für angebracht gehalten, alle weiteren Maßnahmen in dieser Sache aufzuschieben, um zuerst deinen Rat einzuholen. Denn der Gegenstand verdient es wohl, dir vorgelegt zu werden, zumal in Anbetracht der großen Zahl gefährdeter Personen: Leute jeden Standes und jeden Alters sowie auch beiderlei Geschlechts sind der Verfolgung ausgesetzt oder werden es in Zukunft sein. Denn dieser verderbliche Aberglaube ist nicht lediglich auf die Städte beschränkt, sondern hat sich über die Dörfer und das flache Land verbreitet. Nichtsdestoweniger scheint es noch immer möglich, ihm Einhalt zu gebieten und die von ihm Befallenen zu heilen ...

Karl der Große an seinen Sohn Pippin

Gesetz und Recht

Karl der Große gilt als Begründer der politischen, religiösen und kulturellen Einheit der abendländischen Welt. Am Weihnachtstag des Jahres 800 krönte ihn Papst Leo III. zum ersten römisch-deutschen Kaiser. Da er die römische Tradition übernahm, lag ihm die Bindung Italiens an das fränkische Reich besonders am Herzen. Schon 781 hatte er deshalb seinen damals erst vier Jahre alten Sohn Pippin zum König der Langobarden ernannt. Er sollte in seinem Sinne nach Gesetz und Gerechtigkeit regieren. Geschichtliche Bedeutung gewann Pippin durch seine Siege über die Awaren (im heutigen Ungarn), deren Schätze er 796 nach Aachen brachte. Der Kronprinz starb im Juli 810, nachdem er Venetien erobert hatte. Nach seinem Tod war sein Bruder Ludwig der einzige legitime Erbe von Karl dem Großen.

Im Namen des Vaters und Sohnes und heiligen Geistes. Karl, der leuchtende, gottgekrönte Augustus, der große friedfertige Kaiser, Lenker des römischen Reiches, auch nach Gottes Barmherzigkeit König der Franken und Langobarden: unserm geliebtesten Sohne Pippin, dem ruhmvollen Könige, ewiges Heil im Herrn.

Es ist zu unsern Ohren gelangt, daß einige Große und ihre Untergebenen, wie Gastalden*, Schultheißen und andre Beamte, auch Falkner, Jäger und so weiter auf ihren Reisen und Rasten in vielerlei Bezirken sich Herberge und Vorspann geben lassen; auch sollen sie nicht nur freie Männer, sondern sogar die Kirchen Gottes, die Klöster von Männern und Mädchen, die Spitäler und die mancherlei Leute wie auch

* langobardische Bezirksverwaltung, den Grafen unterstellt (d. Hrsg.)

Knechte der Kirchen Gottes zu ihren Arbeiten heranholen, daß sie in ihren Weingärten und Feldern oder Fluren sowie an ihren Bauwerken arbeiten müssen; auch erpressen sie von ihnen immer wieder gegen alles Recht Verpflegung und Wein, und noch viele Bedrückung erleiden von ihnen die Kirchen Gottes und ihre Diener. Deswegen, liebster Sohn, haben wir diesen Brief an dich gerichtet, damit du diese Klagen sorglich und klug untersuchen läßt. Und wenn wirklich so etwas geschehen ist, dann suche das mit allen Mitteln abzustellen und ins rechte zu bringen, damit in unsern und deinen Tagen der Friede der Kirchen Gottes und ihrer Diener durchaus gewahrt bleibe, und damit uns wie dir dauernder Lohn in Fülle zuwachse.

Wir haben auch gehört, daß wegen einiger Kapitel, die wir ins Gesetz haben eintragen lassen, manche von unsern und euern Leuten da und dort behaupten, wir hätten ihnen diesen Gegenstand nicht persönlich zur Kenntnis gegeben; und deswegen wollen sie ihnen weder gehorchen noch zustimmen noch sie für Gesetz halten. Du hingegen weißt, welchergestalt wir mit dir über diese Kapitel gesprochen haben, und darum heißen wir dich freundlich Geneigten, mache sie in dem ganzen von Gott dir gegebenen Reiche bekannt und befiehl, sie zu befolgen und zu erfüllen: nämlich was wir über Tötung von Bischöfen und Geistlichen und all die weiteren Fälle festgesetzt haben. Jedoch erachten wir, daß ein Priester, wenn er frei geboren ist, durch das dreifache Wergeld seines Stammes gebüßt werden soll; und wenn er nur verletzt wurde, soll er nach Art und Größe der Wunden oder der Mißhandlung mit dreifachem Sühnegeld durch den Täter entschädigt werden. Wenn aber der Priester als Knecht geboren ist, werde entsprechend seiner Geburt dreifache Sühne für die Wunden und Mißhandlungen gezahlt. Und für Diakonen gelte das gleiche. Hiernach lebe immer wohl im Herrn, mein teuerstes Kind.

König Heinrich IV. an Papst Gregor VII.

Der deutsche König im Büßerhemd

Als päpstlicher Legat kam ein Mönch namens Hildebrand 1053 nach Goslar, um dem deutschen Kronerben den Segen des apostolischen Stuhles zu überbringen. Der dreijährige Prinz empfing den Mönch mit Schimpfwörtern und bewarf ihn mit Brei. Diese Ungezogenheit sollte sich 20 Jahre später rächen. 1073 wurde Hildebrand zum Papst Gregor VII. gewählt. Gegen den jungen König wollte er im sogenannten Investiturstreit durchsetzen, daß hohe kirchliche Ämter nur vom Papst verliehen werden sollten. Heinrich IV. wollte dieses Privileg für sich. Nach einer Synode in Worms forderte er den Papst zum Rücktritt auf. Die Antwort des Papstes war die Bannung des Königs. Als sich nun auch die deutschen Fürsten gegen den König stellten, konnte er seine Krone nur durch den Bußgang nach Canossa (1077) retten, wo er durch dreitägiges Ausharren im Schnee vom Papst die Lossprechung vom Bann ertrotzte. Der Streit zwischen König und Papst war damit nicht beendet. Sieben Jahre später zog der König mit seinem Heer in Rom ein. Gregor flüchtete. Heinrich IV. ließ sich zu Ostern 1084 in der Peterskirche von Papst Klemens III. (er war 1080 in Brixen zum Gegenpapst gewählt worden) zum Kaiser krönen.

Worms, 24. Januar 1076

Heinrich, nicht durch Anmaßung, sondern durch Gottes heilige Einsetzung König, an Hildebrand, nicht den Papst, sondern den falschen Mönch.

Solchen Gruß hast Du zu Deiner Schmach verdient, der Du keinen Stand in der Kirche verschont, sondern über jeden Beschimpfung statt Ehre, Fluch statt Segen gebracht hast.

Denn um von vielem nur weniges und das Bedeutendste anzuführen: die Vorsteher der heiligen Kirche, nämlich die Erzbischöfe, Bischöfe und Priester, die Gesalbten des Herren hast Du Dich nicht gescheut anzutasten und sie wie törichte Knechte, die nicht wissen, was ihr Herr tut, mit Füßen zu treten. Durch ihre Beschimpfung hast Du Dir den Beifall des Pöbels erworben. Sie alle, meintest Du, wüßten nichts, Du aber wüßtest alles. Diese Wissenschaft hast Du nicht zur Erbauung, sondern zur Zerstörung anzuwenden Dich bemüht, so daß wir mit Recht glauben, der heilige Gregor, dessen Namen Du Dir angemaßt hast, habe von Dir prophezeit, als er sagte: »Durch die Überzahl der Untergebenen wird der Sinn des Vorgesetzten zum Hochmut verleitet, so daß er glaubt, mehr als alle zu wissen, wenn er sieht, daß er mehr als alle vermag.«
Wir haben dies alles ertragen, da wir die Ehre des Heiligen Stuhles zu bewahren suchten. Aber Du hast unsere Demut für Furcht gehalten und hast Dich daher nicht gescheut, auch gegen die Königsgewalt, die uns Gott gab, aufzutreten, und hast es gewagt, uns zu drohen, Du würdest sie uns nehmen, als wenn wir von Dir das Reich empfangen hätten, als ob in Deiner und nicht in Gottes Hand Kaisertum und Königtum liege. Dieser unser Herr Jesus Christus hat uns zum Königtum, Dich aber nicht zum Priestertum berufen. Denn Du bist dahin auf solchen Stufen emporgestiegen: durch List hast Du, obwohl das dem Mönchsgelübde widerstreitet, Geld, durch Geld Gunst, durch Gunst die Macht des Schwertes erlangt. Mit dem Schwert bist Du dem Sitze des Friedens genaht und hast den Frieden vom Sitze des Friedens vertrieben, indem Du die Untergebenen gegen ihre Vorgesetzten bewaffnet, indem Du – ein Unberufener – sie unsere von Gott berufenen Bischöfe zu verachten gelehrt, indem Du den Priestern ihr Amt entrissen und es den Laien gegeben hast.
Mich auch, der ich, wenn auch unwürdig, unter den Gesalbten des Herrn zum König geweiht bin, hast Du angetastet, der

doch, wie die Überlieferung der heiligen Väter lehrt, allein von Gott zu richten ist und um keines Verbrechens willen außer für Abirrung vom Glauben – was ferne von uns sei – abgesetzt werden darf. Denn selbst Julian den Abtrünnigen maßte die Weisheit der heiligen Väter sich nicht an zu richten, sondern überließ es Gottes Urteil allein. Sagt doch der wahre Papst, der heilige Petrus, selber: »Fürchtet Gott, ehret den König!« Du aber, der Du Gott nicht fürchtest, entehrst in mir den von ihm Bestellten. Darum hat auch der heilige Paulus da, wo er des Engels vom Himmel nicht schont, wenn er anders lehrt, auch Dich nicht ausgenommen, der Du auf Erden anders lehrst. Denn er sagt: »Aber so auch wir oder ein Engel vom Himmel euch würde predigen, anders als wir euch gepredigt haben, der sei verflucht!«
Du also, durch diesen Fluch und das Urteil aller unserer Bischöfe und das unserige Verdammter, steige herab, verlaß den Apostolischen Stuhl. Möge ein anderer den Thron des heiligen Petrus besteigen.
Ich, Heinrich, von Gottes Gnaden König, rufe Dir mit meinen Bischöfen zu: Steige herab, steige herab, Du für ewig Verdammter!

Kaiser Heinrich IV. an seinen Sohn Heinrich

Den Vater in einen Hinterhalt gelockt

Seit 1065, nachdem er für mündig erklärt worden war, herrschte Heinrich IV. (1050–1106) als König (nach 1084 als Kaiser) über Deutschland, Italien und Burgund. Seine Regierungszeit wurde überschattet durch den Konflikt mit Papst Gregor VII. Nicht nur mit der Kirche, auch mit dem Adel lag Heinrich im Streit. 1104 wechselte sein Sohn, Heinrich V., auf die Seite der Gegner. Im Herbst 1105 standen sich die Heere von Vater und Sohn bei Regensburg gegenüber. Heinrich V. vermied den Kampf. Er lockte den Vater in einen Hinterhalt und zwang ihn zur Abdankung. Der gestürzte Kaiser flüchtete nach Lüttich. Nach Erhalt des Briefes nahm Heinrich V. von der Verfolgung Abstand. Sein Vater sammelte wieder ein Heer. Er starb jedoch, bevor es zur Entscheidungsschlacht kam.

März 1106

Wenn ich dich, meinen vielgeliebten Sohn, frage, ob man mehr den Menschensatzungen oder dem Gebot Gottes gehorchen müsse, so wirst du mir – wenn du nicht völlig von der Wahrheit abgefallen bist – antworten, der gleiche dem Vieh, der nicht das Himmlische dem Irdischen, das Göttliche dem Menschlichen vorzieht. Warum hörst du dann mehr auf jene, die dir zuflüstern: »Verfolge deinen Vater!«, als auf Gottes Wort: »Ehre deinen Vater!«? Sie führen dich in Irrtum, nicht zur wahren Lehre, sie sorgen nicht für deine Ehre, sie neiden sie dir nur: unter dem Scheine der Treue legen sie dir die Schlingen der Untreue. Einzig durch die Vernichtung meiner Ehre konnten sie auch die deine untergraben. Mochte mich immerhin, wie meine Widersacher wähnen, Gott wegen

meiner Sünden vom Throne stürzen, du hättest dazu nie deine Hand bieten, mir nie das Reich, das ich dir bereitete, vor der Zeit entreißen dürfen.
Barbarenvölker verurteilen und verfluchen ein so unmenschliches Verbrechen, selbst die Heiden schrecken davor zurück, und jene, die Gott nicht kennen, wissen, was sie der Natur an Menschenliebe schulden. Doch es ist kein Wunder, daß böswillige Einflüsterungen die unreife, leicht verführbare Jugend zu täuschen verstand; denn schlimmer Rat vermag zuweilen selbst den festen Sinn von Greisen zum Bösen zu verleiten. Mein Geschick ist mehr die Folge fremder Verbrechen als des deinen, weil du in den Händen deiner Berater und nicht sie in den deinen waren. Wenn du aber noch weiteres Unrecht tust, so kannst du immer entschuldigt werden, nachdem du weißt, daß, was geschehen, ein Frevel ist, und du, was noch nicht geschehen, unterlassen kannst.
Ich habe auch gehört, du habest beschlossen, Ostern in Lüttich zu feiern, wo mich der treue und fromme Bischof aufgenommen hat, als sich niemand meiner Wohltaten erinnerte, niemand mit meinem Unglücke Mitleid hatte. Seine mir erwiesenen Wohltaten solltest du mit königlicher Freigebigkeit belohnen. Du kannst seiner Treue um so sicherer sein, je mehr er sie gegen mich bewiesen. Er ist auch entschlossen, wenn er nicht dich in seinem Hause aufnimmt, mich während der Ostertage bei sich zu behalten. Doch du sagst, dieses Fest sollte uns eher vereinigen als trennen, du willst, du wünschest, daß ich hier mit dir zusammen die Osterfreude genieße. Auch ich sehnte mich danach gar sehr, wäre nicht Anlaß zur Furcht gegeben. Denn ich muß doch jenen mißtrauen, die es reut, mir das Leben gelassen zu haben, als in ihrer Hand mein Tod und Leben lag. Alles flößt mir Verdacht, alles Besorgnis ein, am meisten aber eine zahlreiche Menge, bei der man sich um so weniger gegen eine Gefahr sichern kann, je größer durch sie die Gelegenheit zu einem Verbrechen ist. Deshalb entwich ich auch so weit vor meinen Hassern und habe mich an die

äußerste Grenze deines Reiches zurückgezogen, damit mich die große Entfernung schirme, oder wenn mich die Not zwingt, in der Fremde edle Menschen aufzusuchen, ich um so schneller aus deinem Gebiete fliehen kann.
Ich bitte dich also, daß du mit Rücksicht auf deinen Vater zu Ostern an einem anderen Orte Hof haltest, und daß du mich nicht als Kaiser, sondern nur als Gast in dem Hause des Mannes verweilen lässest, der mich in reiner Menschenliebe aufgenommen hat. Sorge dafür, daß man sich nicht mir zum Hohne und dir zur Schmach erzähle, mein Unglück habe mich selbst an dem Hochfeste der Auferstehung des Herrn gezwungen, eine unsichere Herberge zu suchen. Tust du, um was ich dich bitte, so bin ich dir von Herzen dankbar; wenn nicht, so will ich lieber als Bettler in fremden Landen verweilen, als in dem Reiche, das einst mein war, ein Gegenstand des Spottes sein.

Kaiser Friedrich II. an den Astrologen Scotus

Vom Büßer zum Helden des fünften Kreuzzuges

Friedrich II. wurde 1220 in Rom zum Kaiser gekrönt. Bei der Krönungsfeier in Aachen hatte er gelobt, einen Kreuzzug nach Jerusalem zu unternehmen. Zahllose Konflikte hinderten ihn jedoch an der Einhaltung des Versprechens. Papst Gregor IX. belegte ihn deshalb am 29. September 1227 mit dem Kirchenbann. Als »Büßer« zog sich Friedrich II. daraufhin aus den Regierungsgeschäften zurück. Zusammen mit dem Hof-Astrologen Michael Scotus hatte er nun Zeit, seinem »unstillbaren Sehnen« nachzugehen, alle Dinge im Himmel und auf Erden zu erforschen. Als der Papst den Bannstrahl wiederholte, organisierte Friedrich II. den fünften Kreuzzug (seit 1096). Im Februar 1229 fielen ihm Jerusalem, Bethlehem und Nazareth kampflos zu. Dadurch sicherte er gleichzeitig seine Stellung als Kaiser.

Mein teuerster Meister,
oft und mannigfach haben Wir von dem einen und andern Fragen und Antworten vernommen betreffs der überirdischen Körper, nämlich Sonne, Mond und Fixsterne des Himmels, und über die Elemente, über die Weltseele, über heidnische und christliche Völker und andere Geschöpfe, die gemeinsam auf und in der Erde sind, wie z. B. Pflanzen und Metalle. Noch niemals aber haben Wir etwas gehört von jenen Geheimnissen, die dem Ergötzen zugleich wie der Weisheit dienen, nämlich vom Paradies, Fegfeuer und Hölle, von der Grundlage der Erde und ihren Wunderbarkeiten.
Daher bitten Wir Dich bei Deiner Liebe zur Weisheit und bei Deiner Ehrfurcht vor Unserer Krone und der Majestät des Kaisertums, Du mögest Uns die Grundlage der Erde erklären,

nämlich wie hoch ihr fester Bestand über der Raumtiefe steht, und wie diese Raumtiefe unter der Erde, und ob da etwas anderes ist, was die Rede trägt, als Luft und Wasser, ob sie etwa auf sich selbst ruht oder auf Himmeln, die unter ihr sind; wie viele Himmel es gibt, und wer ihre Lenker sind, die in ihnen hauptsächlich ihre Stätte haben; und wieweit nach wahrem Maß ein Himmel entfernt ist vom andern, und was denn noch außerhalb des letzten Himmels ist...

Danach sag' Uns, wie viele Raumtiefen es gibt, und welchen Namens die Geister sind, die da weilen, wo denn die Hölle sei und das Fegfeuer und das himmlische Paradies: unter der Erde, in der Erde oder über der Erde. Und was für ein Unterschied besteht zwischen den Seelen, die täglich dort hinabfahren, und den Geistern, die vom Himmel herabgefallen sind, und ob eine Seele im jenseitigen Leben die andere erkennt, und ob irgendeine zu diesem Leben zurückkehren kann, um zu sprechen oder sich jemandem zu zeigen; und wie viele Höllenstrafen es gibt.

Sag' Uns weiter das Maß dieses Erdkörpers, die Dicke und Länge, und wie weit es ist von der Erde bis zum höchsten Himmel und von der Erde bis hinab in die Tiefen, und wenn es mehrere gibt, wie weit dann eine von der andern entfernt ist; und ob diese Erde leere Räume hat oder nicht...

Sag' Uns auch von den süßen Wassern, weshalb sie unablässig herausströmen aus der Erde, bisweilen auch aus Steinen und aus Bäumen, z. B. aus Weinstöcken, wie man im Frühjahr sehen kann, wenn sie beschnitten werden. Woher die kommen und emporsteigen, und wie es zu erklären ist, daß einige von ihnen süß und milde herausströmen, einige klar, einige trübe, und einige zähflüssig. Denn Wir verwundern Uns darüber sehr, weil Wir ja längst wissen, daß alle Wasser vom Meer ausgehen, und, nachdem sie durch wechselnde Strecken auf und in der Erde geflossen sind, wieder ins Meer zurückkehren, und das Meer so groß und so geschaffen ist, daß es als Bett und Aufnahmebehälter aller herabflutenden

Gewässer zu gelten hat. Deshalb möchten Wir gern erfahren, ob es einen Raum für sich gibt, der allein Süßwasser hat und einen andern, der nur Salzwasser hat. Wir möchten weiter wissen, woher die salzigen und bitteren Wasser entstehen. Ähnlich auch jene Wasser da, die stellenweise lau oder ganz warm oder auch so heiß hervorquellen, als wären sie in einem Topf über brennendem Feuer, wie es sich mit denen verhält, woher sie kommen und sind...

Wir möchten auch wissen, wie es mit jenem Wind steht, der von vielen Gegenden des Erdkreises ausgeht, und mit dem Feuer, das aus der Erde hervorbricht, sowohl in der Ebene wie im Gebirge; ebenso auch, wie es mit dem Dampf steht, der bald hier, bald dort erscheint: von wo er gespeist wird, und welche Kraft es ist, die ihn emportreibt, wie in manchen Gegenden Siziliens und bei Messina ersichtlich ist, z. B. am Ätna, Vulcan, Lipari und Stromboli.

Und wie kommt es, daß, wenn die Seele irgendeines lebenden Menschen zum andern Leben hinübergegangen ist, dann weder Liebe noch Haß für sie Anlaß zur Rückkehr wird? Gleich als wäre nichts gewesen; und daß sie sich um alles Zurückbleibende gar nicht mehr zu kümmern scheint, einerlei ob sie zu den Seligen oder zu den Verdammten gehört.

Kaiser Friedrich II. an seinen Sohn Konrad IV.

Mit sieben Jahren schon Stellvertreter des Vaters

Friedrich II. (1194–1250), ein Enkel Barbarossas, wuchs in Süditalien auf. Nach dem Tod seines Vaters (Heinrich VI.; 1197) wurde er mit vier Jahren König von Sizilien. In seiner Jugend erlernte er sieben Sprachen. 1212 wurde er in Mainz zum deutschen König, 1220 in Rom zum Kaiser gekrönt. Auf seinem Kreuzzug (1228/29) gelang ihm ein politischer Erfolg. Al-Kamil, Oberbefehlshaber der Sarazenen, war über die Arabisch-Kenntnisse des Kaisers so erstaunt, daß er ihm kampflos Jerusalem überließ. Die meiste Zeit seiner Regentschaft kämpfte Friedrich II. in Italien gegen die Machtansprüche der Päpste. Deshalb schickte er 1235 seinen Sohn, den siebenjährigen Konrad, als seinen Stellvertreter nach Deutschland. Nach dem Tod des Vaters (1250) schaffte es Konrad IV. nicht, seine Machtansprüche durchzusetzen. Er starb 1254, im Alter von 26 Jahren.

1239

Den Großen der Welt und den Königen genügt ihre berühmte Abstammung noch nicht, wenn nicht ihrem erlauchten Geschlecht der Adel des Sinnes zu Hilfe kommt und ein rühmliches Streben ihre Herrschaft verklärt.

Kaiser und Könige unterscheiden sich nicht nur deswegen von andern, weil sie höher thronen, sondern weil sie tiefer schauen und tugendhafter handeln. Denn abgesehen davon, daß sie mit den Menschen das Menschsein teilen und in Gemeinschaft mit ihnen leben, können sie keinen Vorzug für sich in Anspruch nehmen, wenn sie nicht durch außerordentliche Klugheit vor den übrigen hervorleuchten. Denn sie werden genau so geboren wie die Menschen, und wie die

Menschen sterben sie auch. Keiner aber von den Königen hat, nach dem Ausspruch Salomons, einen anderen Eingang ins Leben, noch ist ihm ein anderer Abgang beschieden. Darum hielt er es für nötig, Weisheit zu besitzen, die er höher schätzte als alle Königtümer und Throne.

Also, mein Sohn, strebe nach Weisheit und zur Klugheit neige Dein Ohr, daß Du, geschmückt mit den königlichen Insignien, die Wirkung des königlichen Namens erreichest. Denn wir haben den Titel »König« deswegen erhalten, weil wir über Untergebene herrschen. Könige zu sein hören wir freilich bald auf, wenn wir uns, der königlichen Klugheit bar, vom Einfluß Untergebener bestimmen lassen, statt selbst zu bestimmen. Ja, unwissende Fürsten machen sich um so auffälliger als ihre Untertanen, je mehr der Adel des Blutes durch die Eingießung eines edlen und feinen Geistes sie vor andern für Zucht empfänglich machen sollte, je mehr auch, als eine für das Hohe nachteilige Einfalt nicht nur ihnen selber, sondern auch ihren Untertanen zum Nachteil gereicht, da ja der Fall eines Fürsten auch die Völker ins Unglück bringt.

Darum heißt es mit Recht: »Wehe dem Land, über das ein Knabe als König herrscht«, weil die Jugend des Herrn das Land büßen läßt. Und da unter den übrigen Fürsten gerade von Dir als dem erwählten Römischen König das Wohl und Wehe mehrerer Völker abhängt und deshalb von Deiner Torheit gefährlicheres Unheil zu befürchten wäre, so ist die Liebe zur Klugheit für Dich eiserne Notwendigkeit. Der Weg zu ihr führt über die Treppe eifrigen Bemühens und über die Stufen der Zucht. Hier heißt es, die kaiserliche Würde abzulegen, vom Gipfel der Majestät demütig herabzusteigen, unter der Zuchtrute des Meisters, unter der Leitung des Lehrers weder König noch Kaiser, sondern nichts anderes als ein Schüler zu sein.

Folge also den Weisungen des Lehrers, nimm Belehrungen gern an, und wenn Du zu wissen wünschest, so wünsche auch belehrt zu werden. Denn nach dem Worte der Weisheit überrascht nicht selten den Verächter dessen, der ihn tadelt, ein plötzlicher Untergang, von dem es keine Rettung gibt. Willst Du also Deinem Vater Freude machen als ein weiser Sohn, so pflege die Wissenschaft, scheue Dich nicht vor der Zucht und werde ein König, der sich nicht mit der Würde des Namens begnügt, sondern ein Führer ist dank der Vortrefflichkeit seiner Regierung.

Jan Hus an seinen Schüler Wolynje

Ein Prediger und sein Kampf in Prag

Der tschechische Kirchenreformer Jan Hus war 1402 zum Prediger an der Bethlehemskapelle in Prag ernannt worden. Wie sein Vorbild, der englische Reformer John Wyclif (um 1334–1384), setzte Hus sich in seinen Predigten und Schriften dafür ein, die Bibel als höchste Autorität in Glaubensfragen anzusehen. Von seiner Kanzel wetterte er gegen den Pomp und Luxus, mit dem sich reiche Bürger und hohe Geistliche umgaben. Nach Meinung von Hus sollten die Güter der Kirche zur Armenpflege verwendet werden. Der hohe Klerus fühlte sich durch den reformatorischen Eifer des Predigers bedroht.
1410 erteilte ihm der Erzbischof von Prag Predigtverbot. Hus wurde exkommuniziert und mußte Prag verlassen. 1414 lud man ihn auf das Konstanzer Konzil, das König Sigmund einberufen hatte. Der Monarch wollte die drohende Spaltung der Kirche verhindern. Er sicherte Hus freies Geleit zu. Der Schutzbrief nützte dem Reformer nichts. Als er sich weigerte, seine Lehren zu widerrufen, wurde er zum Tode verurteilt und am 6. Juli 1415 auf dem Scheiterhaufen verbrannt.
Daß Hus seinen Tod vorausgeahnt hat, kommt in den Abschiedsworten an seinen Lieblingsschüler Martin von Wolynje zum Ausdruck. Der Reformer hatte den Brief kurz vor seiner Abreise nach Konstanz verfaßt.

Magister Martin,
geliebtester Bruder in Christo!

Ich ermahne Dich im Namen des Herrn, daß Du Gott stets fürchten mögest, seine Gebote haltest, den Umgang mit Weibern meidest, nur ja auf Dich selber achtgebest, wenn Du den Frauen die Beichte abhörest, damit Du nicht durch Weibertrug in die Schlingen des Teufels verstrickt werdest. Wie Augustinus so weise sagt: Traue ihrer Scheinheiligkeit nicht; je scheinheiliger, desto unzüchtiger, und unter dem Deckmantel der Frömmigkeit verbirgt sich oft nur sinnliches Gelüste.

Hüte Dich also vor allem davor, auf das Du nicht das verlieren mögest, was nachher nie wieder zu erlangen ist, und was Du, wie ich hoffe, noch unversehrt besitzest: Deine Jünglingschaft. Denk daran, daß ich Dich von Jugend auf im Dienste Jesu Christi unterwiesen habe, und wie gern ich, wenn ich's vermocht hätte, all mein Wissen Dich auf einmal gelehrt hätte.

Du weißt ja auch, mit welchem Abscheu ich wider das ungeregelte Leben mancher Geistlicher geeifert habe, derentwegen ich die Verfolgung, der ich wohl bald zum Opfer fallen werde, zu Gottes Ehr' erdulde. Dennoch fürchte ich mich nicht, für Jesu Christi Namen zu sterben.

Ich bitte Dich herzlich, begib Dich nicht auf Pfründenjagd. Wirst Du aber zu einem Pfarramt berufen, so mögen Dich dabei die Ehre Gottes, das Heil der gläubigen Seelen und die Arbeit leiten, nicht aber die Gier nach Schweinebraten oder nach Landgütern.

Wenn Du nun Pfarrer sein wirst, nimm dann ja keine junge Köchin, sonst möchtest Du Dich gar mehr um den Ausbau Deines Hauses, statt um die Erbauung Deiner Seele kümmern! Siehe zu, daß Du vielmehr ein Baumeister des Tempels in Deinem Herzen seist. Den Armen gegenüber sei freundlich und einfach; verprasse Deine Einkünfte nicht auf Gastmählern.

Ach, ich fürchte um Dich, falls Du Deinen Lebenswandel nicht bald besserst und von Deinen schönen und überflüssigen Kleidern lässest, daß Du dann von Gott gezüchtigt werdest! So wie ich Armer es nun bereuen muß, daß ich hoffärti-

gen Geistes mich zu derlei Nichtigem wider Gottes Gebot habe verleiten lassen, verführt durch schlimme menschliche Angewohnheit. Weil Du doch in vertrautem Umgang mit mir von Deiner Jugend an meine Anschauungen genau kennst, so ist es nicht nötig, Dir jetzt mehr darüber zu schreiben.
Nur beschwöre ich Dich noch, um der Barmherzigkeit Jesu Christi willen: ahme keineswegs das leichtsinnige Tun nach, daß Du an mir sahest! Du weißt ja, daß ich vor dem Antritt meine Zeit vergeudet und überm Spiel unheilvollerweise oft andere und auch mich selbst zu Jähzorn und Zank herausgefordert habe. Deshalb und auch meiner anderen zahllosen Pflichtversäumnisse wegen vertraue ich mich Deinen Gebeten zum Allerbarmer an, damit Gott mir gnädig sein möge.
Möchtest Du auch darin nicht erlahmen, sein Mitleid anzurufen, auf daß mein Leben zu bessern ich für würdig befunden werde, um nach Überwindung der gegenwärtigen Nichtnutzigkeit des Zeitalters, nach dem Siege über Leid, Welt und Teufel, wenigstens am Gerichtstag einigermaßen bestehen zu können, so daß ich ins himmlische Vaterland komme.
Leb wohl in Christo, mit allen, die über das Gesetz des Herrn wachen! Den grauen Rock, wenn Du ihn haben willst, behalte als Andenken an mich. Aber Du hast ja, wie ich noch zu wissen glaube, keine Vorliebe für die graue Farbe, daher mögest Du ihn jemand schenken, dem Grau besser gefällt.
Den weißen Rock gib dem Pfarrer. Die 60 Groschen oder auch den grauen Rock gib meinem Schüler Georg oder Jirschik, weil er mir so treu gedient.

Christoph Kolumbus an den königlichen Schatzmeister Gabriel Sanchez ...

Er entdeckte Amerika und glaubte bis zu seinem Tod, es sei Indien

Im Auftrag des spanischen Königshauses segelte Christoph Kolumbus (1451–1506) am 3. August 1492 los, um – über den Atlantik – einen westlichen Seeweg nach Indien zu finden. Nach 71 Tagen der Ungewißheit und Strapazen, am 12. Oktober, erreichten die Schiffe »Santa Maria«, »Pinta« und »Nina« endlich wieder Land, eine Insel. Die Seefahrer gaben ihr den Namen »San Salvador« (Heiliger Erlöser). Kolumbus hielt die (mittelamerikanische) Insel für einen Teil Indiens.
Sogleich nach seiner Rückkehr schilderte Kolumbus in einem Brief an Gabriel Sanchez, den Schatzmeister des Königs, die Erlebnisse seiner Reise. Das Schreiben verfehlte die beabsichtigte Wirkung nicht: Auf Gold hoffend entsandte das spanische Königspaar Ferdinand und Isabella im September 1493 eine Flotte von 17 Schiffen in die Neue Welt. Als Verwalter der von ihm entdeckten Provinzen hatte Kolumbus jedoch keinen Erfolg. Durch Intrigen fiel er in Ungnade. Bis zu seinem Tod (20. Mai 1506) kämpfte er um die Rechte: die erbliche Würde eines Großadmirals und Vizekönigs.
Professor Lowell von der Universität Havard schrieb über den Seefahrer, der nicht ahnte, daß er einen neuen Erdteil gefunden hatte: »Als Kolumbus aufbrach, wußte er nicht, wohin er ging; als er anlangte, wußte er nicht, wo er war; als er zurückkehrte, wußte er nicht, wo er gewesen war – aber nichtsdestoweniger entdeckte er Amerika.«

... Auf allen jenen Inseln herrscht meiner Erfahrung nach Monogamie; außer bei den Fürsten und Königen, denen zwanzig Weiber erlaubt sind. Die Frauen scheinen mir mehr zu arbeiten als die Männer. Ob die Eingeborenen Privateigentum besitzen, konnte ich nicht genau feststellen: denn ich sah, daß jeder von dem, was er hatte, anderen mitteilte, vorzüglich Speisen, Zukost und anderes derart.

Kannibalen, wie die meisten erwarteten, habe ich bei ihnen keine gefunden, sondern nur rücksichtsvolle und gütige Menschen. Auch sind sie nicht schwarz wie die Äthiopier, sie tragen glattes, herabhängendes Haar. Sie suchen die Sonnenhitze zu meiden, die in diesen Gegenden, die von der Äquatoriallinie 26 Grad entfernt sind, sehr groß ist. In den dortigen hohen Gebirgen herrscht auch große Kälte; aber die Eingeborenen sind daran gewöhnt, und dann mildern sie sie auch durch heiße Nahrung und den vielfachen Gebrauch von Gewürzen.

Kannibalen habe ich also nirgends angetroffen und auch nichts von ihnen gehört; ausgenommen ist eine Insel, die zweite, wenn man zur See von Spanien her nach Indien kommt, Charis genannt. Hier wohnt nämlich ein Volk, das bei allen Nachbarvölkern als sehr wild gilt und das Menschenfleisch ißt. Dies Volk hat zahlreiche zweirudrige Kanoes in seinem Besitz, mit denen es nach allen indischen Inseln fährt, plündert und raubt, was es nur erreichen kann. Im Aussehen sind die Einwohner dieser Insel von den anderen Eingeborenen nicht verschieden, nur tragen sie nach Weiberart lange Haare. Als Waffe tragen sie Bogen und als Wurfspieße Rohrstäbe, an deren Enden Pfeilspitzen befestigt sind. Aus allen diesen Gründen gelten sie für wild, und die übrigen Inder haben eine unermeßliche Angst vor ihnen ...

Die Einwohner der genannten Insel stehen in ehelicher Gemeinschaft mit Frauen, die allein auf der Insel Matremonio (Matinino) wohnen, die man bei der Fahrt von Spanien her als erste antrifft. Diese Frauen beschäftigen sich indes nicht, wie sonst andere Frauen, sondern sie führen Bogen und Speere wie ihre Männer und tragen als Schutz auf dem Körper Platten von Kupfer, welches Metall dort im Überfluß vorkommt.

Auf einem andern Eiland, das nach Angabe der Eingeborenen noch größer sein soll als das erwähnte Española, haben die Einwohner keine Haare; auf dieser Insel gibt es aber mehr Gold als auf allen anderen. Auch von dieser Insel bringe ich, wie von den andern, die ich besucht habe, Eingeborene mit als Beweis für alle meine Angaben.

Um in kurzen Worten endlich den Gewinn und Nutzen meiner Ausfahrt und schnellen Heimkehr zusammenzufassen: ich mache mich anheischig, unserem unbesiegbaren Königspaare für die mir geleistete, verhältnismäßig kleine Unterstützung so viel Gold mitzubringen, als es nur nötig hat; und auch, so viel an Gewürzen, Baumwolle, Mastixharz – das bislang nur bei Chios gefunden wurde – so viel Aloeholz und so viel Sklaven zum Wassertragen und andere Gewürze und was alles nur die von mir in dem Kastell zurückgelassene Besatzung schon gefunden hat und noch finden wird.

Ich für mein Teil habe mich in jenen Gegenden überall immer nur so lang aufgehalten, als mich die Winde zum Aufenthalte zwangen; außer in der Stadt Navidad, als ich das Kastell begründete und für die Sicherheit meiner Leute sorgen mußte. Trotzdem sind meine Erfolge ganz gewaltig und unerhört; noch größer wären sie indes, wenn mir Schiffe in genügender Anzahl zu Hilfe gekommen wären.

Doch ist mir in wunderbarer Weise und weit über mein Verdienst Gnade geworden wegen meines treuen Christenglaubens und wegen der frommen und gottesfürchtigen Gesinnung unsres Königspaars. Was nämlich Menschenverstand nicht erreichen konnte, das hat Gottes Geist den Menschen gewährt. Denn Gott pflegt seine Knechte und die, die seine Gebote lieben, auch bei Unmöglichem zu erhören. So ist es auch uns jetzt gegangen. Denn wir haben das erreicht, was bis jetzt noch keines Sterblichen Kraft erreicht hatte. Wer nämlich bis jetzt etwas von diesen Inseln schrieb oder sprach, der tat es nur auf rätselhafte Äußerungen und Vermutungen hin; niemand konnte behaupten, daß er die Inseln mit eigenen Augen gesehen hatte, so daß es fast schien, als seien sie nur ein Märchen und nicht Wirklichkeit.

Drum sollen jetzt der König und die Königin und ihre glücklichen Reiche und alle sonstigen christlichen Lande unserm Erlöser und Herrn Jesus Christus danken und lobsingen, der uns so zum Siege geführt und mit reichen Gaben beschenkt hat; feierliche Umzüge soll man halten, glänzende Opfer feiern und mit festlichem Laub die Gotteshäuser schmücken; Christus soll sich auf Erden freuen, wie er sich im Himmel freut. Denn so vieler Völker Seelen, die vorher verloren waren, sollen nunmehr gerettet werden. Freuen auch wir uns einmal wegen der Erhöhung unsres Glaubens, dann aber auch wegen des Zuwachses an zeitlichen Gütern, an denen nicht allein Spanien, sondern die ganze Christenheit einst Anteil haben soll.

Dies der kurze Bericht von unsern Taten! Lebe wohl!

Lissabon, den 14. März (1393)
Christobal Colon
Admiral der Flotte des Ozeans

Leonardo da Vinci an Herzog Ludovico Sforza

Architekt, Ingenieur und Maler – in einer Person

Leonardo da Vinci (1452–1519) war der bedeutendste Künstler und Forscher der Hochrenaissance. Seine vielseitige Ausbildung erhielt er in Florenz. 1481 hörte er, daß Ludovico Sforza, der Herzog von Mailand, einen Ingenieur, einen Architekten, einen Maler und einen Bildhauer suchte. Da er selbst alle diese Berufe ausüben konnte, schrieb Leonardo dem Herzog einen Brief, in dem er seine Fertigkeiten anpries. Natürlich hatte dieses Bewerbungsschreiben Erfolg.
Zu den Aufgaben, die Ludovico Sforza dem Künstler übertrug, gehörte unter anderem die Ausgestaltung des Speisesaales für die Mönche im Mailänder Kloster Santa Maria delle Grazie. Die Wandmalerei »Das letzte Abendmahl«, die Leonardo dort zwischen 1485 und 1488 schuf, ist neben der »Mona Lisa« sein größtes Kunstwerk, das man heute noch bewundern kann. Nur Skizzen zeugen dagegen von der in dem Brief erwähnten Reiterstatue. Zehn Jahre arbeitete Leonardo an dem Denkmal für Ludovico Sforzas Vater. Schließlich konnte er ein Gipsmodell des acht Meter hohen Standbildes anfertigen. Als die Franzosen 1499 Mailand eroberten, diente die Statue den Soldaten als Zielscheibe. Das Kunstwerk zerbröckelte.
Ludovico Sforza wurde gefangengenommen. Er starb 1508 in einem französischen Kerker. Leonardos Kunst aber bezauberte die Franzosen. König Franz I. schenkte ihm 1517 einen Landsitz in der Nähe von Amboise. Dort starb der Künstler am 2. Mai 1519.

Da ich, mein erlauchtester Herr, zur Genüge die Leistungen aller derer gesehen und geprüft habe, die als Meister und Erfinder von Kriegsinstrumenten betrachtet werden, und da die Erfindung und Tätigkeit vorgenannter Instrumente durchaus nicht von denen, welche man gewöhnlich braucht, abweichen, so werde ich mich bemühen, ohne irgend jemand anderem Abbruch zu tun, mich Ew. Erlaucht verständlich zu machen, indem ich derselben meine Geheimnisse mitteile, und während ich dieselben deren Belieben zu Gebote stelle, hoffe ich auf den guten Erfolg aller jener Dinge, die im Gegenwärtigen kurz aufgeführt werden:

1. Habe ich Mittel, sehr leichte Brücken anzufertigen, die sich sehr bequem transportieren lassen und mit denen man die Feinde verfolgen und ihnen auch nach Gelegenheit entfliehen kann. Und andere, die gegen Feuer gesichert und von der Schlacht unverletzbar sind. Nicht minder auch Mittel, die Brücken der Feinde in Brand zu setzen und zu zerstören.

2. Bei der Belagerung eines Ortes verstehe ich das Wasser der Gräben abzuschneiden...

3. Wenn wegen der Höhe eines Walles oder wegen der Stärke eines Ortes und dessen Lage bei einer Belagerung die Tätigkeit der Bombarden (Kanonen) nicht angewendet werden kann, so habe ich Mittel, jeden Turm oder andere Befestigung zu zerstören, es sei denn, daß dieselbe auf Felsboden gegründet wäre.

4. Noch weiß ich eine Art von Bombarden, die sehr bequem und leicht zu tragen sind und mit denen man kleine Ungewitter schleudern kann. Und mit dem daraus entstandenen Rauche verursachen sie den Feinden großes Entsetzen, zu dessen großer Beschädigung und Verwirrung.

5. Ebenso weiß ich unter der Erde Höhlen und enge gewundene Gänge anzulegen, die ohne Geräusch gemacht werden können, mit denen man zu einem bestimmten Ziele gelangen kann, wenn man auch unter Gräben oder einen Fluß passieren müßte.

6. Auch mache ich sichere und unverletzliche bedeckte Wagen, welche, mit ihrem Geschütz unter die Feinde geratend, auch die allergrößten Heeresmassen zum Weichen bringen

können, und hinterher kann die Infanterie ganz sicher und ohne irgendein Hindernis nachfolgen.

7. Item, wenn es nötig ist, mache ich Bombarden, Mörser und anderes Feldgeschütz (Passavolante) von sehr schöner und zweckmäßiger Form...

8. Wo die Tätigkeit der Bombarden nicht angewendet werden kann, werde ich Steinwurfmaschinen zusammensetzen, sowie Schleudern, Ballisten und andere Instrumente von wunderbarer Wirkung und ganz außergewöhnlicher Art; mit einem Worte, je nach der Verschiedenheit der Fälle werde ich verschiedene Angriffswaffen machen.

9. Und bei vorkommenden Fällen weiß ich zum Gebrauch auf dem Meere viele Instrumente, die zum Angriff wie zur Verteidigung sehr geeignet sind, und Schiffe, die der Gewalt jeder, auch der größten Bombarde Widerstand leisten können.

10. In Friedenszeiten glaube ich im Vergleich mit jedem anderen sehr gut in der Baukunst Genüge zu leisten, sowohl in der Errichtung von öffentlichen und Privatgebäuden, als auch in der Leitung des Wassers von einem Ort zum andern.

Item werde ich in der Marmor-, Bronce-, und Ton-Skulptur arbeiten, und ebenso in der Malerei alles leisten, was nur im Vergleich mit jedem andern geleistet werden kann.

Noch werde ich auf das Broncepferd meine Arbeit verwenden können, welches ein unsterblicher Ruhm und ewiges Ehrendenkmal des gesegneten Angedenkens Eures Herrn Vaters und des berühmten Hauses Sforza sein wird.

Und wenn jemandem einige der vorbenannten Dinge unmöglich und unausführbar erscheinen sollten, so erbiete ich mich mit der größten Bereitwilligkeit, die Probe davon in Eurem Park oder an jedem andern Orte zu machen, der Ew. Erlaucht genehm ist, der ich mich mit der größtmöglichsten Ergebenheit empfehle.

Jacob Fugger an Kaiser Karl V.

Spenden für Fürsten

Mit Wahlgeldern von rund 850 000 Dukaten an die Kurfürsten hatte der Augsburger Handelsherr Jacob Fugger dafür gesorgt, daß Karl V. bei der Kaiserwahl (1519) über Franz I. von Frankreich triumphierte. In dem Brief an den Habsburger Monarchen forderte er die Rückzahlung der Gelder. Karl V. beglich nicht nur seine Schulden; er half Fugger auch, als das Reichsgericht Nürnberg dessen Vermögen wegen angeblicher Verstöße gegen das Monopolgesetz konfiszieren wollte.

April, 1523

Allerdurchlauchtigster,
großmächtigster Römischer Kaiser,
Allergnädigster Herr!

Ew. Kaiserl. Majestät tragen ohne Zweifel gut Wissen, wie ich und meine Vettern bisher dem Hause Österreich zu desselben Wohlfahrt und Aufnehmen in aller Untertänigkeit zu dienen geneigt sind, weshalb wir uns auch mit weiland Kaiser Maximilian, hochlöblichster Gedächtnis, Ew. Kaiserl. Majestät Ahnherren, eingelassen und uns Sr. Majestät zu untertänigem Gefallen zur Förderung und Erlangung der römischen Krone für Ew. Kaiserl. Majestät gegen etliche Fürsten, die ihr Vertrauen und Glauben auf mich und vielleicht sonst auf niemand setzen wollten, verschrieben haben; daß wir auch nachmals auf Grund der Verhandlung mit Ew. Kaiserl. Majestät Kommissarien zur Vollziehung gedachter vorgenommener Sachen eine treffliche Summe Geldes vorgestreckt haben, die ich nicht allein bei mir und meinen Vettern, sondern auch bei anderen guten Herren und Freunden mit großem Scha-

den aufgebracht habe, damit solch löbliches Vornehmen Ew. Kaiserl. Majestät zu hohen Ehren und Wohlfahrt Gestalt gewinne.
Es ist auch wissentlich und liegt am Tag, daß Ew. Kaiserl. Majestät die römische Krone ohne mein Zutun nicht hätten erlangen können, was ich durch Handschreiben aller Kommissarien Ew. Kaiserl. Majestät beweisen kann. Ich habe hierin auch meinen eigenen Nutzen nicht angesehen; denn wenn ich von dem Hause Österreich abstehen und Frankreich hätte fördern wollen, so wollte ich groß Gut und Geld, wie mir denn angeboten worden ist, erlangt haben. Was aber Ew. Kaiserl. Majestät und dem Hause Österreich daraus entstanden wäre, das mögen Ew. Kaiserl. Majestät aus hohem Verstande wohl erwägen.
Bisher ist mir nun Ew. Kaiserl. Majestät über die Summe Geldes, so Ew. Kaiserl. Majestät mir auf dem Reichstag zu Worms berechnet und mich auf die Grafschaft Tirol verwiesen haben, von deren Einkünften ich noch nicht völlig zufriedengestellt bin, 152000 Ducaten schuldig geblieben, wie es mit Herrn Vorgaß, dem Tresorier berechnet ist, bis zum Ausgang des Monats August 1515 und 1521 in zwei Kontrakten; zusamt den Interessen, so sich von der genannten Zeit an darauf zu rechnen gebührt. Denn ich habe wahrlich von dem aufgebrachten Gelde auch Interessen zahlen müssen. Um diese Summe haben sich auch die drei Tresoriers, insonderheit Herr Vorgaß, nach bester Form verschrieben, und bisher habe ich nichts von ihnen bekommen können. Denn sie behaupten, daß ihnen das Einkommen aus ihren Landen genommen sei, weshalb sie nicht wissen, wovon sie zahlen sollen.
Nach alledem ist an Ew. Kaiserl. Majestät mein untertänigstes Anrufen und Bitten, Sie wolle solch meine getreuen und untertänigen Dienste, die Ew. Kaiserl. Majestät zu hoher Wohlfahrt erwachsen sind, gnädiglich bedenken, und mit Herrn Vorgaß oder auf andere Weise Rat schaffen und ver-

ordnen, daß mir solch meine ausgelegte Summe Geldes samt dem Interesse ohne längeren Verzug entrichtet und bezahlt werde. Das um Ew. Kaiserl. Majestät zu verdienen will ich in aller Untertänigkeit erfunden werden, und tue mich hiermit allezeit Ew. Kaiserl. Majestät untertänig befehlen.

Ew. Kaiserlichen Majestät
untertänigster
Jacob Fugger

Tizian
an Kaiser Karl V.

Enttäuschung beim ersten Auftrag

Tizian (um 1477–1576) gilt als der Hauptmeister der venezianischen Hochrenaissance. Zu seinen berühmten Bildern (u. a. »Venus von Urbino«) gehören auch mehrere Porträts von Karl V. (deutscher Kaiser und König von Spanien). In Bologna erhielt Tizian 1530 zum ersten Mal den Auftrag, den Kaiser zu porträtieren. Karl V., mit der Neuordnung Italiens beschäftigt, brachte für die Sitzungen wenig Geduld auf. Als Honorar zahlte er dem verblüfften Künstler einen Dukaten. Drei Jahre später hatte sich der Sinn des Kaisers für die Kunst geändert. Er entschädigte den Maler fürstlich für seine anfängliche Knausrigkeit und ernannte ihn zum Pfalzgrafen und Ritter des Goldenen Sporns.
Tizian, seitdem erster Hofmaler, bezog sich in dem Brief auf Bilder, die er dem Kaiser schon 1548 versprochen hatte. Das Werk von der »Dreieinigkeit« hängt heute unter dem Titel »La Gloria« im Prado. Karl V. war von dem Bild so eingenommen, daß er es mitnahm, als er sich nach seiner Abdankung (1556) in ein Kloster bei Toledo zurückzog.

Geheiligte kaiserliche Majestät! Auf Befehl Euer kaiserlichen Majestät war mir bereits eine Pension von 200 Skudi jährlich auf Mailand angewiesen und ferner eine Anweisung auf Kornausfuhr aus dem Königreich Neapel. Dabei habe ich Hunderte von Skudi ausgegeben, um einen Menschen im Königreich zu unterhalten. Und endlich wurde mir eine »Naturalezza«* in Spanien für einen meiner Söhne bewilligt, welche eine jährliche Pension von 500 Skudi abwerfen sollte. Da ich durch die Schuld meines persönlichen

* wohl ein Landgut oder eine Waldung

Unglücks von allen diesen Dingen nicht das geringste zu sehen bekommen habe, so habe ich mir jetzt erlaubt, in diesem Briefe Euer Majestät ein Wort zu sagen, in der Hoffnung, daß der freigebige Sinn des größten christlichen Kaisers, der je gelebt hat, nicht dulden wird, daß seine Befehle von seinen Dienern nicht ausgeführt werden. Die Ausführung derselben würde für mich in diesem Augenblick ein Werk der Barmherzigkeit sein, da ich mich in einiger Not befinde, weil ich krank gewesen bin und eine Tochter verheiratet habe. Ich habe zur Himmelskönigin gefleht, daß sie bei Euer kaiserlichen Majestät Fürsprache für mich einlege mit der Erinnerung an ihr Bild, welches jetzt zu Ihnen kommt, mit jenem schmerzlichen Ausdruck, den ich in ihre Züge zum Zeichen meiner Leiden hineingelegt habe. Ich schicke Euer kaiserlichen Majestät auch Ihr Werk von der »Dreieinigkeit«. In Wahrheit, wenn meine Leiden nicht gewesen wären, würde ich es viel eher fertiggemacht und abgeschickt haben, obwohl ich in der Absicht, Euer kaiserliche Majestät zufriedenzustellen, mir nichts daraus gemacht habe, zwei- und dreimal die Arbeit vieler Tage wegzuwischen, um das Werk zum Ziele meiner Zufriedenheit zu führen. Darüber habe ich mehr Zeit gebraucht, als ich es gewöhnlich zu tun pflege. Wenn ich Euer kaiserliche Majestät zufriedengestellt habe, werde ich mich sehr glücklich schätzen sowie ich Sie bitte, meinen heißen Wunsch, Ihnen zu dienen, anzunehmen. Ich achte keinen Ruhm höher in dieser Welt als Euer Majestät zu gefallen, der ich mit aller Ergebenheit und Demut meines Herzens die unüberwindliche Hand küsse.

Aus Venedig, am 10. September 1554.

Das Porträt des Signor Vargas, welches auf dem Bilde angebracht ist, habe ich auf seinen Befehl gemalt; wenn es Euer kaiserlichen Majestät nicht gefallen sollte, so kann es jeder Maler mit zwei Strichen in eine andere Person verändern.

Euer kaiserlichen Majestät demütigster Sklave.

Titiano, Maler

Martin Luther an den Kaufmann Hans Kohlhase

Mit Unrecht und Gewalt das Recht gefordert

Der Kaufmann Hans Kohlhase ist heute noch bekannt durch die Novelle »Michael Kohlhaas« von Heinrich von Kleist. Der Dichter hielt sich aber nur zum Teil an historische Fakten. Der historische Kohlhase stammte aus Cölln an der Spree (heute Berlin). Am 1. Oktober 1532 wurden ihm in Wellaune bei Wittenberg zwei Pferde entwendet. Initiator des Raubes war der Junker von Zaschwitz. Kohlhase kam dadurch zu spät zur Leipziger Messe und erlitt hohe Verluste. Vor Gericht kämpfte er vergeblich um Entschädigung. In seiner Verzweiflung verübte der Kaufmann mehrere Brandstiftungen in Wittenberg und erreichte dadurch eine neue Verhandlung. Am 6. Dezember 1534 wurden ihm 600 Gulden zugesprochen. Martin Luther ahnte, daß sich der Adel an das Urteil nicht halten würde. Sein warnender Appell an Kohlhase blieb jedoch vergeblich. Als der Kaufmann im Mai 1535 das Geld noch nicht erhalten hatte, begingen er und seine Kumpane weitere Gewalttaten. Kohlhase wurde gefangen und am 22. März 1540 in Berlin hingerichtet.

8. Dezember 1534

Gnade und Friede in Christus!
Mein guter Freund!
Es ist mir fürwahr Euer Unglück leid gewesen und (ist es) noch, das weiß Gott. Aber es wäre wohl im Anfang besser gewesen, die Rache nicht vorzunehmen, weil diese nicht ohne Beschwerung des Gewissens vorgenommen werden kann, weil sie eine selbsteigene Rache ist, welche von Gott verboten ist, 5. Mose 32,35; Röm. 12,19: »Die Rache ist mein, spricht der Herr, will ich vergelten« usw., und es nicht anders sein

kann. Denn wer sich darein begibt, der muß sich in die Lage begeben, viel wider Gott und Menschen zu tun, was ein christliches Gewissen nicht billigen kann.

Und es ist ja wahr, daß Euch Euer Schaden und der Euch angetane Schimpf billig wehe tun soll, und daß Ihr schuldig seid, Euren Ruf zu retten und zu erhalten, aber nicht mit Sünden oder Unrecht. Was recht ist, dem sollst Du auf rechte Weise nachjagen, sagt 5. Mose 16,20; Unrecht wird durch anderes Unrecht nicht zu Recht gemacht. Nun ist »Selbstrichter« sein und Selbstrichten gewiß unrecht, und Gottes Zorn läßt es nicht ungestraft. Was Ihr mit Recht ausführen möget, da tut Ihr wohl daran; könnt Ihr das Recht nicht erlangen, so ist kein anderer Rat da als Unrecht leiden. Und Gott, der Euch so Unrecht leiden läßt, hat wohl Ursach an Euch dafür. Er meinet es auch nicht übel noch böse mit Euch, kann auch solches wohl redlich auf anderem Gebiet wieder erstatten, und Ihr seid deshalb nicht verlassen.

Und was wolltet Ihr tun, wenn er wohl anders strafen wollte an Weib, Kind, Leib und Leben? Hier müßtet Ihr dennoch, so Ihr ein Christ sein wollt, sagen: Mein lieber Herr Gott, ich habs wohl verdienet, du bist gerecht und tust nur allzu wenig nach meinen Sünden. Und was ist unser aller Leiden im Vergleich zu seines Sohnes, unsers Herrn Christi Leiden?

Demnach, so Ihr meines Rats begehret (wie Ihr schreibet), so rate ich: nehmet Friede an, wo er Euch werden kann, und leidet lieber an Gut und Ehre Schaden, als daß Ihr Euch weiter in solch Vornehmen begeben sollt, darin Ihr aller derer Sünden und Büberei auf Euch nehmen müsset, die Euch bei der Fehde dienen würden. Die sind doch nicht rechtschaffen und meinen's mit Euch nicht treu, sondern suchen ihren Nutzen. Zuletzt werden sie Euch selbst verraten, so habt Ihr denn einen schönen Erfolg erzielt. Malet Ihr ja nicht den Teufel über die Tür und bittet ihn nicht zu Gevatter, er kommt dennoch wohl, denn solche Gesellen (mit denen Ihr Euch zusammentun wollt) sind des Teufels

Gesinde, nehmen auch gemeiniglich ihr Ende nach ihren Werken.

Aber Euch ist zu bedenken, wie schwer es Euer Gewissen ertragen will, so Ihr wissentlich soviel Leute verderben solltet, wozu Ihr kein Recht habet. Gebt Ihr Euch zufrieden, Gott zu Ehren, und lasset Euch Euren Schaden von Gott zugefügt sein und verbeißet's auch um seinetwillen so werdet Ihr sehen, er wird Euch wiederum segnen und Eure Arbeit reichlich belohnen, daß Euch Eure Geduld lieb sei, in der Ihr es getragen habt. Dazu helfe Euch Christus unser Herr, Lehrer und Helfer in der Not, Amen.

Martin Luther
an den Erzbischof Albrecht von Mainz
Luthers Bischof teilte das Geld mit dem Papst

Um die Mittagsstunde des 31. Oktober 1517 schlug Martin Luther 95 Thesen am Hauptportal der Wittenberger Schloßkirche an – der Beginn der Reformation. Eine Abschrift der Streitsätze schickte er Erzbischof Albrecht von Mainz. Er sollte den Ablaßhandel unterbinden. Was Luther nicht wußte: Der Gewinn aus diesem Geschäft wurde zwischen Papst Leo X. und Albrecht geteilt. Der Erzbischof ordnete eine Verfügung gegen Luther an, um ihn an einem weiteren Vorgehen gegen den Ablaßhandel zu hindern und schickte die Thesen nach Rom, damit »solchem Irrsal rechtzeitig widerstanden werde«.

Wittenberg den 31. Oktober 1517

Gottes Gnade und Barmherzigkeit zuvor! Hochwürdigster Vater in Christo, durchlauchtigster Kurfürst! Eure Kurfürstliche Gnaden halten mir gnädiglich zugut, daß ich, der geringste und unwerteste unter allen Menschen, vermessen daran zu denken wage, einen Brief an Ew. Hochwürden zu schreiben. Der Herr Jesus ist mein Zeuge, daß ich, meiner Armseligkeit und Jämmerlichkeit mir wohl bewußt, lange aufgeschoben habe, was ich jetzt mit unverschämter Stirn tue...

Es wird im Lande umhergeführt der päpstliche Ablaß unter Ew. Kürfürstlichen Gnaden Namen zum Bau von St. Peter. Ich will dabei gar nicht über der Ablaßprediger großes Geschrei Klage führen, das ich nicht gehört habe. Aber ich beklage die falsche Auffassung, die das arme, einfältige, grobe Volk daraus entnimmt und die jene Prediger allenthalben marktschreierisch rühmen. Denn die unglücklichen Seelen glauben infolgedessen, wenn sie nur Ablaßbriefe lösen, seien sie ihrer Seligkeit sicher; weiter glauben sie, daß die Seelen ohne Verzug aus dem Fegefeuer fahren, sobald man für sie in den Kasten einlege; diese Ablaßgnade sei ferner so kräftig, daß keine Sünde so groß sein könne, daß sie nicht erlassen und vergeben werden könnte, und hätte einer selbst (das sind ihre Worte) die Mutter Gottes geschändet; endlich soll der Mensch durch diesen Ablaß frei und los werden von aller Pein und Schuld...

Endlich sind die Werke der Gottseligkeit und Liebe unendlich viel besser denn der Ablaß, und doch predigt man sie weder mit solcher Pracht noch mit so großem Fleiß, ja der Ablaßpredigt zuliebe wird von ihnen geschwiegen, und doch ist es aller Bischöfe vornehmliches und alleiniges Amt, zu sorgen, daß das Volk das Evangelium und die Liebe Christi lerne. Nirgends hat Christus befohlen, den Ablaß zu predigen: aber das Evangelium zu predigen, hat er nachdrücklich befohlen. Welche Schande für einen Bischof, und überdies, wie gefährlich ist es für ihn, wenn er für das Evangelium kein Wort übrig hat und bloß den Ablaßlärm in sein Volk ausgehen läßt und sich darum mehr bekümmert als um das Evangelium! Wird nicht Christus zu ihnen sagen: »Ihr seihet Mücken und verschlucket Kamele?« Ja noch mehr, hochwürdigster Vater in dem Herrn. In der Instruktion der Kommissare, die unter Eurem Namen ausgegangen ist, heißt es – ohne Zweifel, hochwürdigster Vater, ohne Euer Wissen und Euren Willen – »eine der vornehmsten Gnaden sei dieses unschätzbare Geschenk Gottes, dadurch der Mensch mit Gott versöhnt und alle Strafen des Fegfeuers ausgetilgt werden«...

Hochwürdigster Bischof und durchlauchtigster Kurfürst! So bitte ich denn Euer Hochwürden durch den Herrn Jesum Christum, doch die Sache Eurer väterlichen Sorge und Aufmerksamkeit zu würdigen...

Diesen treuen Dienst meiner Armseligkeit wollen Ew. durchlauchtigste Gnaden würdigen, ebenso fürstlich und bischöf-

lich, das heißt huldvoll, anzunehmen, wie ich ihn in Treue und ganzer Ergebenheit gegen Ew. Hochwürden erzeige. Denn auch ich bin ein Schäflein Eurer Herde. Der Herr behüte und bewahre Ew. Hochwürden in Ewigkeit. Amen.
So es Ew. Hochwürden gefällig ist, könnt Ihr meine beiliegenden Streitsätze ansehen und daraus ersehen, wie ungewiß die Auffassung des Ablasses ist, obwohl die Ablaßprediger ausstreuen, sie wäre ganz ausgemacht.

Euer unwürdiger Sohn
Martinus Luther, Augustiner,
berufener Doktor der
h. Theologie.

Anna Boleyn an König Heinrich VIII.

Letzter Appell einer verstoßenen Frau

Anna Boleyn (1507–1536) wurde als Tochter von Sir Thomas Boleyn in Hever Castle, Grafschaft Kent, geboren. Ihre Erziehung erhielt sie am französischen Königshof. 1522 kehrte sie nach London zurück. Der englische König Heinrich VIII. verliebte sich 1526 in die anmutige Hofdame mit den schwarzen Mandelaugen.

Mit der Rolle einer Mätresse gab sich Anna Boleyn nicht zufrieden. Sie wollte Königin werden und erreichte schließlich, daß Heinrich VIII. seine erste Frau, Katharina von Aragon, verstieß. Diese Trennung, die der Papst nicht billigte, hatte den Bruch der englischen Kirche mit Rom zur Folge.

Im Januar 1533 wurden Heinrich VIII. und Anna Boleyn getraut. Der männliche Thronfolger, den sich der König von ihr erhofft hatte, blieb jedoch aus. Zu seiner Enttäuschung wurde sie am 7. September 1533 von einem Mädchen entbunden, der späteren Königin Elisabeth I.

Die Zuneigung von Heinrich VIII. zu seiner zweiten Frau, die in den folgenden Jahren zwei Fehlgeburten erlitt, schwand zunehmend. Gleichzeitig wuchs die Zahl ihrer Feinde in der Gefolgschaft des Königs. Die mächtigsten darunter waren der Großzeremonienmeister Thomas Howard und der Minister Thomas Cromwell. Sie spielten dem König eine Liste zu, in der die angeblichen Liebhaber Anna Boleyns aufgeführt wurden.

Als am 1. Mai 1536 im Lustschloß des Königs in Greenwich ein Turnier abgehalten wurde, ließ Anna als Zeichen ihrer Gunst für einen jungen Kämpfer ein Taschentuch fallen. Heinrich VIII. deutete dies als endgültigen Beweis ihrer Untreue. Er ließ sie verhaften und in den Tower sperren. Annas Appell an den König blieb ungehört. Sie wurde am 19. Mai 1536 hingerichtet.

Sir, Euer Gnaden Mißfallen und meine Einkerkerung sind für mich so seltsame und fremde Dinge, daß ich ganz und gar ratlos bin, was ich schreiben oder wie ich mich rechtfertigen soll. Denn da Ihr zu mir (mit dem Befehl, die Wahrheit zu bekennen und mir damit Eure Gunst wiederzugewinnen) einen Mann gesandt habt, von dem Ihr wisset, daß er von jeher und ganz offen mein Feind war, so hatte ich kaum seine Botschaft vernommen, als ich auch schon Eure Absicht recht begriff; und wenn mir, wie Ihr sagen lasset, das Bekenntnis der Wahrheit wirklich Leib und Leben retten kann, so werde ich in aller Bereitwilligkeit und Pflichttreue Eurem Befehl gehorchen.

Nun möge es sich aber Euer Gnaden nicht in den Sinn kommen lassen, daß Euer armes Eheweib je dahin würde gebracht werden können, sich zu einem Vergehen zu bekennen, wenn nie auch nur der Gedanke an dies Vergehen in ihr vorhanden war. Und um die Wahrheit auszusprechen: Es hat nie ein Fürst ein in aller Pflicht und aller ehrlichen Zuneigung getreueres Eheweib besessen, als Ihr es in Anna Boleyn immer gefunden habt... Ihr habet mich aus niederem Stande zu Eurer Königin und Gefährtin erlesen, weit über mein Verdienst oder Verlangen hinaus. Wenn Ihr mich nun einer solchen Ehre für würdig erachtet habt, mein guter Herr und König, so lasset es nicht zu, daß irgendeine flüchtige Laune oder ein schlimmer Rat meiner Feinde mir Eure fürstliche Gunst entfremde; noch lasset die Verdächtigung, die unwürdige Verdächtigung, sie habe ihr Herz gegen Euer Gnaden ungetreu werden lassen, je Eurem ganz getreuen Eheweib und der kleinen Prinzessin, Eurer Tochter, einen so schimpflichen Makel anheften.

Haltet Gericht über mich, guter König, aber tuet es nach Recht und Gesetz; lasset nicht meine geschworenen Feinde als meine Ankläger und meine Richter darinnen sitzen; ja, lasset mir ein öffentliches Gericht zuteil werden, denn meine

Ehrlichkeit wird sich vor keiner öffentlichen Schande fürchten. Dann wird entweder meine Unschuld dargetan, Euer Argwohn entkräftet, Euer Gewissen befriedigt und der schändlichen Verleumdung der Welt Einhalt geboten, oder aber es wird meine Schuld vor allen Menschen ausgesprochen: so daß, was auch Gott und Ihr über mich beschließen, Euer Gnaden vor jedem Vorwurf bewahrt bleiben; und wenn dann meine Schuld rechtens bewiesen sein sollte, so stehet es Euer Gnaden frei, nicht nur mich, als ein ungetreues Eheweib, mit angemessener Strafe zu treffen, sondern auch Eurer im Herzen schon beschlossenen Zuneigung zu derjenigen zu folgen, um derentwillen ich mich in meiner jetzigen Lage befinde, und die ich schon vor geraumer Zeit hätte mit Namen nennen können; Euer Gnaden sind meines Verdachtes in dieser Hinsicht wohl inne geworden.

Sofern Ihr aber schon über mein Schicksal beschlossen habet, und wenn es so stehet, daß nicht nur mein Tod, sondern auch meine schändliche Schmach Euch zum Genuß des von Euch ersehnten Glücks verhelfen sollen: so will ich Gott anflehen, daß Er Euch diese Eure große Sünde vergebe...

Meine letzte und einzige Bitte soll die sein, daß ich allein die Last von Eurer Gnaden Zorn trage, und daß sie nicht auf die unschuldigen Seelen der armen Edelherren falle, die, wie man mir sagt, ebenfalls in harter Kerkerhaft sind um meinetwillen. Wenn je ich Gunst vor Euren Augen gefunden habe, wenn je der Name Anna Boleyn lieblich für Eure Ohren klang, so erfüllet mir diese Bitte; und so will ich aufhören, Eurer Gnaden noch irgendwie beschwerlich zu sein; mit meinen innigen Gebeten zur Dreifaltigkeit, daß sie Euer Gnaden in guter Hut halten und Euch in allen Euren Handlungen recht lenken möge.

Aus meiner gramvollen Gefangenschaft im Tower, an diesem sechsten des Mai. Euer ganz aufrichtiges und immer getreues Eheweib Anna Boleyn

Sir Walter Raleigh an seine Ehefrau Bess

Der Tod eines Günstlings

Der Seefahrer Walter Raleigh hatte schon ein abenteuerliches Leben als Pirat in Spanisch-Westindien hinter sich, bevor er 1581 die Gunst der englischen Königin Elisabeth I. gewann. Sie ließ ihn zum Ritter schlagen und ernannte ihn zum Vize-Admiral. Er schickte mehrere Expeditionen nach Amerika. Die dort gegründete Kolonie erhielt zu Ehren der jungfräulichen Königin den Namen »Virginia«. 1592 heiratete Sir Walter die Hofdame Bess Throckmorton. Die eifersüchtige Königin verbannte ihn daraufhin vom Hof. Der Nachfolger von Elisabeth I., Jakob I., verurteilte ihn 1603 wegen angeblicher Beteiligung an einer Verschwörung zum Tode. Den Brief an seine Frau schrieb er im Tower von London, wo er auf seine Hinrichtung wartete. Freunde erreichten jedoch eine Begnadigung. 1617 unternahm Sir Walter Raleigh eine Expedition nach Guayana. Nach seiner Rückkehr bezichtigten ihn die Spanier der Seeräuberei. Jakob I. verurteilte ihn ein zweites Mal, und am 7. November 1618 wurde er hingerichtet.

Du sollst nun, mein liebes Weib, mit diesen meinen letzten Zeilen meine letzten Worte empfangen. Meine Liebe sende ich Dir, damit Du sie behältst, wenn ich tot bin, und meinen Rat, damit Du Dich seiner erinnerst, wenn ich nicht mehr lebe. Ich wollte Dich, liebe Bess, nicht mit Sorgen beladen: laß sie mit mir zu Grabe getragen und im Staube bestattet werden. Und da es nun einmal nicht Gottes Wille ist, daß ich Dich wiedersehe, so ertrage es mit Tapferkeit …

Erstlich schicke ich Dir allen Dank, dessen mein Herz fähig ist oder den meine Worte ausdrücken können, für Deine vielen Mühen und alles, was Du für mich getan hast; und wenn Du damit auch nicht den von Dir gewünschten Erfolg gehabt hast, so ist meine Dankesschuld an Dich darum nicht kleiner: aber bezahlen werde ich sie nie mehr in dieser Welt.

Zweitens beschwöre ich Dich bei der Liebe, die Du zu mir bei Lebzeiten gehegt, ziehe Dich nicht viele Tage von der Welt zurück, sondern tue alles, was Du kannst, um Deine erbärmliche Lage zu verbessern und die Rechte Deines armen Kindes wahrzunehmen. Deine Trauer kann mir nichts nützen: ich bin nur Staub.

Drittens sollst Du wissen, daß meine Ländereien bona fide auf mein Kind übertragen wurden: die Urkunden wurden Mitte Sommer vor einem Jahre aufgesetzt, wie mein ehrenwerter Vetter Brett bezeugen kann. Ich hoffe, daß mein Tod ihren Haß, mit dem sie mich grausam verfolgt und auf das Schafott gebracht, erstickt hat und daß sie nicht auch noch versuchen werden, Dich und die Deinen durch äußerste Armut umzubringen.

An welchen Freund ich Dich verweisen könnte, weiß ich nicht; denn alle meine Freunde haben mich in der Zeit der Prüfung verlassen. Und ich weiß nun, daß mein Tod von Anfang an geplant gewesen ist. Von Herzen ist es mir leid – Gott weiß es –, daß ich Dich, da ich so vom Tode überrascht wurde, in keinen besseren Verhältnissen zurücklassen kann. Liebe Gott und beginne beizeiten, zu ihm Deine Zuflucht zu nehmen. Darin wirst Du wahren und beständigen Reichtum und unendlichen Trost finden.

Lehre auch Deinen Sohn, Gott zu lieben und zu fürchten, solange er noch jung ist, damit die Furcht Gottes mit ihm wachse; dann wird Gott Dir den Gatten ersetzen und ihm den Vater, und dieser Gatte und dieser Vater können Euch nicht genommen werden.

Wenn ich nicht mehr bin, wirst Du sicherlich von vielen begehrt werden, denn die Welt glaubt, ich wäre sehr reich. Aber hüte Dich vor falschen Vorspiegelungen der Menschen und vor ihren Freundschaftsbeteuerungen; denn Zuneigung ist nur bei ehrlichen und wertvollen Menschen von Bestand, und kein größeres Unglück kann Dich in diesem Leben treffen, als wenn Du erst die Beute der Menschen und hinterher verachtet wirst. Ich sage das nicht (Gott ist mein Zeuge), um Dir von einer Wiederverheiratung abzuraten, denn das wird für Dich das beste sein, sowohl hinsichtlich der Welt wie auch vor Gott. Was mich angeht, so bin ich nicht mehr der Deine, und Du bist nicht mehr die Meine, denn der Tod hat uns auseinandergerissen: Gott hat mich von der Welt geschieden und Dich von mir.

Nimm Dich Deines armen Kindes an um seines Vaters willen, der Dich erwählt und in seinen glücklichsten Tagen geliebt hat. Verschaffe Dir (wenn es möglich ist) die Briefe, die ich an die Lords schrieb und in denen ich um mein Leben nachsuchte. Gott weiß, daß ich um Deinet- und der Deinen willen zu leben wünschte. Aber es ist wahr, daß ich mich selbst erniedrigte, als ich um mein Leben bat; denn Du sollst wissen, mein teures Weib, daß Dein Sohn der Sohn eines aufrechten Mannes ist, eines Mannes, der aus Selbstachtung den Tod in allen seinen widrigen und häßlichen Gestalten verachtet.

Ich kann nicht viel schreiben. Gott weiß, wie schwer ich mir diese Zeit abstehle, während andere schlafen, und es wird auch Zeit, daß ich meine Gedanken von der Welt loslöse. Bitte um meinen toten Leib, der Dir lebend verweigert wurde, und bestatte ihn in Sherburne, wenn der Grund und Boden erhalten bleibt, oder in der Kirche von Exeter an der Seite meines Vaters und meiner Mutter. Ich kann nicht mehr sagen. Die Zeit und der Tod rufen mich hinweg.

Der ewige Gott, der starke, unendliche und allwissende Gott, der allmächtige Gott, der die Güte selbst ist und das wahre Leben und das wahre Licht, erhalte Dich und die Deinen. Er erbarme sich meiner und lehre mich, meinen Verfolgern und falschen Anklägern zu vergeben und führe uns in Seinem himmlischen Reiche wieder zusammen. Mein liebes Weib,

lebe wohl. Segne meinen armen Jungen. Bete für mich. Der gütige Gott schließe Euch beide in seine Arme.
Geschrieben mit der sterbenden Hand dessen, der einst Dein Gatte war, jetzt aber, ach, der Vernichtung geweiht ist.
Einst der Deinige, jetzt aber nicht einmal mein eigen.

Walter Raleigh

Elizabeth von England an Maria Stuart

Streit der Königinnen

Am 15. Mai 1567 heiratete Maria Stuart, Königin von Schottland, ihren Geliebten, den Earl of Bothwell. Ihr zweiter Mann, Lord Darnley, ein Vetter von Elizabeth I., war drei Monate zuvor ermordet worden. Bothwell konnte dieser Anschlag nachgewiesen werden. Noch bevor Elizabeths empörter Brief Schottland erreichte, hatte sich Maria Stuart einer Streitmacht des Darnlay-Clans ergeben müssen. Eine Beteiligung an dem Mord stritt sie jedoch ab. In der Hoffnung auf einen fairen Prozeß legte sie ihr Schicksal in die Hände der englischen Königin. Elizabeth I. fürchtete sie jedoch als machtvolle Rivalin und ließ sie 19 Jahre in einem Gefängnis für ihre törichte Liebe büßen. Am 8. Februar 1587 wurde Maria Stuart hingerichtet.

23. Juni 1567

Madam,
in der Freundschaft hat immer der Satz gegolten: Glück schafft Freunde, Not erprobt sie. Da Uns nun Anlaß gegeben ist, diese Wahrheit durch Unser Verhalten zu bestätigen, haben Wir es sowohl um Unserer Pflicht willen wie zu Eurem Wohl für gut erachtet, Euch mit diesen wenigen Worten Unsere Freundschaft zu bezeugen.

Wir haben durch Euren getreuen Diener, Robert Melville, die Erklärung gehört, die Ihr ihm zu Eurer Lage und insbesondere zur Rechtfertigung Eurer Heirat aufgetragen habt. Madam, um offen mit Euch zu reden, es hat Uns nicht wenig bekümmert, daß man bei dieser Eurer Heirat nicht im geringsten bedacht hat, daß kein Mensch in aller Welt, der es gut mit Euch meint, damit einverstanden sein kann; würden Wir

etwas anderes schreiben oder sagen, würden Wir Euch belügen. Denn wie könnte eine Eurer Ehre abträglichere Wahl getroffen werden, als in solcher Hast einen Untertanen zu heiraten, den, neben anderen allbekannten Mängeln, die öffentliche Meinung des Mordes an Eurem weiland Gemahl beschuldigt hat, zumal man Euch auch gewisse Vorwürfe macht, obwohl in dieser Hinsicht, wie Wir überzeugt sind, zu Unrecht. Und habt Ihr auch bedacht, was Ihr aufs Spiel setzt durch die Heirat mit einem, der bereits eine andere, noch lebende rechtmäßige Frau hat, so daß Ihr nach göttlichem und menschlichem Gesetz weder seine rechtmäßige Frau sein, noch legitime Kinder von ihm haben könnt? Ihr seht also klar, was Wir von dieser Heirat halten; es tut Uns herzlich leid, daß Wir nicht besser davon denken können, so plausibel sich auch die Gründe anhörten, mit denen Euer Diener Uns zu überzeugen suchte.
Wir wünschten daher, daß nach dem Tode Eures Gatten die erste Sorge der Auffindung und Bestrafung der Mörder Unseres teuren Vetters, Eures Gatten, gegolten hätte; wäre das mit Nachdruck geschehen, wie bei einer so offenkundigen Sache leicht möglich gewesen wäre, so wäre Eure Heirat in vieler Hinsicht annehmbarer, wovon jetzt nicht die Rede sein kann. Aus Freundschaft für Euch sowohl wie um der natürlichen Blutsbande willen, die Uns mit Eurem weiland Gemahl verbinden, müssen Wir Uns dazu bekennen, daß Wir ernstlich gewillt sind, alles in Unserer Macht Stehende zu tun, um die gebührende Strafe für diesen Mord an dem Täter vollzogen zu sehen, ganz gleich, um welchen Eurer Untertanen es sich handelt und wie wert Ihr ihn haltet.
Und demnächst liegt Uns am Herzen, dafür zu sorgen, daß Euer Sohn, der Prinz, zu Eurem und des Reiches Wohl erhalten bleibe. Dieses beides haben Wir von Anfang an uns vorgenommen und gedenken dabei zu verharren; Wir würden es sehr bedauern, wenn Ihr Uns dabei nicht behilflich sein würdet, trotz allen gefährlichen Einflüsterungen, die bemüht

sein mögen, Euch zum Gegenteil zu bewegen. Und nun: zu Eurer Ermutigung in den Nöten, in denen Ihr Euch, wie Wir hören, befindet, und von denen Wir nicht recht wissen, was Wir davon halten sollen, da ja ein großer Teil Eures Adels sich, wie Wir hören, von Euch losgesagt hat, versichern Wir Euch, daß Wir für Eure Ehre und Sicherheit alles nur Erdenkliche tun wollen, das in Unserer Macht steht. So soll und wird sich erweisen, daß Ihr eine gute Nachbarin, liebende Schwester und treue Freundin habt, als die Ihr Uns allezeit befinden und erproben sollt. Zu diesem Ende sind Wir entschlossen, in aller Eile einen Unserer getreuen Diener zu entsenden, nicht nur um Eure Lage zu erkunden, sondern auch daraufhin Eurem Adel und Volk zu Gemüte zu führen, daß es Euch nicht an Unserer Freundschaft und Macht fehlen soll, um Eure Ehre in Frieden zu bewahren. Und sobald Wir Kenntnis haben, was fernerhin zu Eurem Wohl und zur Beruhigung Eures Reiches mit Fug geschehen kann, werden Wir es ungesäumt fördern, wie Ihr sehen sollt und sehen werdet.

Und somit empfehlen Wir Uns Euch, liebe Schwester, so angelegentlich, wie Wir es bisher gewohnt waren.

Francis Bacon
An König Jacob I.
Käuflicher Kanzler

Der Philosoph Francis Bacon (1561–1626) appellierte in seinen Werken (u. a. »Novum Organon«) an die Menschen, durch Erfindungsgeist die Herrschaft über die Natur zu erlangen. Getreu der Maxime »Wissen ist Macht« nutzte er seine Bildung für seine Karriere als Staatsmann. Jakob I. ernannte ihn 1618 zum Lordkanzler. Auf der Jagd nach Ämtern und Reichtum opferte der Philosoph seine Prinzipien. Nach einer Untersuchung im Jahre 1621 gestand er, daß er Bestechungsgelder angenommen hatte. Aus dem Gefängnis schickte er eine Bittschrift an den König. Mit Erfolg. Nach vier Tagen konnte Bacon den Tower von London wieder verlassen.

Möge Eure erhabene Majestät geruhen:
Inmitten meines Elends, das eher durch die Erinnerung als durch die Hoffnung gemildert wird, ist es mein größter irdischer Trost, daran zu denken, daß ... ich stets so glücklich war, Eurer Majestät mit meinen bescheidenen Diensten wohlgefällig zu sein ... denn wie ich Eurer Majestät oft gesagt habe: ich war nur ein Schöpfeimer und eine Zisterne, die sich darauf beschränkte, zutage zu fördern und zu bewahren: während Euer Majestät die Quelle waren. Auf diesen Trost, daß ich neunzehn Jahre hatte glücklich sein dürfen, folgte mitten in meinem größten Unglück ein Trost ähnlicher Natur: daß sich nämlich unter den Beschuldigungen, die man gegen mich erhob, nicht eine einzige fand, die einen besonderen Bezug auf Eure Majestät gehabt hätte ... Ich bin des festen Glaubens, daß in den königlichen Gedanken Eurer Majestät viel Heiterkeit und Helligkeit herrscht,

wenn sie sich auf mich richten – Eurer Majestät jetzt niedergeschmetterten und am Boden liegenden Diener ...

Und wirklich, wenn Euer Majestät geruhen wollen: Dieses Thema meines Elends ist so unerschöpflich, daß es nicht mit etwas anderem gepaart zu werden braucht. Ich bin durch Eurer Majestät besondere und unverdiente Gunst ein Jemand gewesen – sogar der erste Beamte des Königreichs. Der Arm Eurer Majestät hat, wenn Euer Majestät im Rate den Vorsitz führten, über meinem gelegen: so nahe war ich Eurer Majestät. Und ich habe das Bildnis Eurer Majestät nicht nur in Metall bei mir getragen, sondern viel mehr in meinem Herzen. Während der neunzehn Jahre, da ich Eurer Majestät diente, haben Euer Majestät mich nie gescholten ... Aber wozu soll ich von diesen Dingen sprechen, die jetzt nicht mehr sind? Nur, um besser auszudrücken, wie tief ich gefallen bin.

Denn jetzt steht es so mit mir: seit einundeinhalb Jahren stecke ich im Elend, obgleich ich stets Eurer Majestät Gnade und Gunst anerkennen muß, denn ich halte es nicht für möglich, daß jemand, den Euer Majestät einst schätzte, gänzlich elend sein könnte. Meine eigenen Mittel sind infolge meiner Unbedachtsamkeit ärmlich und schwach, kaum mehr, als mein Vater mir hinterließ ...

... Ich habe Glauben genug, erhabene Majestät, um ein Wunder für möglich zu halten, noch mehr aber hoffe ich auf einen Gnadenakt: Euer Majestät wird es nicht zulassen, daß Euer armes Geschöpf gänzlich ausgetilgt wird; Euer Majestät wird nicht den Namen völlig aus Eurer Majestät Buch streichen, auf dem Eure geweihte Hand so oft neuen Glanz und neue Ehren gehäuft hat.

Zu diesem Mitleid, hoffe ich, wird Gott (der mir sowohl im Glück wie im Unglück viele Beweise und Unterpfänder seiner Gnade gegeben hat, obwohl ich sie durch meine mannigfache und abscheuliche Undankbarkeit mir wohl hätte verscherzen können) Euer königliches Herz, das stets zu jeder frommen Tat bereit ist, geneigt zu machen ... Ich ersuche demütigst

Eure Majestät, mir zu gestatten, daß ich mit den Worten schließe, die die äußerste Not mir eingibt: Helft mir, erhabener Monarch und Herr, und erbarmt Euch meiner, daß ich, der ich einen Sack getragen habe, in meinem Alter nicht gezwungen werde, ein Felleisen zu tragen, noch daß es mir, der ich zu leben wünsche, um die Wahrheit zu erforschen, verwehrt sei, die Wahrheit zu erforschen, um zu leben ... Gott im Himmel segne, erhalte und beglücke Eure Majestät immerdar.

Eurer Majestät armer alter Diener und Bettler

Fr. St. Alban

Galileo Galilei
an den Astronomen Johannes Kepler
Wahrheit und Widerruf

Der Italiener Galileo Galilei (1564–1642) baute 1609 ein Teleskop, das Gegenstände tausendfach vergrößerte. Ihm wurden dadurch viele neue Gestirne sichtbar. Auch der Mond erschien nicht mehr als eine glatte Fläche, sondern als ein faltiges Gebilde voller Berge und Täler.
In einem Brief vom 9. August 1610 bat der deutsche Astronom Johannes Kepler darum, das Instrument zu sehen. Wie aus Galileis Antwort hervorgeht, kam das Gesuch jedoch zu spät. Auch ohne Galileis Fernrohr konnte Kepler seine Gesetze über die ungestörte Planetenbewegung aufstellen. Sie waren der Beweis für die These des Astronomen Nikolaus Kopernikus (1473–1543), der behauptet hatte, daß sich die Erde um die Sonne drehe.
Auch Galilei fand neue Hinweise zur Bestätigung dieser These. Im Dezember 1615 ging er nach Rom, um die kirchlichen Würdenträger von der kopernikanischen Theorie zu überzeugen. Unter Androhung schwerer Strafe wurde ihm jedoch im März 1616 jede Diskussion über dieses Thema untersagt. Nach einem Prozeß vor der Inqusition mußte Galilei 1633 abschwören, daß sich die Erde um die Sonne bewegt. Eine Legende besagt, daß Galilei beim Verlassen des Gerichtssaales gemurmelt haben soll: „Eppur si muove!“ (Und sie bewegt sich doch!)

Padua, 19. August 1610

Ich habe Eure beiden Schreiben erhalten, mein gelehrtester Kepler. Auf das erstere, das Ihr bereits der Öffentlichkeit übergeben habt, werde ich in der zweiten Ausgabe meiner Beobachtungen antworten. Inzwischen danke ich Euch, daß

Ihr als erster und fast einziger mit dem Freimut und mit der geistigen Überlegenheit, die Euch auszeichnet, ohne die Sache selber gesehen zu haben, meinen Aussagen vollen Glauben geschenkt habt. Auf den zweiten Brief, den ich eben erst erhalten habe, will ich ganz kurz antworten; es sind nur noch wenige Stunden zum Schreiben übrig.

Fürs erste teilt Ihr mit, daß sich bei Euch keine Fernrohre befinden, jedenfalls keine so guten, daß sie sehr weit entfernte Gegenstände ganz groß und rein wiedergeben und daß Ihr daher auf das meinige wartet. Allein das ganz ausgezeichnete Instrument, das ich benütze und das die Gegenstände mehr als tausendmal vergrößert, ist nicht mehr mein. Der Durchl. Großherzog von Toskana hat es von mir erbeten, um es in seiner Galerie aufzustellen und es zu ewigem Angedenken unter den besonderen Kostbarkeiten aufzubewahren. Ein anderes von gleicher Vortrefflichkeit habe ich nicht konstruiert; die Herstellung ist nämlich recht mühsam. Ich habe jedoch einige Apparate zu ihrer Herstellung und Verfeinerung ausgedacht, die ich aber hier nicht ausführen wollte, da sie nicht nach Florenz gebracht werden könnten, wo in Zukunft mein Wohnsitz sein wird. Dort werde ich sobald als möglich Instrumente herstellen und meinen Freunden schikken.

Aus Euren Bemerkungen über den Mond entnehme ich, daß Euer Fernrohr nur von mittelmäßiger Leistungsfähigkeit ist, so daß es sich zur Beobachtung der Planeten wohl wenig eignet. Ich habe aber diese Planeten, die nun mit dem Jupiter am Morgen aufgehen, seit dem 5. Juli öfters bemerkt und aufgezeichnet.

Vom Himmel steigt Ihr sodann herab zu der Unterwelt, d. h. zu jenem Böhmen, dessen Frechheit, Dummheit und Unwissen, wie Ihr seht, so groß ist, daß wir über keine Worte, wären sie auch beleidigend, vorbringen können, ohne seinen Namen zu rühmen. Mag er daher in der Unterwelt verborgen bleiben! Wir wollen uns gleicherweise um die Schmähungen der

Menge nicht kümmern. Was vermögen gegen Jupiter die Giganten, geschweige denn die Pygmäen! Jupiter steht am Himmel und die Sykophanten mögen bellen, solange sie wollen.

Ihr wünscht weitere Zeugen, mein liebster Kepler. Ich nenne den Großherzog von Toskana. Nachdem er in den vergangenen Monaten die mediceischen Planeten öfters mit mir in Pisa beobachtet hatte, gab er mir bei der Abreise ein Geschenk, das mehr als tausend Dukaten wert ist und beruft mich soeben in seine Vaterstadt mit einem Jahresgehalt von ebenfalls tausend Dukaten und mit dem Titel eines Philosophen und Mathematikers Seiner Durchlaucht. Dabei sind mir keine weitern Verpflichtungen auferlegt; ich genieße vollkommen freie Muße, um meine Bücher zu vollenden über die Mechanik, den Aufbau des Weltalls, sowie über die natürliche und die gewaltsame Ortsbewegung, worüber ich viele unerhörte und erstaunliche Dinge geometrisch beweisen werde. Ferner stelle ich mich selber als Zeugen vor, der ich an unserem Gymnasium mit einem besonderen Gehalt von 1000 Gulden ausgezeichnet wurde, das noch kein Mathematikprofessor je bekommen hat, und das ich in Sicherheit mein Leben lang genießen könnte, auch wenn die Planeten uns foppen und verschwinden würden; ich ziehe aber weg und begebe mich dorthin, wo ich für meine Täuschung mit Not und Schande büßen müßte. Ich nenne Julius, den Bruder des großherzoglichen Gesandten Julianus, der in Pisa mit vielen anderen Herren vom Hof die Planeten mehrmals beobachtet hat. Doch wenn mein Gegner irrt, was brauchen wir dann noch weitere Zeugen? In Pisa, Florenz, Bologna, Venedig, Padua haben sehr viele die Planeten gesehen; sie schweigen alle und zaudern. Der größte Teil von ihnen kann weder Jupiter noch Mars, ja kaum den Mond als Planet unterscheiden. In Venedig wandte sich jemand in einem Vortrag gegen mich mit der Bemerkung, er wisse sicher, daß die von ihm öfters beobachteten Sterne in der Umgebung des Jupiter

keine Planeten seien, weil er sie immer mit Jupiter sah und alle oder ein Teil von ihnen diesem bald folgten, bald vorausgingen. Was ist nun zu tun? Sollen wir uns an Demokrit oder an Heraklit halten? Wir wollen über die ausnehmende Dummheit der Menge lachen, mein Kepler. Was sagt Ihr über die Hauptphilosophen unseres Gymnasiums, die mit der Hartnäckigkeit einer Natter nie, wenn ich auch tausendmal mir Mühe gab und ihnen von mir aus ein Anerbieten machte, die Planeten, den Mond oder das Fernrohr sehen wollten! Wahrhaftig, wie jene die Ohren, so haben diese die Augen gegenüber dem Licht der Wahrheit zugehalten. Das ist etwas Arges, aber es wundert mich nicht. Diese Gattung von Menschen glaubt nämlich, die Philosophie sei ein Buch wie die Äneis oder die Odyssee und man müsse die Wahrheit nicht in der Welt oder in der Natur suchen, sondern in der Konfrontation der Texte (um ihre eigenen Worte zu gebrauchen).
Warum habe ich doch keine Zeit, um länger mit Euch zu lachen! In was für Lachsalven würdet Ihr ausbrechen, mein freundlichster Kepler, wenn Ihr hören würdet, was in Pisa von dem Hauptphilosophen des dortigen Gymnasiums gegen mich vor dem Großherzog vorgebracht wurde, als er mit logischen Gründen wie mit Zauberformeln die neuen Planeten vom Himmel reißen und wegdisputieren wollte! Doch die Nacht bricht ein und ich kann mich nicht länger mit Euch unterhalten. Lebt wohl, hochgelehrter Herr, und bleibt mir wie bisher gewogen.

König Ludwig XIV. von Frankreich an König Philipp V. von Spanien

Der Favorit des Königs

Am 5. September 1638 wurde Ludwig XIV. geboren. Unter der Herrschaft des Sonnenkönigs erreichte Frankreich die Vormachtstellung in Europa. Auch im Spanischen Erbfolgekrieg (1701–14) konnte sich Ludwig XIV. diese Führungsrolle erhalten. Der Krieg war durch den Tod von Karl II., dem letzten Habsburger auf dem spanischen Thron, ausgelöst worden. Gegen die österreichischen Ansprüche erhielt Philipp von Anjou, ein Enkel des Sonnenkönigs, die spanische Krone. Ludwig XIV. gelang es, für Philipp V. den spanischen Thron zu sichern, obwohl es militärische Niederlagen gab. So eroberten englische und deutsche Truppen 1704 die Halbinsel Gibraltar. Bis heute ist dieser Stützpunkt eine britische Kolonie geblieben.

20. August 1704

Ich bin sehr böse über die Nachricht von der Einnahme Gibraltars, aber meiner Meinung nach dürfte es doch für die Feinde schwer sein, sich an einem Orte ohne Hafen und gesicherte Reede, der nur von der See geschützt werden kann, dauernd festzusetzen. Es ist für Sie äußerst wichtig, sie daran zu hindern, in Kastilien oder Estremadura Fuß zu fassen. Sie würden nämlich dann mit allen Kräften die Städte zu halten suchen, die sie dort besetzen könnten. Sie mögen untersuchen, ob Sie von Ihren Grenzen Truppen zurückziehen können, ohne Ihre Armee allzu sehr zu schwächen. In diesem Fall täten Sie gut, eine ziemlich starke Abteilung daraus zu bilden, um so bald wie möglich wieder in den Besitz von Gibraltar zu gelangen.

Sie bitten mich um Rat. Ich schreibe Ihnen, was ich denke,

aber der beste Rat ist unnütz, wofern man ihn erst dann erbittet und befolgt, wenn das Unglück schon geschehen ist. Es ist so viel leichter, ihm zuvorzukommen, als ihm abzuhelfen und ich sehe mit Schmerz schwere Verwicklungen voraus, wenn Sie in Ihre Staatsgeschäfte nicht wieder Ordnung bringen. Sie haben bisher unfähigen oder selbstsüchtigen Menschen Ihr Vertrauen geschenkt. Sie sehen die Früchte Ihrer Leistungen an dem Schicksal Ihrer Armeen und Festungen. Wo Sie große Entschlüsse zu fassen hätten, gehen Sie ganz in den Kabalen der Prinzessin des Ursins auf, mit denen man mich nachgerade langweilt.

Ich bin überzeugt von Ihrer Aufrichtigkeit, und wenn Sie unglücklicherweise diese Tugend einbüßen sollten, die doch so zu Ihnen paßt, so werden Sie nach meinem Dafürhalten doch zur Genüge Ihren Staat lieben, um mich nicht zu seinem Schaden zu betrügen. So glaube ich denn doch, daß Sie es wenigstens behaupten, Sie wollen wirklich meine Ratschläge befolgen. So nutzen Sie doch bitte die aus, die ich Ihnen auf Grund meiner bisherigen Freundschaft und Zuneigung erteile und die Ihnen zu beweisen ich nie müde sein werde.

Sie werden unmöglich Erfolg haben können, solange in Ihren Angelegenheiten die augenblickliche Unordnung herrscht. Berufen Sie eine Ratsversammlung von weisen und wohlbeschlagenen Männern: der Herzog von Gramont wird Ihnen einige Namen nennen, auf die jene Bezeichnung zutrifft. Zögern Sie nicht länger mit ihrer Berufung, befragen Sie sie über alle Angelegenheiten des Krieges, der Finanz und der Politik, bedienen Sie sich ihrer Gaben und ihrer Erfahrung und erlassen Sie keine Befehle, von denen sie nicht unterrichtet sind.

Sowie mir der Zusammentritt einer also zusammengesetzten Ratsversammlung gemeldet worden ist, werde ich Ihnen ohne weiteres die Hilfe angedeihen lassen, derer Sie bedürfen. Vorher jedoch habe ich nur allzu begründete Annahme, die Truppen, die ich nach Spanien gehen lasse, verloren zu geben. Beweisen Sie, daß es einen König und einen Rat in Spanien gibt, daß Sie dort das Kommando führen und daß nicht unverantwortliche Privatpersonen, die Ihr Vertrauen mißbraucht haben, die Herren der Monarchie sind. Ich habe Eurer Majestät immer nur den wahren Ruhm und das Wohl seiner Staaten ans Herz gelegt. Arbeiten Sie für beide. Das ist der einzige Lohn, den ich von Ihnen verlange für das, was ich tue, und für die große Liebe, die ich Ihnen entgegenbringe.

William Penn an seine Familie

Penns Grundsätze prägten die amerikanische Verfassung

Im Jahre 1668 schloß sich William Penn den Quäkern an, einer christlichen Erweckungsbewegung, die 1643 von dem Londoner Schuster George Fox gegründet worden war. Nach dem Tod seines Vaters, einem Admiral, hatte Penn einen Anspruch von 16 000 Pfund an die britische Krone. König Karl II., den Finanzprobleme plagten, entschädigte ihn mit einem riesigen Grundbesitz in Amerika. Die Landabtretung wurde 1681 perfekt. Die Kolonie, etwa so groß, wie Bayern und Baden-Württemberg zusammen, wurde Pennsylvania (Penns Waldgebiet) genannt. Im Frühjahr 1682 faßte Penn den Plan, selbst in die neue Welt zu reisen. Seiner Frau Guli und seinen Kindern Springett, 7, Tishe, 4, und Will, 2, schrieb er einen Abschiedsbrief. Seine Vorstellungen vom Familienleben wurden die Grundlage einer Konstitution für die Kolonie. Darin garantierte er allen Siedlern Glaubensfreiheit und gleiche Rechte. Diese demokratischen Grundsätze wurden später richtungsweisend für die amerikanische Verfassung.

Hoch verschuldet kehrte Penn, kurz nach Gründung der Kolonie, in seine Heimat zurück. Seine Frau starb 1694. Die Schulden verfolgten Penn sein ganzes späteres Leben. 1708, nach der Rückkehr von einer weiteren Amerika-Reise, wurde er in Schuldhaft genommen. Das Interesse an seiner Kolonie erlahmte. Er verfiel in Lethargie und nahm kaum noch Kenntnis, daß Pennsylvania 1712 von der britischen Krone in Besitz genommen wurde.

Worminghurst, im Jahre 1682,
am 4. des 6. Monats

Mein liebes Weib, meine lieben Kinder, meine Liebe, die weder Meer noch Land noch Tod jemals löschen kann, wandert voll unendlicher Zärtlichkeit zu Euch und schließt Euch für immer in die Arme und wird in alle Zukunft bei Euch weilen. Mein geliebtes Weib, denke stets daran, daß Du die Liebe meiner jungen Jahre und die Freude meines Lebens warst, die am höchsten geliebte und zugleich auch die edelste aller meiner irdischen Erquickungen. Gott weiß es, und auch Du weißt es, daß es eine von der Vorsehung selbst zusammengefügte Verbindung gewesen ist. Nun steht es so, daß ich Dich verlassen muß, und ich weiß noch nicht einmal, ob ich Dich je in diesem Leben wiedersehen werde.

Höre meinen Rat und bewahre ihn im Busen:

Erstens. Laß die Furcht des Herrn allezeit und in aller Kraft wirksam sein in Dir.

Zweitens. Sei niemals lässig im Gottesdienst und im Gebet und in Deinen Geschäften, und laß einmal am Tage Andacht in der Familie halten, und, Liebste, teile Deine Zeit ein und sei pünktlich. Am Morgen besorge die Pflichten des Hauswesens. Plage Dich nicht mit nachlässigen Dienstleuten, sondern gib ihnen lieber ihr Geld und heiße sie gehen: Man fährt am besten, wenn man viele Worte vermeidet, denn ich habe es erfahren, daß sie die Seele verwunden.

Drittens. Errechne genau Deine Einkünfte und stelle fest, wie hoch sie sich täglich belaufen, und, ich bitte Dich von Herzen, lebe bescheiden und sparsam, bis meine Schulden bezahlt sind. Ich schreibe das nicht, weil ich etwa an Dir zweifelte, sondern um Deinen Eifer anzufeuern.

Viertens. Geliebteste, laß mich die teuren Kinder, die ich über alle Worte liebe, Deiner Hut empfehlen. Ziehe sie auf in der Liebe zur Tugend. Ich sähe es lieber, sie würden schlicht erzogen als vornehm. Gottesfurcht im Herzen führt zu wahrer

Gesittung und lehrt Männer wie Frauen, gütig und höflich zu sein.

Fünftens. Ziehe sie auf in Liebe zueinander. Sag ihnen, dies sei der Auftrag, den ich Euch allen hinterlasse. Sag ihnen, es sei mein Rat gewesen, daß sie zärtlich und liebreich zueinander sein sollen. Scheue weder Mühe noch Aufwand, um sie großherzig denken zu lehren. Halte lieber einen guten und ehrlichen Lehrer für sie im Hause, als daß Du sie auf Schulen sendest, denn dort können immer allzu viele schlimme Eindrücke empfangen werden. Und nun Ihr, teure Kinder: Seid gehorsam Eurer lieben Mutter, deren Tugend und guter Name eine Ehre für Euch bedeutet, denn niemand hat sie je an Rechtschaffenheit, Emsigkeit, Tugend und rechter Einsicht übertroffen, und das sind Eigenschaften, die unter Frauen ihrer Herkunft und ihrer Stellung in der Welt nicht eben häufig sind. Seid maßvoll in allen Dingen, wahret Euch vor Zornmütigkeit und meidet Schmeichler, denn sie sind verkappte Diebe. Seid einfach in Eurer äußeren Erscheinung und lasset Eure Tugend Euren Schmuck sein. Seid nicht vielgeschäftig und aufdringlich und kümmert Euch nicht um anderer Leute Lebensart; und Ihr, die Ihr wahrscheinlich mit der Lenkung des Staates Pennsylvania zu tun haben werdet, besonders Du, mein Erstgeborener: seid demütigen Sinnes, fleißig und liebreich. Haltet Euch in der Redlichkeit, denn Gott sieht Euch. Verachtet Täuschung und List und lasset Euer Herz ehrlich sein vor dem Herrn. So möge unser Gott, der mich gesegnet hat mit überreicher Gnade, Euch nach Seinem Ratschluß führen, Euch segnen und Euch zu Seiner ewigen Glorie geleiten. Und so lebet denn wohl, mein Weib und meine Kinder. Ihr dreimal Geliebten.

Ich bin der Eurige nach Gottes Ratschluß und werde es für immer bleiben; kein Wasser kann dieses Gefühl löschen, keine Zeit kann es vergessen machen, keine Ferne kann es schwächen und mindern.

William Penn

Erzbischof François Fénelon an König Ludwig XIV.

Der verbannte Bischof

Im September 1689 ernannte Ludwig XIV. den Erzbischof von Cambrai, François Fénelon, zum Erzieher seiner Enkel. Für den möglichen Thronfolger, den Herzog von Burgund (gest. 1512), verfaßte Fénelon den Roman »Die Abenteuer des Telemach«. Darin beschrieb er einen idealen König, der Krieg, Despotie und Luxus verachtet. Ludwig XIV. sah in der Erzählung, die in Frankreich zur beliebtesten Lektüre des 18. Jahrhunderts wurde, eine Kritik an seiner Regierungsweise. Er verbannte den Erzbischof 1699 von seinem Hof. Noch im selben Jahr schickte Fénelon sein Mahnschreiben an den König, in dem er die Folgen der absoluten Herrschaft voraussah. Der Sonnenkönig verschaffte Frankreich zwar die Vormacht in Europa, zerrüttete aber durch teure Hofhaltung die Staatsfinanzen.

Sire!

Die Persönlichkeit, die sich die Freiheit nimmt, diesen Brief an Sie zu schreiben, hat schlechterdings kein Interesse auf dieser Welt, das ihr die Hand führte.

Seit dreißig Jahren haben Ihre vornehmsten Minister alle Grundpfeiler des Staates zuerst erschüttert und dann umgestürzt, um die Machtvollkommenheit des Königs, die in den Händen der Minister deren Eigentum geworden war, bis auf die höchste Stufe zu bringen. Es hat sich die ganze Sprache am Hofe geändert: Kein Wort hörte man mehr von Staat und Staatsgesetz; es war nur immer die Rede von dem Könige und dem Willen des Königs.

Ihre Einnahmen und Ausgaben sind ein Unendliches geworden. Man hat sie bis in den Himmel erhoben. Um an Ihrem Hofe einen abenteuerlichen und unheilvollen Luxus einzuführen, haben die Vertrauten des Regenten den Thron auf den Ruinen aller Stände des Königreiches erheben wollen, gerade als ob sie dadurch groß werden könnten, daß sie ihre Untertanen klein und zu nichts machten, während doch die Größe der Untertanen die wahre Grundlage aller königlichen Größe ist.

Man hat den königlichen Namen verhaßt und die französische Nation ihren Nachbarn unerträglich gemacht. Es könnte kein Bundesgenosse aushalten, weil man nur Sklaven wollte. – Man hat blutige Kriege entfacht. Ich weiß wohl, daß die erfolgten Friedensschlüsse die Ungerechtigkeit der Eroberungen zu decken scheinen, weil sie ihnen die genommenen Plätze eingeräumt haben. Aber ein Krieg, der in seinem Beginn ungerecht ist, wird durch ein glückliches Ende niemals gerecht.

Wahrhaftig notwendig ist uns nur eins. Und diese Eins heißt: Gerechtsein! Das Bedürfnis, die Grenze zu sichern, gibt Ihnen noch keinen Rechtsgrund, Ihrem Nachbarn sein Land zu nehmen. Fragen Sie darüber verständige biedere Männer, und Sie werden Ihnen bekennen, daß meine Behauptung so klar ist wie der Tag.

Sire! Sie hätten sich den so gegründeten und friedlichen Ruhm, ein Vater Ihrer Untertanen zu sein, erwerben können, und nun werden Sie als Feind Ihrer Nachbarn gehaßt und laufen Gefahr, auch als grausamer Herrscher in Ihrem eigenen Reiche gefürchtet zu werden.

Das Volk selber – ich muß alles sagen – das ganz Liebe zu Ihnen und Zutrauen für Sie war, fängt an, die Freundschaft, das Zutrauen und selbst die Verehrung für Sie zu verlieren. Ihre Siege, Ihre Eroberungen sind kein Fest mehr für das Volk; voll Erbitterung und Verzweiflung kann es nicht mitfeiern; vielmehr zündet nach und nach in allen Teilen der Funke des Aufruhrs, und es verbreitet sich der fürchterliche Glaube:

der König fühlt kein Erbarmen mit unserem Elend, er liebt nur sein Ansehen und seine Glorie!

Sire! Das ist der ungeschminkte Zustand, in dem Sie sich befinden. – Schon lange schwebt der Arm der Gerechtigkeit über Ihrem Scheitel; nur weil der Richter auch Vater ist, zögert noch sein Schlag. Sie lieben nichts als Ihren Ruhm und ihre Bequemlichkeit. Alles sehen Sie nur in der Beziehung auf sich, als wären Sie der Gott der Erde und alles übrige nur geschaffen, um Sie zu beweihräuchern. Und doch verhält es sich gerade umgekehrt: Sie sind von Gott auf die Erde gesetzt nur für das Wohl des Volkes!

Jonathan Swift an Hester Johnson, genannt Stella

Der Richter und die Politik

Jonathan Swift, weltberühmt durch den Roman »Gullivers Reisen«, hatte von 1710 bis 1714 großen politischen Einfluß in London. Als Mitglied der damals regierenden Tory-Partei war er ein wichtiger Berater der führenden Minister. Ereignisse jener Zeit schilderte er in den Briefen an seine Freundin Hester Johnson. So auch das tragische Ende des Herzogs von Hamilton, der wegen politischer Auseinandersetzungen im Duell fiel. Er sollte in Frankreich über die Beendigung des Spanischen Erbfolgekrieges verhandeln.

Am 15. November 1712

Noch bevor Du diesen Brief bekommst, wirst Du von dem Unglück gehört haben – vielleicht dem fürchterlichsten, das je geschehen ist. Heute morgen um acht brachte mein Diener mir die Nachricht, daß der Herzog von Hamilton einen Zweikampf mit Lord Mohun gehabt und ihn getötet habe, selbst aber verwundet heimgebracht worden sei. Ich schickte meinen Diener sofort zum Hause des Herzogs am St. James's Square; aber der Pförtner weinte so, daß er kaum antworten konnte, und im und vorm Hause war wildes Durcheinander.

Um es kurz zu machen: Sie hatten um sieben Uhr gekämpft. Dieser Hund von Mohun fiel sofort, und während der Herzog über ihm war, packte Mohun seinen Degen kurz und stach ihn durch die Schulter bis ins Herz. Der Herzog wurde zum Kuchenhäuschen am Rundweg im Hyde Park (wo der Zweikampf stattfand) gebracht und starb auf dem Rasen, noch bevor sie das Haus erreichten; um acht, während die arme

Herzogin noch schlief, kam er in seiner Kutsche zu Hause an. Macarteny und einer von den Hamiltons waren die Sekundanten; sie haben ebenfalls gekämpft und sind beide geflohen. Es wurde mir auch erzählt, einer von Lord Mohuns Lakaien hätte den Herzog erstochen, und einige sagen, Macarteny hätte es ebenfalls getan. Mohun war der Beleidiger und sandte trotzdem die Forderung.

Ich bin unendlich traurig über den Tod des armen Herzogs, der ein ehrlicher, rechtlicher, gutherziger Mann war. Ich mochte ihn gern, und ich glaube, er mochte mich noch lieber. Er hatte die allergrößte Lust, mit mir nach Frankreich zu gehen, wagte es aber nicht, mit mir darüber zu sprechen; und diejenigen, mit denen er darüber sprach, sagten ihm, ich könne nicht entbehrt werden – was richtig war.

Die arme Herzogin wurde in eine Nachbarwohnung gebracht; dort war ich zwei Stunden lang bei ihr – ich komme eben von dort. Noch nie habe ich etwas so Ergreifendes mitangesehen; denn sie hat wirklich jeden erdenklichen Grund zu ehrlicher Trauer; und kein Mensch kann – in jeder Hinsicht – mehr verlieren als sie. Ich war in tiefster Seele gerührt. Die Wohnung war unbehaglich, und man wollte sie in eine andere bringen; aber ich ließ es nicht zu, denn die Wohnung hatte wenigstens den einen Vorzug, daß sie kein Hinterzimmer zur Grub Street hatte. Es wäre doch eine Qual für die Herzogin gewesen, wenn ihr die Straßenbummler die Geschichte von der Ermordung ihres Gatten in die Ohren gebrüllt hätten.

Zar Peter der Große an den Zarewitsch Alexej

Grausame Strafe für den Sohn

Zar Peter I. der Große leitete die Europäisierung Rußlands ein, führte Reformen nach westlichem Muster durch und ließ eine Kriegsflotte bauen. Im Nordischen Krieg (1700–1721) erkämpfte er gegen Schweden die Vorherrschaft im Ostseeraum. 1703 ließ er St. Petersburg (Leningrad) errichten, das 1712 russische Hauptstadt wurde. Dunkelster Punkt im Leben des Zaren wurde das Verhältnis zu seinem Sohn Alexej. Der Zarewitsch fühlte sich alten Traditionen verbunden. Seinen Freunden versprach er, daß er die Flotte abschaffen und St. Petersburg aufgeben würde. Der Brief seines Vaters versetzte ihn in Schrekken. 1716 flüchtete er nach Wien. Als der Zar schwor, ihn ohne Strafe wieder aufzunehmen, kehrte Alexej nach Rußland zurück. Er wurde festgenommen, verhört und gefoltert. Noch ehe das gegen ihn verhängte Todesurteil vollstreckt werden konnte, starb er an den Folgen der Folter.

11. Oktober 1715

Es kann Dir nicht unbekannt sein, wie sehr unsere Untertanen vor dem gegenwärtigen Kriege unter dem Druck der Schweden geseufzt haben; sie schnitten uns durch unrechtmäßigen Besitz so vieler unserem Reiche notwendigen Seeplätze von aller Verbindung mit der übrigen Welt ab. Aber der Feind, vor welchem wir zittern, bebt jetzt vor uns. Diese Früchte verdanken wir, zunächst Gottes Hilfe, den Anstrengungen unserer treuen Untertanen und Rußlands Söhnen.
Erwäge ich indessen diese unserem Vaterlande von Gott verliehene Wohlfahrt und blicke dann auf mein Geschlecht, das mir nachfolgen soll, so fühle ich mehr Kummer in Rück-

sicht auf die Zukunft als Freude mit Hinblick auf die Gegenwart, weil du, mein Sohn, alle diejenigen Mittel verschmähst, die dich nach mir zur Herrschaft tüchtig machen sollen.

Durch kriegerische Tüchtigkeit haben wir fremde Völker kennengelernt und uns bei ihnen Achtung erworben, du aber willst vom Militärwesen nicht einmal reden hören. Ohne dir unrechtmäßige Kriege anzuraten, verlange ich von dir bloß sorgfältiges Erlernen dessen, was zum Kriegführen gehört. Du irrst sehr, wenn du glaubst, daß ein Monarch bloß geschickte Generale brauche, die nach seinem Befehle handeln, da jeder den Blick auf das Oberhaupt richtet, dessen Gesinnung erforscht und danach handelt...

Ich bin ein Mensch und dem Tode unterworfen, und wem soll ich, was ich getan und erobert habe, hinterlassen? Demjenigen, der gleich dem faulen Knechte im Evangelium sein Pfund in die Erde vergräbt, d.h. verschleudert, was Gott ihm verlieh? Bedenke noch einmal, was für ein arges, eigensinniges Gemüt in dir lebt; denn obgleich ich deshalb dich gescholten, dich geschlagen und seit so vielen Jahren mit dir gar nichts davon geredet habe, so war dies doch alles umsonst, und du wolltest nichts tun als zu Hause leben und dich ergötzen, unbekümmert, was daraus nicht bloß für dich, sondern auch für das ganze Reich entstehen könnte...

Da ich nun dies alles mit Wehmut erwäge und sehe, daß nichts dich zum Guten bringen kann, so gebe ich dir meinen letzten Entschluß schriftlich zu erkennen, noch einige Zeit zu warten, ob du dich nicht aufrichtig bessern wirst; sollte dies aber nicht geschehen, so sei hiermit versichert, daß ich dich als brandiges Glied von der Nachfolge trenne. Denke nicht, daß ich solches bloß zum Schrecken schreibe, oder daß ich ja keinen andern Sohn habe. Es soll wahrlich, so Gott will, erfüllt werden. Da ich mein Leben für Vaterland und Volk nicht geschont habe und auch nicht schone; wie sollte ich dich als Unwürdigen schonen? Lieber ein würdiger Fremder als ein unwürdiger Eigener.

Voltaire an Jean-Jacques Rousseau

Zwei Philosophen und ihr Streit

Die Schrift »Über den Ursprung der Ungleichheit unter den Menschen« gehört zu den bedeutendsten Werken von Jean-Jacques Rousseau. Sie wird als der Auftakt der Freiheits- und Gleichheitsforderungen in Frankreich angesehen, die in der Revolution von 1789 eskalierten. Voltaire, der in seinem Werk (u. a. »Candide oder Der Optimismus«) den Sinn des Lebens in Frage stellte, konnte Rousseaus Thesen, die in dem Schlagwort »Zurück zur Natur« gipfelten, nicht ernst nehmen.
Auf die Schrift, die ihm Rousseau zugesandt hatte, antwortete er mit beißender Ironie. Der Brief führte zum Zerwürfnis zwischen den beiden Philosophen, die als die Antipoden des französischen Geisteslebens im 18. Jahrhundert gelten.

Délices bei Genf, 30. August 1755

Mein Herr,
ich habe Ihr neues Buch gegen das Menschengeschlecht erhalten; ich danke Ihnen dafür. Sie mögen den Menschen, denen Sie Ihre Wahrheiten sagen, gefallen – und Sie werden sie doch nicht besser machen. Mit recht wahren Farben malen Sie die Greuel der menschlichen Gesellschaft, von denen Unwissenheit und Schwäche soviel Annehmlichkeiten erwarten. Niemals wurde soviel Geist aufgewendet, um uns zu Tieren machen zu wollen.
Man bekommt Lust, auf allen Vieren zu laufen, wenn man Ihr Werk liest. Da ich aber seit mehr als sechzig Jahren die Gewohnheit aufgegeben habe, fühle ich unglücklicherweise, daß es mir unmöglich ist, sie wieder aufzunehmen. Und ich überlasse diese natürliche Gangart denen, die ihrer würdiger

sind als Sie und ich. Ebensowenig kann ich mich einschiffen, um die Wilden Canadas aufzusuchen, erstens weil die Krankheiten, zu denen ich verdammt bin, mir einen europäischen Arzt nötig machen, zweitens weil in jenem Land der Krieg tobt und die Beispiele unserer Nationen die Wilden beinahe ebenso böse gemacht haben, wie wir es sind. Ich beschränke mich darauf, ein friedlicher Wilder zu sein in der Einsamkeit, die ich mir nahe Ihrer Heimat, wo Sie sein sollten, erwählt habe.

Ich stimme Ihnen zu, daß die schönen Künste und die Wissenschaften manchmal viel Übel verursacht haben.

Die Feinde Tassos machten aus seinem Leben eine Kette von Unglück; die Feinde Galileis ließen ihn mit siebzig Jahren in den Gefängnissen schmachten, weil er die Bewegung der Erde erkannt hatte, und, was noch beschämender ist: sie zwangen ihn, zu widerrufen... Wenn ich es wagte, mich zu denen zu zählen, deren Arbeiten nur Verfolgung als Lohn ernteten, würde ich Ihnen eine ganze Bande Elender aufzeigen, die darauf versessen waren, mich zu Grunde zu richten...

Ich würde Ihnen die verseuchte Gesellschaft dieser neuen Menschengattung zeigen, die der ganzen Antike unbekannt war, die keinen ehrlichen Beruf ergreifen kann, sei es als Bedienter, sei es als Handwerker, die sich, da sie leider lesen und schreiben kann, zu Maklern der Literatur macht, Manuskripte stiehlt, sie entstellt und verkauft. Ich könnte mich beklagen, daß ein vor über dreißig Jahren entstandener Spaß zum selben Thema, das Chapelain dummerweise ernsthaft behandelt hat, heute die Welt durchläuft dank der Untreue und der unverschämten Habgier der Unseligen, die es mit ebensoviel Dummheit wie Boshaftigkeit entstellt haben und die nach dreißig Jahren überall dieses Werk verkaufen, das gewiß nicht mehr das meine ist, sondern das ihrige geworden ist. Ich würde schließlich hinzufügen, daß man es gewagt hat, in den ehrwürdigsten Archiven zu wühlen und da einen Teil der Memoiren zu stehlen, die ich dort hinterlegt hatte, als ich Historiograph von Frankreich war: man hat sie in einer Pariser Buchhandlung als Früchte meiner Arbeit verkauft. Ich würde Ihnen die Undankbarkeit, den Betrug und die Erpressung schildern, die mich bis zum Fuß der Alpen und bis an den Rand meines Grabes verfolgten.

Aber mein Herr, geben Sie auch zu, daß diese Stacheln, die der Literatur und dem Ruhm anhaften, nur Blumen sind im Vergleich zu anderen Übeln, die zu allen Zeiten die Erde heimgesucht haben. Geben Sie zu, daß weder Cicero, noch Lucrez, noch Virgil, noch Horaz schuld waren an der Ächtung des Marius, des Sulla, des liederlichen Antonius, des einfältigen Lepidus, des Tyrannen ohne Mut, Octavius Cepias, so unzutreffend August benannt.

Geben Sie zu, daß der Scherz Marots nicht die Bartholomäusnacht hervorgerufen hat und daß die Cidtragödie nicht die Kriege der Fronde verursachte. Die großen Verbrechen sind nur von berühmten Dummköpfen begangen worden. Das, was aus dieser Welt ein Tal der Tränen macht und immer machen wird, ist die unersättliche Begierde und der unzähmbare Hochmut der Menschen von Thomas Conti Can, der nicht lesen konnte, bis zum Zollangestellten, der nicht rechnen kann. Die Wissenschaften sind Nahrung der Seele, läutern und trösten sie. Und Sie dienen selbst Ihrer Sache in dem Augenblick, wo Sie gegen sie schreiben. Sie sind wie Achill, der sich gegen den Ruhm ereiferte, und wie Pière Malle Branche, dessen glänzende Einbildungskraft gegen die Einbildungskraft schrieb.

Man muß sie lieben trotz des Mißbrauches, der damit getrieben wird, wie man die Gesellschaft lieben muß, deren Annehmlichkeiten uns soviel schlechte Menschen verderben; wie man sein Vaterland lieben muß, welches Unrecht man auch dort erleiden mag; wie man das Höchste Wesen lieben und ihm dienen muß trotz des Aberglaubens und des Fanatismus, die seinen Dienst so oft entehren.

Herr Chapui teilt mir mit, daß Ihre Gesundheit recht schlecht ist. Sie sollten sie in der heimatlichen Luft wiederherstellen kommen, die Freiheit genießen, mit mir die Milch unserer Kühe trinken und unsere Wiesen abweiden. Ich bin, sehr philosophisch und mit der größten Hochachtung, mein Herr,

Ihr sehr untertäniger und
gehorsamer Diener
Voltaire

Chr. W. Gluck
an Friedrich Gottlieb Klopstock

Ein Genie und sein Scheitern

Am 15. November 1787 starb im Alter von 73 Jahren Christoph Willibald Gluck, Vorläufer der Wiener Klassik. 1756 war der Komponist, Sohn eines Försters aus Erasbach (Oberpfalz), in Rom für seine Oper »Antigone« zum »Cavaliere« des päpstlichen Ordens vom Goldenen Sporn ernannt worden. Er betitelte sich seitdem als »Ritter von Gluck«. Auf Friedrich Gottlieb Klopstock hatte ihn der Jesuitenpater Michael Denis aufmerksam gemacht. Seinen Plan, eine große deutsche Oper durch die Vertonung von Klopstocks Drama »Hermanns Schlacht« zu schaffen, konnte er jedoch nicht verwirklichen. Zwar bat er noch wenige Monate vor seinem Tod den Wiener Kapellmeister Antonio Salieri zu sich, um ihm Stücke für die »Hermanns Schlacht« zu diktieren, doch sein Arzt verbot ihm die schwere Arbeit. So erhielt Salieri nur die düstere Motette »De profundis« zur Bearbeitung. Sie wurde am 17. November 1787 bei der Totenmesse für Gluck zum ersten Mal aufgeführt.

Wien, den 14. August 1773

WohlEdelgebohrner!
Insonders Hochgeehrtister Herr Legations Rath!
Der Pater Denis hat mir zu wißen gemacht, daß Sie ein Verlangen tragen, diejenigen Strophen, so ich über Dero Herrmanns Schlacht componiret, zu erhalten. Ich hätte Ihnen schon lange damit gedienet, wenn ich nicht geometrisch versichert wäre, daß viele keinen Geschmack daran finden würden, weil sie mit einem gewißen Anstand müßen gesungen werden, welcher noch nicht sehr in der Mode ist; Denn obwohl Sie vortreffliche Thonkünstler haben, so scheinet mir

doch die Music, welche eine Begeisterung begehret, in Ihren Gegenden noch gantz fremde zu seyn, welches ich aus der Recension, die zu Berlin über meine Alceste ist gemacht worden, klar ersehen habe. Ich bin ein so großer Verehrer von Denenselben, daß ich Ihnen verspreche (wenn Sie nicht nach Wien gedencken zu kommen), künfftiges Jahr eine Reise nach Hamburg zu machen, um Ihnen persönlich kennen zu lernen, und alsdann verbinde ich mich, Denenselben nicht allein Vieles aus der Herrmanns Schlacht, sondern auch von Ihren erhabenen Oden vor zu singen, um Ihnen ersehen zu machen, in wie weit ich mich Ihrer Größe genähert, oder wie viel ich sie durch meine Music verduncklet habe.
Indeßen überschicke Denenselben etliche Gesänge, welche gantz simpel genommen, und von leichter Execution seyn. Dreye darunter von Teutschen Caracteur, und 3 von mehr modernen Wellischem Gusto, von welchem letztern ich zur Prob zugleich 2 melodien auf alt Bardischen Geschmack hinzu gefüget habe, die aber immer wieder weg zu werfen seyn. Es wird nothwendig seyn, einen guten Clavierspieler darzu zu erwählen, damit Sie Ihnen weniger unerträglich vorkommen mögen. Der ich übrigens die Ehre habe, mit erdencklicher Hochachtung mich unverenderlich zu nennen.
Ew. WohlEdelgebohren gehorsamster Diener

Chevalier Gluck

Maria Theresia an ihre Tochter Marie Christine

Ratschläge einer Kaiserin für den ehelichen Alltag

Maria Theresia (1717–1780), Tochter von Kaiser Karl VI., trat nach dem Tod ihres Vaters (1740) seine Nachfolge in den habsburgischen Ländern an. Als Herzogin von Österreich, Königin von Böhmen und Ungarn behauptete sie im Österreichischen Erbfolgekrieg ihre Thronrechte. Sie setzte durch, daß ihr Gemahl, Herzog Franz Stephan von Lothringen, 1745 in Frankfurt zum Kaiser gekrönt wurde.

Ihrem geliebten Franz schenkte sie 16 Kinder. Allen versuchte sie, eine gute Mutter zu sein. Marie Christine, auch Mimi genannt (geb. am 13. Mai 1742), war ihre Lieblingstochter. Die Kaiserin wußte, daß Mimi verliebt war in Albert, Prinz von Sachsen, Sohn des Königs August II. von Polen. Er hatte jedoch keine Chance, einmal den Thron zu besteigen. Maria Theresia gestattete ihrer Mimi trotzdem die Hochzeit mit dem armen Prinzen, obwohl auch der reiche Herzog von Chablais, der Aussichten hatte, König von Sardinien zu werden, um Marie Christine geworben hatte. Das junge Paar erhielt zunächst die Stadthalterschaft von Preßburg; ab 1780 die Stadthalterschaft von Brüssel.

Die Ratschläge ihrer Mutter für das Eheleben hat Marie Christine treulich befolgt. Nach ihrem Tod (24. Juni 1798) notierte Albert: »Nach 32 Jahren der glücklichsten Ehe verlor ich die edelste Frau, die je gelebt hat, mein Teuerstes auf Erden, den geliebten Gegenstand meines ganzen Glücks.« Albert lebte noch 24 Jahre. Seine Memoiren beschloß er mit dieser Würdigung seiner Frau.

April 1766

Meine liebe Tochter

Ihr möchtet gern von mir für Euren neuen Lebensabschnitt einen Rat haben. Es gibt mancherlei Bücher, die von diesen Dingen handeln, ich kann es mir ersparen, sie zu wiederholen. Ihr wißt, daß die Frau dem Manne untertan ist, daß wir unserem Gemahl Gehorsam schulden und daß er in allem unsere Erfüllung ist, daß wir ihm dienen, helfen und in ihm unseren väterlichen Freund und besten Gefährten sehen sollen. Wenn auch viele Beispiele heute das Gegenteil zeigen – ich könnte Euch niemals von diesen Pflichten entbinden. Ihr habt Euren Gemahl aus Neigung erwählt, Ihr kennt ihn und habt allen Grund zu der Hoffnung, mit ihm so glücklich zu werden, wie man es in dieser Welt nur sein kann.

Trachtet danach, Gottes Gnade durch ein christliches Leben zu verdienen. Seid anderen ein Vorbild durch Eure Mildtätigkeit, Eure Frömmigkeit, durch einen rechtschaffenden Lebenswandel und eine edle Bescheidenheit. Ihr habt für Eure Umgebung den Ton anzugeben, und ich bin überzeugt, daß Ihr Euch sehr dazu eignen werdet.

Ihr besitzt Anmut und seid anhänglich. Doch hütet Euch davor, diese Tugenden und Eigenschaften zu übertreiben. Ich muß Euch das besonders einschärfen, weil Ihr Euren Gemahl liebet und dabei in ein Übermaß geraten könntet, das ihm zur Last würde. An dieser delikaten Frage scheitern ja oft gerade die liebenden und tugendhaften Frauen, die aus Neigung heiraten. Je sparsamer Ihr mit Euren, auch den unschuldigsten Zärtlichkeiten seid, desto heftiger werdet Ihr begehret werden.

In der heutigen Zeit schätzt man keinerlei Zwang. Darum, je mehr Freiheit Ihr Eurem Gemahl lasset, je weniger Zwang und Pünktlichkeit Ihr von seinen Besuchen erwartet, um so liebenswerter macht Ihr Euch und um so verlangender wird er Eure Nähe suchen.

Das Wichtigste ist, daß er Euch stets bei gleichem Sinn, bei gleicher Freundlichkeit und Aufmerksamkeit für ihn findet. Seht zu, es ihm in Eurem Hause recht zu machen, damit er sich nicht anderswo wohler fühlt. Wenn Ihr sein Vertrauen besitzen wollt, beweist ihm, daß Euer Verhalten und Eure Verschwiegenheit es verdienen. Nie soll eifersüchtiger Argwohn in Euer Herz dringen. Je mehr Freiheit Ihr Eurem Gemahl lasset, je mehr Ihr ihm darin Eure Gefühle und Euer Vertrauen zeigt, um so begehrenswerter werdet Ihr für ihn sein. Denn alles Glück der Ehe besteht im gegenseitigen Vertrauen und in gegenseitiger Zuvorkommenheit. Die tolle Liebe ist bald dahin – man muß einander achten und eines muß dem anderen dienen, man muß wahre Freundschaft füreinander empfinden, um in einer Ehe glücklich zu leben. Nur so wird man die Widerwärtigkeiten dieser Welt ertragen können. In dieser Hinsicht fürchte ich bei Euch höchstens das Zuviel, das Euer gemeinsames Glück trüben könnte. Ich habe Euch auf Eure Freundinnen eifersüchtig gesehen. Hütet Euch, es auf Euren Gemahl zu sein, das wäre der erste Schritt, ihn fern zu halten. Neckt ihn nicht in diesem Punkt, vom Scherzen gerät man leicht in Vorwürfe, ein bitterer Tropfen mischt sich darein, die Achtung voreinander muß darunter leiden-und plötzlich spürt man das Gift der Abneigung. Je größer das Vertrauen ist, das Ihr Eurem Gemahl entgegenbringt, je weniger Zwang Ihr ihm auferlegt, um so sicherer werdet Ihr seiner Liebe und Treue sein.

Es stünde besser um viele Ehen, wenn man sich also verhalten würde. Alles hängt hierin von der Frau ab, sie muß die rechte Mitte halten, die Achtung und das Vertrauen des Mannes gewinnen, nie Mißbrauch damit treiben oder gar damit prahlen wollen oder – das schlimmste – den Willen haben, ihn zu beherrschen. Eure Lage ist in dieser Hinsicht ebenso heikel wie die meine. Lasset ihn nie Eure Überlegenheit fühlen – nichts fällt schwer, wenn man vernünftig liebt – was mich betrifft, so kann ich jedenfalls über diesen Punkt ruhig sein.

Maria Theresia an ihren Sohn

Eine Kaiserin und ihr Konflikt mit dem Sohn

Nach dem Tod ihres Gatten (Kaiser Franz I. starb im August 1765) nahm Maria Theresia ihren ältesten Sohn als Mitregenten an. Kaiser Joseph II. gilt als einer der Hauptvertreter des aufgeklärten Absolutismus. Das Ungestüm, mit dem er um seine Reformen und für Religionsfreiheit kämpfte, beunruhigte seine Mutter. Mit behutsamer Politik hatte Maria Theresia schon viele menschliche Erleichterungen (u. a. die Abschaffung der Folter) durchgesetzt. Die politische Größe seiner Mutter erkannte Joseph II. erst nach ihrem Tod.

Schönbrunn,
24. September 1766

Wenn Sie auch viel Talente haben, so ist es doch nicht möglich, daß Sie die ganze Erfahrung besitzen und alle Umstände der Vergangenheit und Gegenwart kennen, um die Sachen allein machen zu können. Hüten Sie sich davor, sich in Bosheiten zu gefallen. Ihr Herz ist noch nicht schlecht, aber es wird es werden.

Es ist höchste Zeit, daß Sie keinen Geschmack mehr an diesen Witzworten, diesen geistreichen Redewendungen finden, die nur dahin führen, daß man die andern betrübt und lächerlich macht, alle anständigen Menschen verjagt und schließlich glaubt, das ganze Menschengeschlecht verdiene nicht, geachtet und geliebt zu werden, weil man durch sein eigenes Benehmen alle Guten entfernt und den Schurken, Nachahmern und Schmeichlern Ihrer Talente die Tür offengehalten hat. Bei einem Herrscher würde das sein eigenes Unglück und das aller seiner Untertanen sein.

Nach dieser langen Predigt, die Sie meinem für meine Kinder und meine Länder allzu zärtlichen Herzen verzeihen mögen, will ich Ihnen sagen, was an Ihren Talenten und Vorzügen ist. Sie sind eine Kokette des Geistes, und ohne Urteil jagen Sie ihm nach, wo Sie ihn zu finden glauben. Ein Witzwort, eine Redewendung, die Sie in einem Buch finden oder von jemand hören, nimmt Sie gefangen, und Sie wenden sie bei der ersten Gelegenheit, ohne viel zu überlegen, ob es passend ist, an. Indem ich diesen Brief beschließe, nehme ich Sie beim Kopf, küsse Sie zärtlich und wünsche, daß Sie mir diese langweilige, schlechte Redeweise verzeihen, indem Sie auf den Fonds sehen, aus dem sie kommt. Ich möchte nur Sie so geachtet und geliebt von jedermann sehen, wie Sie es verdienen, und daß Sie glauben, daß ich immer Ihre gute, alte treue Mama bin.

Gotthold Ephraim Lessing an Johann Wilhelm Gleim

Dem Freund ein Denkmal gesetzt

In der Schlacht bei Kunersdorf am 12. August 1759 war der preußische Offizier und Schriftsteller Ewald von Kleist (ein Großonkel von Heinrich von Kleist) schwer verwundet worden. Er erlag den Verletzungen zwölf Tage später. In seinem Brief beschwor Lessing den Dichter Gleim, sich nicht an den Nachrufen der vielen Kollegen zu beteiligen. Sie konnten, so glaubte er, nicht von Herzen kommen. Als Major Tellheim in dem Lustspiel »Minna von Barnhelm« (1767 uraufgeführt) setzte er dem gefallenen Freund ein unvergängliches Denkmal.

Berlin, den 6. September 1759

Ach, liebster Freund, es ist leider wahr. Er ist tot. Wir haben ihn gehabt. Er ist in dem Hause und in den Armen des Professors Nicolai gestorben. Er ist beständig, auch unter den größten Schmerzen, gelassen und heiter gewesen. Er hat sehr verlangt, seine Freunde noch zu sehen. Wäre es doch möglich gewesen! Meine Traurigkeit über diesen Fall ist eine sehr wilde Traurigkeit. Ich verlange zwar nicht, daß die Kugeln einen anderen Weg nehmen sollen, weil ein ehrlicher Mann da stehet. Aber ich verlange, daß der ehrliche Mann – Sehen Sie; manchmal verleitet mich mein Schmerz, auf den Mann selbst zu zürnen, den er angehet. Er hatte drei, vier Wunden schon; warum ging er nicht? Es haben sich Generals mit wenigern, und kleinern Wunden unschimpflich bei Seite gemacht. Er hat sterben wollen. Vergeben Sie mir, wenn ich ihm zu viel tue. Denn es kann doch wohl sein, daß ich ihm zu viel tue. Er wäre auch an der letzten Wunde nicht gestorben, sagt man; aber er ist versäumt worden. Versäumt worden! Ich weiß nicht, gegen wen ich rasen soll. Die Elenden! die ihn versäumt haben. –

Ha, ich muß abbrechen. Der Professor wird Ihnen, ohne Zweifel, geschrieben haben. Er hat ihm eine Standrede gehalten. Ein andrer, ich weiß nicht wer, hat auch ein Trauergedicht auf ihn gemacht. Sie müssen nicht viel an Kleisten verloren haben, die das itzt im Stande waren! Der Professor will seine Rede drucken lassen, und sie ist so elend! Ich weiß gewiß, Kleist hätte lieber eine Wunde mehr mit ins Grab genommen, als sich solch Zeug nachschwatzen zu lassen. Hat ein Professor wohl ein Herz? Er verlangt itzt auch von mir und Ramlern Verse, die er mit seiner Rede zugleich will drucken lassen. Wenn er eben das auch von Ihnen verlangt hat, und Sie erfüllen sein Verlangen – liebster Gleim, das müssen Sie nicht tun! Das werden Sie nicht tun. Sie empfinden itzt mehr, als daß Sie, was Sie empfinden, sagen könnten. Ihnen ist es auch nicht, wie einem Professor, gleich viel, was Sie sagen, und wie Sie es sagen – Leben Sie wohl. Ich werde Ihnen mehr schreiben, wenn ich werde ruhiger sein.

Ihr ergebenster Freund
Lessing

Moses Mendelssohn an Karl Gotthelf Lessing, den Bruder des Dichters

Das Vorbild von »Nathan der Weise«

Der jüdische Philosoph Moses Mendelssohn (1729–1786) war das Vorbild für die Titelfigur des Theaterstückes »Nathan der Weise« von Gotthold Ephraim Lessing (1729–1781). Das Versdrama, 1779 erschienen und 1783 in Berlin uraufgeführt, fand erst im 19. Jahrhundert die Beachtung, die der Philosoph vorausahnte. Mendelssohn, der als Verfasser der Schrift »Phädon oder die Unsterblichkeit der Seele« bekannt wurde, hatte den Dichter 1754 in Berlin kennengelernt. Er war ihm als guter Schachspieler empfohlen worden. Der jüngste Bruder des Dichters, Karl Gotthelf Lessing, war ebenfalls Schriftsteller und lebte in Berlin. Mendelssohn kondolierte zum Tod des berühmten Bruders.

Februar 1781

Nicht ein Wort, mein Bester! von unserm Verluste, von der großen Niederlage, die unser Herz erlitten! Das Andenken des Mannes, welchen wir verloren, ist mir jetzt zu heilig, um es durch Klagen zu entweihen. Es erscheint mir nunmehr in einem Lichte, das Ruhe und erquickende Heiterkeit auf die Gegenstände verbreitet. Nein! ich rechne nicht mehr, was ich durch seinen Hintritt verloren.

Mit gerührtem Herzen danke ich der Vorsehung für die Wohltat, daß sie mich so früh, in der Blüte meiner Jugend, hat einen Mann kennen lassen, der meine Seele gebildet hat, den ich bei jeder Handlung, welche ich vorhatte, bei jeder Zeile, welche ich hinschreiben sollte, mir als Freund und Richter vorstellte, und den ich mir zu allen Zeiten noch als Freund

und Richter vorstellen werde, so oft ich einen Schritt von Wichtigkeit zu tun habe.
Wenn sich in diese Betrachtung noch etwas Melancholisches mit einmischt, so ist es vielleicht die Reue, daß ich seine Führung nicht gehörig genutzt habe, daß ich nicht geizig genug war nach seinem lehrreichen Umgange, daß ich manche Stunde vernachlässigte, in der ich mich mit ihm hätte unterhalten können. Ach! seine Unterhaltung war eine ergiebige Quelle, aus welcher man unaufhörlich neue Ideen des Guten und Schönen schöpfen konnte, die er wie gemeines Wasser vor sich sprudelte, zu Jedermanns Gebrauch.
Die Milde, mit welcher er seine Einsichten mitteilte, setzte mich zuweilen in Gefahr, das Verdienst zu verkennen: denn sie schien ihn in keine Unkosten zu setzen; und zuweilen schob er sie den meinigen so mit unter, daß ich sie nicht mehr unterscheiden konnte. Überhaupt war seine Mildtätigkeit hierin nicht von der engherzigen Art mancher Reichen, die es fühlen lassen, daß sie Almosen ausspenden; sondern er spornte den Fleiß an und ließ verdienen, was es gab.
Alles wohl überlegt, mein Liebster! ist Ihr Bruder gerade zur rechten Zeit abgegangen; nicht nur in dem Plane des Weltalls zur rechten Zeit: denn da geschieht eigentlich nichts zur Unzeit; sondern auch in unserer engen Sphäre, die kaum eine Spanne zum Durchmesser hat, zur rechten Zeit. Fontenelle sagt von Copernicus: er machte sein neues System bekannt und starb. Der Biograph Ihres Bruders wird mit eben dem Anstande sagen können: er schrieb Nathan den Weisen und starb. Von einem Werke des Geistes, das eben so sehr über Nathan hevorragte als dieses Stück in meinen Augen über alles, was er bis dahin geschrieben, kann ich mir keinen Begriff machen. Er konnte nicht höher steigen, ohne in eine Region zu kommen, die sich unsern sinnlichen Augen völlig entzieht; und dies tat er.
Nun stehen wir da wie die Jünger des Propheten und staunen den Ort an, wo er in die Höhe fuhr und verschwand. Noch

einige Wochen vor seinem Hintritte hatte ich Gelegenheit, ihm zu schreiben: er solle sich nicht wundern, daß der große Haufe seiner Zeitgenossen das Verdienst dieses Werkes verkenne; eine bessere Nachwelt werde noch fünfzig Jahre nach seinem Tode daran lange Zeit zu kauen und zu verdauen finden. Er ist in der Tat mehr als Ein Menschenalter seinem Jahrhunderte zuvorgeeilt.

Moses Mendelssohn

Goethes Mutter Catharina Elisabeth an Herzogin Anna Amalia

Frau Aja, die Mutter mit der Frohnatur

Catharina Elisabeth Goethe, geb. Textor (1731–1808), heiratete mit 17 Jahren den 39jährigen Rat Johann Caspar Goethe in Frankfurt. Sie wurde mit »Frau Rat« angesprochen. Die Freunde des jungen Goethe aber nannten sie »Frau Aja«, nach der Mutter der vier Haimonskinder, den Helden einer französischen Sage.

An dem Leben ihres Sohnes nahm Catharina Elisabeth Goethe großen Anteil. Vor allem suchte sie Kontakt zu Menschen, die mit ihm in Verbindung standen, so auch zu der Herzogin Anna Amalia von Sachsen-Weimar, der Mutter des fürstlichen Freundes von Goethe.

Die in dem Brief kritisierte Sophie von la Roche war eine berühmte Modeschriftstellerin der Zeit. Besonderes Aufsehen erregte ihr Roman »Geschichte des Fräuleins von Sternheim« (1771). Den Enkelkindern der Frau von la Roche, Bettina und Clemens Brentano, wurde Catharina Elisabeth Goethe später eine mütterliche Freundin.

In den »Zahmen Xenien« dichtete Goethe über seine Eltern: »Vom Vater hab ich die Statur, / Des Lebens ernstes Führen, / Von Mütterchen die Frohnatur / Und Lust zu fabulieren.« Diese sprichwörtlich gewordene »Frohnatur« behielt sie bis zu ihrem Tod. Richard Friedenthal schrieb in seiner Goethe-Biographie: »Heiter und unbesorgt ist sie gestorben, mit hausfraulicher Sorge für den Leichenschmaus und der Antwort an ein Dienstmädchen, das sie noch zu einer Gesellschaft bitten soll: ›Sagen Sie nur, die Rätin kann nicht kommen, sie muß alleweil sterben.‹«

Franckfurth den 11ten Aprill 1779

Durchlauchdigte Fürstin!

Nach dem appetitt meiner Samstags mädel zu rechnen müßen die kleine büßqüttiger längst alle seyn – Ich nehme mir hir die große Freyheit, Ew: Durchlaucht noch eine kleine Provision zu übersenden, nehmen Sie Beste Fürstin meine Freyheit ja nicht ungnädig. Bey uns ists Meße!!! Weitmäuligte Laffen, Feilschen und gaffen, Gaffen und kauffen, Bestienhauffen, Kinder und Fratzen, Affen und Katzen u. s. w. – Doch mit Respeckt geredt Frau Aja, Madamm la Roche ist auch da!!!! Theureste Fürstin! Könte Docter Wolf den Tochtermann sehen, den die Verfasserin der Sternheim Ihrer zweyten Tochter Louise aufhengen will; so würde Er nach seiner sonst löblichen Gewohnheit mit den Zähnen knirschen, und gantz Gottloß fluchen. Gestern stellte Sie mir das Ungeheur vor – Er sieht aus – wie der Teufel in der 7ten Bitte in Luthers kleinem Catechismus – ist so dumm wie ein Heu Pferd – und zu all seinem seinem Unglück ist Er Hoffrath – Wann ich von all dem Zeug was begreife; so will ich zur Auster werden. Eine Frau wie die la Roche von einem gewiß nicht gemeinem Verstand, von zimlichen Glücksgütern, von Ansehn, Rang u. s. w. die es recht drauf anfängt Ihre Töchter unglücklich zu machen – und doch Sternheime und Frauenzimmer Briefe schreibt – mit einem Wort, mein Kopf ist wie in einer Mühle. Verzeihen Ihro Durchlaucht, daß ich Ihnen so was vor erzähle . . . Der 3te Feyertag ist doch glücklich vorbey gegangen, ich hoffe – auch etwas davon zu vernehmen? Die Freulein Thusnelde hat eine gar schöne gabe solche Festiviteten zu beschreiben, und ich glaube Sie wird Ihren Ruhm behaupten, und Frau Aja was davon zukommen laßen, dann das Jahrmarcksfest hat Sie gantz herrlich beschrieben – thut Sies – So haben Ihro Durchlaucht die gnade Ihr von den Büsquittger auch Ihren antheil zu überreichen. Der Vater empfiehlt sich zu ferneren Hohen gnaden, und Frau Aja der es nie so wohl ist, als wenn sie, an die Vortrefflichste, Größte, Liebenwürdigste, Beste Fürstin denckt, küßt in Anbethung und Demuth die Hand Ihrer Theuresten Fürstin und bleibt biß ins Grab

Ihro Durchlaucht
Unterthänige Dienerin
C. E. Goethe

Christian Friedrich Daniel Schubart an seine Frau Helene

Strafe für einen Kritiker

Der Dichter und Journalist Christian Friedrich Daniel Schubart hatte in Artikeln die Mißstände seiner Zeit angeprangert. Nachdem er 1776 den Verkauf von 3000 württembergischen Soldaten nach England kritisiert hatte, brachte Herzog Karl Eugen von Württemberg den »Aufwiegler« zum Schweigen. Er ließ Schubart aus der freien Stadt Ulm auf württembergisches Gebiet locken und festnehmen. Zehn Jahre wurde der Dichter in der Festung Hohenasperg (bei Ludwigsburg) gefangengehalten. Dort schrieb Schubart viele seiner Lieder, u. a. »Die Forelle« (1817 von Franz Schubert vertont). Seine Frau Helene und seine Kinder Ludwig und Julie durften ihn erst im Juli 1785 besuchen.

Hohenasperg, 7. Mai 1783

Dein Brief, meine Liebe, hat mich innig gefreut; so wie mir alles unaussprechlich teuer ist, was von Deinen Händen kommt. Nur die Nachrichten von unsern Kindern haben mir beinah das Herz zerrissen.

Der Herzog muß äußerst gegen uns aufgebracht sein, weil mein siebenjähriger Kerkertod ihn noch nicht auszusöhnen imstande ist. Nun rächt er sich auch an meinen Kindern, und sicherlich würd' er sie und Dich und mich verderben, wenn's ihm Gott zuließe. Da ich diesen Fürsten in meinem Leben nicht beleidigt habe, sondern mehr als einmal mit heißer Andacht für ihn zu Gott betete, so schmerzt mich sein Zorn tief in der Seele. Inzwischen bin ich fest gesonnen, einen neuen Versuch für meine endliche Erlösung zu wagen. Vor einem Jahr war Abt Duval, des Königs von Preußen Vorleser hier, der mir versprach, bei seinem König für meine Befreiung

ein Vorwort einzulegen. Ich will also in Deinem Namen einen Brief an Duval schreiben und eine Bittschrift an den großen Monarchen beilegen, um ihn vielleicht zum Vorwort für mich bei dem Herzoge zu bewegen.
Du hättest auch schon längst an den Kaiser, den gerechtesten und besten Monarchen, schreiben sollen, der Dir gewiß seine Hilfe nicht versagt hätte.
Übrigens führ' ich gegenwärtig ein elendes Leben. Ruh und Frieden hat meine Seele verlassen und Hoffnungslosigkeit zerfleischt mein Herz. Der General ist ein guter Mann; aber aus Menschenfurcht wagt er keinen Schritt für mich.
Wie gerne wollt' ich alles leiden, wenn es Dir erlaubt wäre, mich zuweilen auf einige Tage besuchen zu dürfen und meinen Gram auf Deinem Herzen zu verweinen. Aber, schrecklich ist's, daß uns der Herzog so ganz und gar verkennt und uns für eine verdächtige Zigeunerbande anzusehen scheint. – Gott hilf mir, denn das Wasser geht mir bis an die Seele!
Erbärmlich ist's, daß ich alle meine Briefe an Dich mit Klage, Ach und Weh schwärzen muß. Aber woher heitrer, fröhlicher Inhalt in meiner Lage? Der Frühling kommt, die steigende Lerche singt, der freie Käfer summt unter dem Blütenbaum – und ich allein bin zum eisernen Kummer verdammt und schmachte allein – ohne Weib, ohne Kinder, ohne Freund – ohne Freude in der blühenden Schöpfung.
Wenn unserm Ludwig, den ich so ungestüm liebe, ein Unglück begegnen sollte, so würde mich diese Nachricht erwürgen. Der Herzog darf nur ein Wort von seinem unvorsichtigen Betragen vernehmen, so wirft er ihn unter die Soldaten oder gar ins Zuchthaus und zerstört seine Glückseligkeit für immer. Was ist diesem Fürsten an Kopf und Herz gelegen, da er schon so manches Beispiel gegeben hat, daß ihm der Dümmling lieber sei als der Mann von Kopf. O Weib, laß uns beten, denn wir haben es nötiger als jemals – laß uns beten, daß uns Gott nicht ganz und gar der Zerstörung hingebe. Doch Er ist

gut und hat der Fürsten Herzen in seinen Händen. Auch wird Er uns nicht mehr auflegen, als wir ertragen können.

Dein Armer
Sch.

Ein Schreiben Charles Henry Sansons, des Henkers von König Ludwig XVI., an einen Bürger Redakteur in Paris

Vom Volk verlassen

Zur Zeit der Französischen Revolution (1789–1799) war Charles Henry Sanson (1740–1806) der Scharfrichter von Paris. Im Volksmund erhielt er den Beinamen »Der Große«, denn im Verlauf seiner Amtszeit vollstreckte er das Todesurteil an mehreren tausend Menschen. Am 21. Januar 1793 führte Sanson Ludwig XVI. (bürgerlich Capet) auf die Guillotine.
Was Sanson in dem Brief an den »Bürger Redakteur« nicht schreiben konnte, das vertraute er seinem Tagebuch an. Bis zuletzt hatte er auf die Errettung des Königs gehofft. Nach der Hinrichtung notierte der Henker in seinen geheimen Aufzeichnungen: »Ich habe nicht begriffen, daß er so grausam im Stich gelassen wurde. Das kleinste Zeichen hätte genügt, um eine Wandlung zu seinen Gunsten herbeizuführen. Denn als mein Gehilfe Gros das Königshaupt den Umstehenden zeigte, erhoben nur einige Rasende ein Triumphgeheul. Die meisten wandten sich ab, von tiefem Abscheu ergriffen.«
1794 guillotinierte Sanson auch die Führer der Revolution, u. a. Danton und Robespierre.

Paris, 20. Februar 1793
Jahr II der französischen Republik

Bürger,
Ich war einen Augenblick verreist, und das war der Grund, daß ich nicht die Ehre gehabt habe, der Einladung zu entsprechen, die Sie in Ihrem Blatt hinsichtlich Ludwig Capets an mich richten. Hier erhalten Sie nun meinem Versprechen gemäß die genaue Wahrheit über die Vorkommnisse.

Als er zur Hinrichtung aus dem Wagen stieg, sagte man ihm, man müsse seinen Rock ausziehen; er machte einige Schwierigkeiten, indem er sagte, man könnte ihn, so wie er wäre, hinrichten. Als man ihm vorstellte, daß das eine unmögliche Sache sei, half er selbst beim Ausziehen seines Rocks. Dann machte er die nämliche Schwierigkeit, als es sich darum handelte, ihm die Hände zu binden, die er selbst hinstreckte, als der Mann, der ihn begleitete, ihm sagte, das wäre ein letztes Opfer. Dann fragte er, ob die Trommler immer trommeln würden; es wurde ihm geantwortet, man wisse es nicht. Und das war die Wahrheit. Er stieg auf das Gerüst und wollte schnell nach vorne, weil er reden wollte. Aber man stellte ihm vor, daß die Sache noch unmöglich sei. Er ließ sich dann an die Stelle führen, wo man ihn festband, und da hat er sehr laut gerufen: Volk, ich sterbe unschuldig. Dann drehte er sich uns zu und sagte zu uns: Meine Herren, ich bin unschuldig an alledem, wessen man mich beschuldigt. Ich wünsche, daß mein Blut das Glück der Franzosen kitten möge. Das, Bürger, sind seine letzten und seine echten Worte.

Die Art kleiner Wortstreit, die sich am Fuß des Schafotts ereignete, drehte sich darum, daß er es nicht für möglich hielt, daß man seinen Rock auszog und ihm die Hände band. Er machte auch den Vorschlag, sich selbst die Haare abzuschneiden.

Und um der Wahrheit die Ehre zu geben, er hat all das mit einer Kaltblütigkeit und einer Festigkeit gemacht, die uns alle erstaunt hat. Ich bleibe ganz überzeugt, daß er diese Festigkeit in den Prinzipien der Religion geschöpft hatte, von welcher niemand mehr als er durchdrungen oder überzeugt schien.

Sie dürfen versichert sein, Bürger, daß Sie hier die Wahrheit in ihrem ganzen Lichte haben.

Ich habe die Ehre, Bürger, zu sein

Ihr Mitbürger Sanson.

Thomas Jefferson an den Freund Fleming

Der Weg Amerikas in die Freiheit

Anfang Juni 1776 reiste der Rechtsanwalt Thomas Jefferson (1743–1826) von Virginia nach Philadelphia, um am Kongreß der 13 Kolonien teilzunehmen, die ihre Unabhängigkeit von der englischen Kolonialmacht erklären wollten. Der Abgeordnete Richard Henry Lee brachte dort am 7. Juni die Resolution ein: »... daß die Vereinigten Kolonien freie und unabhängige Staaten sind.« Vier Tage später begann Jefferson damit, eine schriftliche Erklärung zu dieser Resolution auszuarbeiten. Es wurde eines der bedeutendsten Dokumente der Weltgeschichte: die amerikanische Unabhängigkeitserklärung. Jeffersons wichtigster Satz: »Alle Menschen sind gleich geschaffen und von ihrem Schöpfer mit gewissen unveräußerlichen Rechten, wie Leben, Freiheit und Streben nach Glückseligkeit ausgestattet.«
Als er den Brief an seinen Freund Fleming schrieb, hatte Jefferson seine Arbeit schon fast abgeschlossen. Am 4. Juli 1776 verabschiedete der Kongreß das Gesetz. 1801 wählten die Amerikaner Thomas Jefferson zu ihrem Präsidenten.

Philadelphia, am 1. Juli 1776

Lieber Fleming!
Ihr Schreiben vom 22. Juni gelangte heute morgen in meine Hände und erfreute mich sehr, da es ebenso wie Ihr früheres interessante Nachrichten enthält.
Unsere Sache in Kanada geht immer noch rückwärts, aber ich hoffe, das Schlimmste ist nun bald überstanden. Die verhängnisvollen Quellen dieses Mißgeschicks waren Mangel an barem Gelde für Vorratskäufe, das Wüten der Blattern, an denen unsere halbe Armee noch immer darniederliegt, und

eine unglückliche Wahl einiger Offiziere. Nach unseren letzten Nachrichten mußte Generalleutnant Sullivan sich mit seiner entmutigten Armee bis Isle au noix zurückziehen, während Burgoyne ihn mit einer zwei- bis dreifachen Übermacht verfolgt. Es macht mich sehr besorgt, daß er sich entschlossen hat, dort Widerstand zu leisten, da die große Gefahr besteht, daß wir ihn mitsamt seiner Armee verlieren. Seine Offiziere waren allgemein der Meinung, er solle sich zurückziehen. General Schuyler hat ihm den Befehl erteilt, sich nach Crown Point zurückzuziehen, aber ob dieser Befehl ihn zeitig genug erreicht, um ihn aus seiner gefährlichen Lage zu befreien, ist fraglich. Hier scheint es, nach Ansicht aller Generäle, möglich, wirksamen Widerstand zu leisten, und man glaubt, dann nicht nur verhindern zu können, daß der Feind nach New York gelangt, sondern man hofft sogar, daß wir, wenn wir die Überlegenheit auf allen Seen behaupten, imstande sein werden, unsere Angriffe erfolgreich zu erneuern, sobald das Heer sich von den Blattern erholt hat und durch Ersatz wiederaufgefüllt worden ist.
Die Verschwörung in New York ist noch nicht völlig ausgereift, und es ist auch nichts davon ruchbar geworden, da strengstes Stillschweigen bewahrt wird, bis alles zu Ende gebracht ist. Eine Tatsache indessen ist notwendigerweise bekannt geworden: daß ein Mann von der Leibwache des Generals völlig überführt worden ist und am letzten Samstag erschossen werden mußte. General Howe ist mit einigen Schiffen am Hudson angekommen und hat, wie man sagt, auf dem Jersey-Ufer Reiterei gelandet. Der berühmte Major Rogers wurde verhaftet, weil er in schwerem Verdacht steht, an der Verschwörung beteiligt zu sein.
Ich freue mich zu hören, daß die Holländer nach Virginia gebracht worden sind. Es scheint nicht ganz festzustehen, wie viele von diesen Leuten wir haben, aber ich denke, es müssen wenigstens sechs- bis achthundert sein. Man sollte sich alle Mühe geben, diese Leute in den kommenden drei Monaten

bei Stimmung zu erhalten: denn diese Zeit wird nach allgemeiner Auffassung die einzige sein, in der wir ernsthaft auf die Probe gestellt werden könnten.
Ich wünschte, Sie hätten sich eher auf sich selbst verlassen als auf andere, als Sie mir über die kürzlich erfolgte Ernennung der Abgeordneten berichteten. Ich habe davon keine andere Kenntnis als die Zahl der für jeden einzelnen abgegebenen Stimmen. Das Versäumnis von Harrison und Braxton und die Tatsache, daß ich der Vorletzte bin, machen mich etwas besorgt. Es ist eine peinvolle Lage, wenn man 300 Meilen von seiner Heimat entfernt und daher dem Meuchelmord ausgesetzt ist, ohne die Möglichkeit zu haben, sich selber zu verteidigen. Ich will gern hoffen, daß in meinem Fall nichts dergleichen geschehen ist, aber doch kann ich nicht sorglos sein. Wenn sich in Bezug auf mich irgendein Zweifel erhoben haben sollte, so wird mein Vaterland mein politisches Glaubensbekenntnis in der Form einer »Erklärung« empfangen, deren Entwurf man mir vor kurzem aufgetragen hat. Das wird endgültig beweisen, daß mein eigenes Empfinden mit der uns anempfohlenen Stellungnahme im Einklang stand. Wäre die Post einen Tag später abgegangen, so hätten wir frei über diese ganze Angelegenheit korrespondieren können.
Am 2. Juli. Ich habe meinen Brief bis heute morgen unverschlossen gelassen, aber es ist nichts Neues zu melden. Leben Sie wohl!

Th. Jefferson

J. H. Pestalozzi an seinen Sohn

Der erste Volkserzieher

Der Schweizer Pädagoge und Sozialreformer Johann Heinrich Pestalozzi gilt als Begründer der modernen Volks- und Berufsschulen. 1771 bezog der gelernte Landwirt den Neuhof auf dem Birrfeld (Kanton Aarau), wo er 1774 seine erste Erziehungsanstalt für arme Kinder gründete.
Bei seiner Erziehungsreform lehnte Pestalozzi Strenge als pädagogisches Mittel ab. Und er bezeichnete es als »groben Unfug«, in die kleinen Köpfe möglichst viel Wissen zu stopfen. Seine Schüler sollten durch die »Harmonie von Kopf, Herz und Hand« reife Persönlichkeiten werden. Populär wurden Pestalozzis Ideen durch sein Volkserziehungsbuch »Lienhard und Gertrud« (1781 erschienen).
Auch sein Sohn Hans Jakob (genannt Jaques) sollte praxisnah erzogen werden. Der Junge, der an Epilepsie litt, hatte jedoch heimlich durch seine Mutter umfangreiches Schulwissen erhalten. 1786 begann er eine Handelslehre in Basel, wo er den Brief seines Vaters erhielt. 1790 kehrte Hans Jakob Pestalozzi nach Neuhof zurück. Dort starb er 1801 im Alter von 31 Jahren.

Neuhof, November 1786

Lieber Jaques! Mit Wehmut und Betrübnis sehe ich aus Deinem Brief an die liebe Mama, daß Dich Dein Übel (die Anfälle) wieder befallen. Aber denke, lieber, lieber Jaques, was mir begegnet: In dieser Nacht, an diesem Sonntag träumte mir, Dein Übel habe mich selber betroffen. Ich sehe noch jetzo meine Beine sich bewegen, ich höre noch mein Schreien, ich sehe noch jetzo meinen Arzt bei mir stehen, mich bei der Hand fassen und mir Trost zusprechen. Ich erinnere mich bestimmt seiner Worte: Fürchtet euch nicht, aber nehmet zu Jesu Christo und zum Gebet eure Zuflucht, so wird euch geholfen werden. – Als ich erwachte, glaubte ich eine Weile, es sei wirklich wahr, daß mich Deine Krankheit befallen. Ich lag im Schweiß, meine Beine waren wie abgeschlagen, und ich brauchte Zeit, mich zu überzeugen, daß es nur ein Traum war. Sei versichert, Jaqs, daß alles dieses mir am Samstag oder am Sonntag nachts, ich weiß es nicht genau mehr, begegnete.

Dies ist mir in verschiedenen Absichten wichtig, vor Allem zeiget es mir, daß mein Herz Dir nahe ist. Ich muß Dich nun fragen: erinnerst Du Dich, daß Du in dieser Nacht an mich gedacht? es wäre mir sehr wichtig, dieses zu wissen.

Denn zweitens führt mich dieser Traum zu dem Wesen Deiner Kur. Seelenruh ist das einzige Mittel, das gestörte Gleichgewicht Deiner Kräfte wieder herzustellen, und die Hinlenkung unserer Gedanken auf den allmächtigen und allgüten Vater der Menschen ist in den Stürmen des Lebens das einzige Mittel, die Seele in Ruhe und zufriedener Stille zu halten. Lieber Jaqs, laß meinen Arzt Dein Engel sein, der Dich zu Gott und Jesu hinführt.

Ich bin ein armer Vater, ich habe Dich auf der Welt nicht so glücklich gemacht, als ich wohl wünschte, daß Du es wärest. Aber Du hast einen Vatter im Himmel, der alles ersetzen kann, was ich versäumt. Wirf Dich in die Arme dieses Vatters, vergiß die Erde, und nähre in Deinem Innersten einen reinen, heiligen Sinn. Vor allem bete um die Gemütsruh, die Deine Krankheit zu heilen vermag, und laß Dich in den Geschäften Deines Berufes nicht in Unruhe versetzen. – Ich will helfen, wo Hilfe nötig. Liebe die Deinigen, denk früh und spät an das Gute, das sie Dir Alle tun und gerne tun, und erquicke Dich mit allem, was zur inneren Zufriedenheit Deines Herzens notwendig ist. Habe Vertrauen auf mich, öffne mir Dein Herz und laß uns Hand in Hand in dieser nichtswürdigen Welt mit edlem ruhigem Herzen dem Ziel eines Lebens entgegengehen, dessen Ende der Anfang einer Erlösung aus wahrem Elend ist.

Lieber, ich dachte oft, der angewandte Magnetismus habe das vorige Jahr vieles zur Stillstellung deines Übels beigetragen. Wenn du an das Mittel glauben kannst, so fange es wiederum zu gebrauchen an, und Gott stärke die Hand, die Dir dienet.

Grüß mir Alle, sage Allen, mein Herz sei voll Dank und Liebe und ich bitte Alle um Verzeihung für meine Unart und Schwäche. – Gott sei mit Dir, mein teures, liebes einziges Kind. Ich schreibe den Brief unter 1000 Tränen und drücke Dich innig an mein Herz. Wolle Gott, daß sein Inhalt Einfluß auf Dich habe und Du Dich meinem Herzen nahest, wie ich dem Deinen nahe bin.

Schreibet mir auch Alle ausführlich, ich will dann auch Allen schreiben. Aber wenn ich es auch nicht tue, so bin ich doch bei Euch, und meine einzige Freude ist meine Hoffnung, Euch einst nicht ganz unnütz zu sein.

Lebet Alle wohl, helfet Alle mit mir meinem lieben, lieben, lieben Jaqs, ihr seid mir dann Alle gewiß lieber, als wenn Ihr mir helfen würdet.

Euer Euch liebender Vater
Pestalozzi v. Neuenhof

Johann Wolfgang von Goethe an Johann Christian Kestner

Liebe zur Frau des Freundes

Im Mai 1772 erhielt Johann Wolfgang von Goethe eine Stelle als Referendar am Reichskammergericht in Wetzlar. Der junge Jurist und Schriftsteller warb in der hessischen Kleinstadt stürmisch um Charlotte Buff, die Verlobte seines Freundes Johann Christian Kestner. Aber »Lottchen«, so notierte Kestner in seinem Tagebuch, »wußte es, den verliebten Dichter kurz zu halten«. Seine eigenen Erfahrungen und die Nachricht von einem Bekannten, der sich wegen einer unglücklichen Liebe erschossen hatte, bildeten die Grundlage für Goethes berühmten Roman »Die Leiden des jungen Werthers« (1774 erschienen). Trotz der Rivalität blieb die Freundschaft zu Kestner (er heiratete Charlotte Buff am 4. April 1773) erhalten und übertrug sich auf die Kinder. Goethes Sohn starb 1830 in Rom in den Armen von August Kestner.

Frankfurt, 25. Dezember 1772

Christtag früh. Es ist noch Nacht, lieber Kestner, ich bin aufgestanden um bei Lichte Morgens wieder zu schreiben, das mir angenehme Erinnerungen voriger Zeiten zurückruft; ich habe mir Kaffee machen lassen den Festtag zu ehren und will euch schreiben bis es Tag ist. Der Türmer hat sein Lied schon geblasen ich wachte drüber auf. Gelobet seist du Jesu Christ. Ich habe diese Zeit des Jahrs gar lieb, die Lieder die man singt; und die Kälte die eingefallen ist macht mich vollends vergnügt. Ich habe gestern einen herrlichen Tag gehabt, ich fürchtete für den heutigen …

Der Türmer hat sich wieder zu mir gekehrt, der Nordwind bringt mir seine Melodie, als blies er vor meinem Fenster.

Gestern, lieber Kestner, war ich mit einigen guten Jungens auf dem Lande, unsre Lustbarkeit war sehr laut, und Geschrei und Gelächter von Anfang zu Ende. Das taugt sonst nichts für die kommende Stunde, doch was können die heiligen Götter nicht wenden, wenns Ihnen beliebt, sie gaben mir einen frohen Abend, ich hatte keinen Wein getrunken, mein Aug war ganz unbefangen über die Natur. Ein schöner Abend, als wir zurückgingen, es ward Nacht. Nun muß ich dir sagen, das ist immer eine Sympathie für meine Seele, wenn die Sonne lang hinunter ist und die Nacht von Morgen herauf nach Nord und Süd um sich gegriffen hat, und nur noch ein dämmernder Kreis vom Abend heraufleuchtet. Seht, Kestner, wo das Land flach ist, ists das herrlichste Schauspiel, ich habe jünger und wärmer Stunden lang so ihr zugesehn hinabdämmern auf meinen Wandrungen. Auf der Brücke hielt ich still. Die düstre Stadt zu beiden Seiten, der still leuchtende Horizont, der Widerschein im Fluß machte einen köstlichen Eindruck in meine Seele, den ich mit beiden Armen umfaßte. Ich lief zu den Gerocks, lies mir Bleistift geben und Papier, und zeichnete zu meiner großen Freude, das ganze Bild so dämmernd warm als es in meiner Seele stand.
Wir hatten einen schönen Abend zusammen wie Leute, denen das Glück ein großes Geschenk gemacht hat, und ich schlief ein, den Heiligen im Himmel dankend, daß sie uns Kinderfreude zum Christ bescheren wollen. Als ich über den Markt ging und die vielen Lichter und Spielsachen sah, dacht ich an euch und meine Bubens, wie ihr ihnen kommen würdet, diesen Augenblick ein Himmlischer Bote mit dem blauen Evangelio, und wie aufgerollt sie das Buch erbauen werde. Hätt ich bei euch sein können ich hätte wollen so ein Fest Wachsstöcke illuminieren, daß es in den kleinen Köpfen ein Widerschein der Herrlichkeit des Himmels geglänzt hätte. Die Tohrschließer kommen vom Burgemeister, und rasseln mit Schlüsseln. Das erste Grau des Tags kommt mir über des Nachbars Haus und die Glocken läuten eine Christ-

liche Gemeinde zusammen. Wohl ich bin erbaut hier oben auf meiner Stube, die ich lang nicht so lieb hatte als jetzt. Sie ist mit den glücklichsten Bildern ausgeziert, die mir freundlichen guten Morgen sagen.
Sieben Köpfe nach Raphael, eingegeben vom lebendigen Geiste, einen davon hab ich nachgezeichnet und bin zufrieden mit ob gleich nicht so froh. Aber meine lieben Mädgen. Lotte ist auch da und Lenchen auch... Nun Adieu, es ist hell Licht. Gott sei bei euch, wie ich bei euch bin. Der Tag ist festlich angefangen. Leider muß ich nun die schönen Stunden mit Rezensieren verderben, ich tu's mit gutem Mut, denn es ist fürs letzte Blatt.
Lebt wohl und denkt an mich, das seltsame Mittelding zwischen dem reichen Mann und dem armen Lazarus. Grüßt mir die Lieben alle. Und laßt von euch hören.

Johann Wolfgang von Goethe an Charlotte von Stein

Goethes Flucht nach Italien

Am 3. September 1786 brach Goethe zu seiner ersten italienischen Reise auf. Heimlich, nachts um 3 Uhr, verließ er Karlsbad. Getarnt als Kunstmaler überquerte er die Alpen. In Italien, wo er 22 Monate blieb, vollendete er u. a. die Dramen »Egmont« und »Iphigenie auf Tauris«.
Selbst Charlotte von Stein – deren Ehemann und Söhne Goethe grüßen läßt – erfuhr erst aus seinen Briefen, daß der Dichter nach Italien gegangen war. Zehn Jahre lang war sie die engste Vertraute Goethes in Weimar gewesen. In dem erwähnten Kasten verwahrte sie seine intimsten Aufzeichnungen.
Obwohl er der Freundin in seinen Briefen aus Italien immer wieder seine enge Verbundenheit beteuerte, hatte sich Goethe von ihr entfremdet. Nach der Rückkehr lernte er Christiane Vulpius kennen. Eifersüchtig beobachtete Charlotte von Stein, wie die 23jährige Goethes Geliebte und spätere Ehefrau wurde.

Rom d. 23. Dez. 86. Abends.

Laß mich dir nur noch für deinen Brief danken! Laß mich einen Augenblick vergessen, was er Schmerzliches enthält. Meine Liebe! Meine Liebe! Ich bitte dich nur fußfällig, flehentlich, erleichtere mir meine Rückkehr zu dir, daß ich nicht in der weiten Welt verbannt bleibe. Verzeih mir großmütig, was ich gegen dich gefehlt und richte mich auf. Sage mir oft und viel wie du lebst, daß du wohl bist, daß du mich liebst. In meinem nächsten Briefe will ich dir meinen Reiseplan schreiben, was ich mir vorgenommen habe und wozu der Himmel sein Gedeihen gebe. Nur bitt ich dich: sieh mich nicht von dir geschieden an, nichts in der Welt kann mir ersetzen, was ich an dir, was ich an meinen Verhältnissen dort verlöre. Möge ich doch Kraft, alles Widrige männlicher zu tragen mitbringen. Eröffne die Kasten nicht, ich bitte und sei ohne Sorgen. Grüße Stein und Ernst, Fritzen danke für seinen Brief; er soll mir oft schreiben, ich habe schon für ihn zu sammeln angefangen, er soll haben was er verlangt und mehr als er verlangt.

Daß du krank, durch meine Schuld krank warst, engt mir das Herz so zusammen, daß ich dirs nicht ausdrücke. Verzeih mir, ich kämpfe selbst mit Tod und Leben und keine Zunge spricht aus, was in mir vorging, dieser Sturz hat mich zu mir selbst gebracht. Meine Liebe! meine Liebe!

G.

Wolfgang Amadeus Mozart an seinen Vater

Ein verliebter Sohn und sein skeptischer Vater

Im Frühjahr 1781 hatte sich Wolfgang Amadeus Mozart als Pianist und Komponist in Wien niedergelassen. Unterkunft suchte er im Hause von Maria Weber, der Witwe eines Mannheimer Musikers. Mozart verliebte sich dort in die 18jährige Konstanze, eine der fünf Töchter seiner Wirtin. Viele Monate bat der Komponist seinen Vater um die Einwilligung zur Hochzeit. Erst am 5. August 1782, einen Tag nach der Trauung, traf die Nachricht ein, daß Leopold Mozart seinen Segen zu dieser Verbindung gab. In seinem Brief vom 17. August versuchte der Sohn seinen skeptischen Vater zu überzeugen, daß er die richtige Frau gewählt habe.
In der Zeit der jungen Liebe zu Konstanze war »Die Entführung aus dem Serail« entstanden. Die Uraufführung fand am 16. Juli 1782 in Gegenwart von Kaiser Joseph II. statt. Auch Staatskanzler Graf Kaunitz und der Komponist Christoph Willibald Gluck bewunderten diese Oper. Doch Mozarts Hoffnungen, daß ihm sein Erfolg eine attraktive Stellung einbringen würde, erfüllten sich nicht, weder in Wien noch im Ausland. Die permanent schlechte Finanzlage des Künstlers änderte sich auch nicht, als ihm der Kaiser im November 1787 eine kleine Jahresrente aussetzte. Mozart starb am 5. Dezember 1791. Er wurde in einem Armengrab beigesetzt.

vienne ce 17 d'Août 1782

Mon très cher Père!
Ich habe letzthin vergessen ihnen zu schreiben daß meine frau und ich zusamm am Purtiunkula tage bey den Theatinern unsere andacht verrichtet haben – wenn uns auch

wirklich die andacht nicht dazu getrieben hätte, so musten wir es der zettel wegen thun, ohne welche wir nicht hätten copulirt werden können.
Wir sind auch schon eine geraume zeit lediger allzeit mitsammen so wohl in die hl: Messe als zum Beichten und Communiciren gegangen – und Ich habe gefunden daß ich niemalen so kräftig gebetet, so andächtig gebeichtet und Communicirt hätte als an ihrer Seite; – und so gieng es ihr auch; – mit einem Worte wir sind für einander geschaffen – und gott der alles anordnet, und folglich dieses auch also gefüget hat, wird uns nicht verlassen. wir beyde danken ihnen auf das gehorsamste für ihren vätterlichen Seegen. – sie werden hofentlich unterdessen den brief von der Meinigen erhalten haben. –
wegen dem gluck habe den nämlichen gedanken, den Sie, Mein liebster vater, mir geschrieben. – Nur will ich ihnen noch etwas sagen. – Die h: Wieñer (worunter aber hauptsächlich der kayser verstanden ist) sollen nur nicht glauben, daß ich wegen Wieñ allein auf der Welt seye. – keinen Monarchen in der Welt diene ich lieber als dem kayser – aber erbetteln will ich keinen Dienst. – Ich glaube so viel im Stande zu seyn daß ich Jedem Hofe Ehre Machen werde. – will mich Teutschland, mein geliebtes vatterland, worauf ich (wie sie wissen) Stolz bin, nicht aufnehmen, so muß in gottes Namen frankreich oder England wieder um einen geschickten teutschen Mehr reich werden; – und das zur schande der teutschen Nation.
Sie wissen wohl daß fast in allen künsten immer die teutschen diejenigen waren, welche Excellirten – wo fanden sie aber ihr glück, wo ihren Ruhm? – in teutschland doch wohl gewis nicht! – selbst gluck – hat ihn Teutschland zu diesem grossen Mann gemacht? – leider nicht! – gräfin thun, – graf zitschy, Baron van suiten – selbst der fürst kaunitz ist deswegen mit dem kayser sehr unzufrieden, daß er nicht mehr die leute von talent schätzt – und sie aus seinem gebiete lässt. letzterer sagte Jüngsthin zum Erzherzog Maximilian *als die rede von mir war*,

daß solche leute nur alle 100 Jahre auf die Welt kämmen, und solche leute müsse man nicht aus teutschland treiben – besonders wenn man so glücklich ist, sie wirklich in der Residenz Stadt zu besitzen. – sie können nicht glauben wie gütig und höflich der fürst kaunitz mit mir war als ich bey ihm war. – zuletzt sagte er noch; Ich bin ihnen verbunden, Mein lieber Mozart, daß sie sich die Mühe gegeben haben, mich zu besuchen. E. sie können auch nicht glauben was sich die gräfin thun, Baron van suiten und andere grosse für Mühe geben mich hier zu behalten – allein – Ich kann auch nicht so lange warten – und will auch wirklich nicht so auf Barmherzigheit warten – finde daß ich eben auch (wenn es schon der kayser ist) seine gnade nicht so vonnöthen habe.
Mein gedanke ist künftige fasten Nach Paris zu gehen; versteht sich nicht ganz so auf gerade wohl. – ich habe deswegen schon an le gros geschrieben, und erwarte antwort. – ich habe es auch – besonders den grossen – so im discurs gesagt. – sie wissen wohl daß man öfters im reden so was hinwerfen kann, welches mehr wirkung thut, als wenn mañ es so dicktatorisch hindeklamirt. – wenn ich mich zu dem Concerte spirituele und Concert des amateurs Engagieren kann – und dann scolaren bleiben mir nicht aus – und da ich izt eine frau habe, kann ich sie leichter und fleissiger versehen; – dann mit der Composition E: und hauptsächlich aber ist es mir wegen der opera. – ich habe mich die zeither täglich in der französischen sprache geübt – und nun schon 3 lectionen im Englischen genommen. – in 3 Monathen hoffe ich so ganz Passable die Engländischen bücher lesen und verstehen zu können. – Nun leben sie recht wohl. Meine frau und ich küssen ihnen 1000mal die hände und ich bin Ewig

Dero gehorsamster Sohn
W. A: Mozart

Friedrich Schiller
an Herzog Karl Eugen

Schreibverbot durch den Herzog

Friedrich Schillers Drama »Die Räuber« wurde am 13. Januar 1782 in Mannheim uraufgeführt. Die Theaterwelt feierte den 23jährigen Dichter, der damals noch Regimentsmediziner in Stuttgart war. Eine Schweizer Zeitung jedoch griff den Autor heftig an, weil er in dem Stück das Graubündnerland als »Athen der heutigen Gauner« bezeichnet hatte. Herzog Karl Eugen von Württemberg, der um die gutnachbarlichen Beziehungen zur Schweiz fürchtete, ließ dem Dichter mitteilen, daß er nur noch medizinische Schriften drucken lassen dürfe. Für Schiller war das nicht tragbar. Er flüchtete aus Stuttgart. Auf das Bittschreiben, das er am 24. September an den Herzog schickte, erhielt er nicht die erhoffte Antwort auf Freizügigkeit. Er konnte nicht zurückkehren.

Mannheim, 24. Sept. 1782

Durchlauchtigster Herzog,
Gnädigster Herzog und Herr.

Das Unglück eines Untertanen und eines Sohns kann dem gnädigsten Fürsten und Vater niemals gleichgültig sein. Ich habe einen schröcklichen Weg gefunden, das Herz meines gnädigsten Herrn zu rühren, da mir die natürlichen bei schwerer Ahndung untersagt sind. Höchstdieselben haben mir auf das strengste verboten, literarische Schriften herauszugeben, noch weniger mich mit Ausländern einzulassen. Ich habe gehofft, Eurer Herzoglichen Durchlaucht Gründe von Gewicht untertänigst dagegen vorstellen zu können, und mir daher die gnädigste Erlaubnis ausgebeten, Höchstdenenselben meine untertänigste Bitte in einem Schreiben vorzutra-

gen zu dörfen; da mir diese Bitte mit Androhung des Arrests verweigert ward, meine Lage aber eine gnädigste Milderung dieses Verbots höchst notwendig machte, so habe ich, von Verzweiflung gedrungen, den einzigen Weg ergriffen, Eure Herzogliche Durchlaucht mit der Stimme eines Unglücklichen um gnädigstes Gehör für meine Vorstellungen anzuflehen...
Meine bisherigen Schriften haben mich in den Stand gesetzt, den Jahrgehalt, den ich von Höchstdero hoher Gnade empfing, jährlich mit 500 Gulden zu verstärken, welcher ansehnliche Zuschuß für meine Gelehrtenbedürfnisse notwendig war. Das Verbot, das mir das Herausgeben meiner Arbeiten legte, würde mich in meinen ökonomischen Umständen äußerst zurücksetzen...
Zu gleicher Zeit glaubte ich es meinen Talenten, dem Fürsten, der sie erweckte und bildete, und der Welt, die sie schätzte, schuldig zu sein, eine Laufbahn fortzusetzen, auf welcher ich mir Ehre zu erwerben und die Mühe meines gnädigsten Erziehers in etwas belohnen könnte. Da ich mich bisher als den ersten und einzigen Zögling Eurer Herzoglichen Durchlaucht kannte, der die Achtung der großen Welt sich erworben hat, so habe ich mich niemals gefürchtet, meine Gaben für diesen Endzweck zu üben, und habe allen Stolz und alle Kunst darauf gerichtet, mich hervorzutun und dasjenige Werk zu werden, das seinen fürstlichen Meister lobte. Ich bitte Euer Herzogliche Durchlaucht in tiefster Untertänigkeit, mir zu befehlen, daß ich das beweisen soll.
Ich mußte befürchten, gestraft zu werden, wenn ich Höchstdenenselben gegen das Verbot meine Anliegenheit in einem Schreiben entdeckte. Dieser Gefahr auszuweichen, bin ich hierher geflüchtet, fest überzeugt, daß nur die untertänigste Vorstellung meiner Gründe dazu gehört, das Herz meines Fürsten gegen mich zu mildern. Ich weiß, daß ich in der großen Welt nichts gewinnen kann, daß ich in mein größestes Unglück stürze, ich habe keine Aussichten mehr, wenn Eure

Herzogliche Durchlaucht mir die Gnade verweigern sollten, mit der Erlaubnis, Schriftsteller sein zu dörfen, einigemale mit dem Zuschuß, den mir das Schreiben verschafft, Reisen zu tun, die mich große Gelehrte und Welt kennen lernen, und mich zivil zu tragen, welches mir die Ausübung meiner Medizin mehr erleichtert, zurückzukommen. Diese einzige Hoffnung hält mich noch in meiner schröcklichen Lage. Sollte sie mir fehlschlagen, so wäre ich der ärmste Mensch, der, verwiesen vom Herzen seines Fürsten, verbannt von den Seinigen, wie ein Flüchtling umherirren muß. Aber die erhabene Großmut meines Fürsten läßt mich das Gegenteil hoffen. Würde sich Karls Gnade herablassen, mir jene Punkte zu bewilligen, welcher Untertan wäre glücklicher als ich, wie brennend sollte mein Eifer sein, Karls Erziehung vor der ganzen Welt Ehre zu machen.
Ich erwarte die gnädigste Antwort mit zitternder Hoffnung, ungeduldig, aus einem fremden Lande zu meinen Fürsten, zu meinem Vaterland zu eilen, der ich in tiefster Submission und aller Empfindung eines Sohns gegen den zürnenden Vater ersterbe Eurer Herzoglichen Durchlaucht untertänigsttreugehorsamster

Schiller.

Friedrich Schiller an Louise von Lengefeld

Werbung um die Geliebte

Im Dezember 1787 hatte Friedrich von Schiller sich in Rudolfstadt (Thüringen) in Charlotte von Lengefeld verliebt. Doch erst nachdem er eine Professur in Jena erhalten und der Herzog von Weimar ihm weitere finanzielle Unterstützung zugesagt hatte, traute er sich, Louise von Lengefeld um die Hand der Geliebten zu bitten. Die Witwe stimmte zu. Am 22. Februar 1790 fand die Trauung statt. Es wurde eine glückliche Ehe.

Jena, den 18. Dezember 1789

Wie lange und wie oft, seit mehr als einem Jahre, gnädige Frau, habe ich mit mir selbst gestritten, ob ich es wagen soll, Ihnen zu gestehen, was ich jetzt nicht mehr zurückhalten kann. Ich muß Sie bitten, verehrungswürdigste Freundin, sich jetzt alles gegenwärtig zu machen, was je in Ihrem gütigen Herzen für mich sprach; ich selbst muß mir jedes Ihrer Worte zurückrufen, worin ich Wohlwollen für mich zu erkennen glaubte, um in diesem Augenblicke Mut und Hoffnung zu fassen. Es gab Augenblicke, unvergeßlich sind sie meinem Herzen, wo Sie mich vergessen ließen, daß ich ein Fremdling in Ihrem Hause sei. Was Sie damals ohne Bedeutung sagten, was nur eine vorübergehende Bewegung Ihres Herzens Ihnen eingab – wie tief ergriff es mein Herz, wo lange schon kein anderer Wunsch mehr lebte, als Ihr Sohn genannt zu werden. Sie haben es in Ihrer Gewalt, jene Äußerungen in volle, selige Wahrheit für mich zu verwandeln.

Ich gebe das ganze Glück meines Lebens in Ihre Hände. Ich liebe Lottchen – ach! wie oft war dieses Geständnis auf meinen Lippen, es kann Ihnen nicht entgangen sein. Seit dem ersten Tage, wo ich in Ihr Haus trat, hat mich Lottchens liebe Gestalt nicht mehr verlassen. Ihr schönes, edles Herz hab ich durchschaut. In so vielen froh durchlebten Stunden hat sich ihre zarte, sanfte Seele in allen Gestalten mir gezeigt. Im stillen, innigen Umgang, wovon Sie selbst so oft Zeugin waren, knüpfte sich das unzerreißbarste Band meines Lebens. Mit jedem Tage wuchs die Gewißheit in mir, daß ich durch Lottchen allein glücklich werden könnte, habe ich in diesem langen Jahre, wo diese Leidenschaft in mir kämpfte, geprüft und gewogen, aber mein Herz hat es widerlegt. Kann Lottchen glücklich werden durch meine innige, ewige Liebe, und kann ich Sie, Verehrungswürdigste, lebendig davon überzeugen, so ist nichts mehr, was gegen das höchste Glück meines Lebens in Anschlag kommen kann. Ich habe nichts zu fürchten als die zärtliche Bekümmernis der Mutter um das Glück ihrer Tochter, und glücklich wird sie durch mich sein, wenn Liebe sie glücklich machen kann. Und daß dieses ist, habe ich in Lottchens Herzen gelesen.

Wollen Sie, teuerste Mutter – o lassen Sie mich bei diesem Namen Sie nennen, der die Gefühle meines Herzens und meine Hoffnungen gegen Sie ausspricht –, wollen Sie das Teuerste, was Sie haben, meiner Liebe anvertrauen? meine Wünsche durch Ihre Billigung in Wirklichkeit verwandeln, wenn es auch die Wünsche Ihrer Tochter sind, wenn wir uns beide in dieser Bitte vereinigen? Ich werde Ihnen mehr zu danken haben, als ich einem Menschen danken kann. Sie werden glücklich sein in der Glückseligkeit Ihrer Kinder. Unsre Dankbarkeit wird geschäftig sein, Ihr Leben zu verschönern und Ihnen das Geschenk der Liebe durch Liebe zu erstatten.

Ich erlaube mir keine weitre Erklärung, bis Sie über die Wünsche meines Herzens entschieden haben werden. Steht nur in Ihrer Seele meinem Glücke nichts entgegen, so werden keine Hindernisse von außen ihm im Wege stehen. Mit welcher Unruhe und Sehnsucht erwarte ich von Ihnen den

Ausspruch über mein ganzes Glück! Aber Liebe allein wird Sie leiten, und darauf gründe ich frohe Hoffnungen. Ewig der Ihrige mit der innigsten Ehrfurcht und Liebe

Friedrich Schiller

Charlotte von Kalb an den Dichter Jean Paul

Unerfüllte Liebe einer Offiziersfrau

Der Aufforderung von Charlotte von Kalb, sie zu besuchen, kam Jean Paul Friedrich Richter schon im Juni 1796 nach. Die literarisch engagierte Offiziersfrau führte den jungen Dichter bei Hofe ein und stellte ihn großen Persönlichkeiten (u. a. Goethe und Herder) vor. Der Weimarer Aufenthalt bewirkte, daß die literarische Welt Jean Paul beachtete. Er wurde einer der beliebtesten Schriftsteller des 19. Jahrhunderts.
Charlotte von Kalb, deren enge Freundschaft zu Friedrich von Schiller schon mit einer Enttäuschung geendet hatte, verliebte sich in Jean Paul. Sie bot an, sich für ihn scheiden zu lassen. Doch der Dichter, der nach ihr die Gestalt der Linda in dem Roman »Titan« schuf, wies sie ab.
Charlotte von Kalb starb 1843 verarmt und erblindet in einem Zimmer in Berlin.

Weimar, den 13. Mai 1796

Zwei Drittel des Frühlings sind vorüber (wie ich eben im Kalender sehe), die Bäume stehen noch unbelaubt im schönen Park, die Nachtigall hat noch nicht gesungen, und Sie waren noch nicht hier. Alle Zeichen des Frühlings bleiben aus. Welches erwartet die andern? Er könnte kommen mit allem Reiz, der Bäume Pracht, der Blüten Duft, der Vögel Liebgesang, der Lüfte lindem Fächeln – für Ihre Freunde wär er nicht gewesen, wenn Sie uns nicht erscheinen!
O, lassen Sie mir Ihnen von Ihren Freunden sagen oder von Sie! Sie sind der Geist unserer Verbindung. Reich sind wir alle durch die Achtung, Bewunderung und Hoffnung, die Ihre Schriften erregt. An ähnlicher Anerkennung Ihres Wertes

erkennen wir, die unsere Freunde sind oder werden können. – Keines weiß und darf es wissen, daß Sie mir geschrieben und ich an Sie, als mein Mann, der auch jetzo trauret, daß er vergeblich Sie erwartet hat, in acht Tagen muß er verreisen. Keines weiß als ich, daß wir Sie hier in Weimar erwarten dürfen; doch ist es fast das Zeichen unseres Grußes: Ist Richter noch nicht hier? Sind Sie krank, oder haben Sie nicht meinen Brief vom 1. oder 2. April erhalten? –

Iffland ist fort, und Wieland reist in wenigen Tagen nach der Schweiz, im September will er wieder hier sein.

Herder, Knebel, Einsiedel sind hier, drei Wesen, die einer unbefangenen hohen Freude über die Vollkommenheit eines andern fähig sind. Sie sind ein tiefer Forscher, ein ferner Seher in Zeit und Zukunft, ein Phänomen in dieser Zeit, die Sie bedarf. Krieg und Kampf ist überall oder ödes, totes, kaltes Nichts; schale Form, kein Inhalt. In Ihnen erscheint uns aber ein Geist, Herz und Seele, der Tausende, die schlafen, aus ihrem Todesschlummer wecken könnte. Unsere Erwartungen sind nicht zu kühn.

Viele unter uns wünschen ein Schauspiel von Sie bearbeitet zu wissen. Leicht muß es Ihnen sein, von diesem reichen, hohen Stamme einen Ast hinüberzubiegen in jenes Gefild. Das war es, was ich schon bemerken ließ.

Verzeihen Sie meiner Schreibseligkeit, und damit ich nicht wieder frage, so schenken Sie dieser Frage ein Wort. Starr wird meine Hand, wenn ich mir Sie als einen satirischen Schriftsteller denke, und mir ists selbst ein Rätsel. Aber leider vergesse ich immer über den schönern Genius, der Sie begleitet, den mächtigen, durch den Sie herrschen!

Charlotte

Constanze Mozart an Kaiser Leopold II.

Der Kaiser und die Witwe

Sechs Tage nach dem Tod von Wolfgang Amadeus Mozart schrieb seine Witwe das Bittgesuch an den Kaiser. Leopold II. war hilfsbereit. Sie erhielt eine Pension von 226 Gulden im Jahr. Ein Benefizkonzert am 28. Dezember 1791 sorgte außerdem dafür, daß Mozarts Schulden beglichen wurden. Erst 1798 erfuhr Constanze, daß sie einen großen Schatz besaß. Ihr Untermieter und späterer Ehemann Georg Nikolaus Nissen entdeckte in der Wohnung über 500 unbekannte Werke des Komponisten. Nur 70 Arbeiten Mozarts waren zu seinen Lebzeiten veröffentlicht worden. Nissen verkaufte die wertvollen Kompositionen für Constanze an verschiedene Verleger. Mozarts Söhne Carl und Franz starben als wohlhabende Junggesellen.

Wien, 11. Dezember 1791

Eure Majestät!
Unterzeichnete hatte das Unglück, den unersetzlichen Verlust ihres Gatten erleben zu müssen und von demselben mit zwei unmündigen Söhnen in Umständen zurückgelassen zu werden, die sehr nahe an Dürftigkeit und Mangel grenzen. Sie weiß zu ihrem noch größeren Betrübnisse, daß sie bei noch nicht vollendeten zehn Dienstjahren ihres seligen Mannes nach dem bestehenden Pensions-Normal nicht den mindesten Anspruch auf irgendeinen Gnadengehalt habe und ihr daher nichts übrig bleibe, als ganz in Euer Majestät Gnade und der bekannten liebevollen Vorsorge für Dürftige jeder Art zu beruhen.
Um aber der allerhöchsten Milde nicht vielleicht unwürdig zu scheinen, wagt es dieselbe, eine schwache Schilderung ihrer

höchst mißlichen Lage und deren Urquelle alleruntertänigst vorzulegen:
1tens hatte ihr sel. Gatte nie das Glück, hier in Wien eine günstige Gelegenheit abzuwarten, welche ihm erlaubt hätte, seine Talente zu Begründung besserer Aussichten der Welt auffallend genug zu machen, und eben daher war er außerstande, einige Vermögen zu hinterlassen. Zwar wäre es demselben
2tens sehr leicht gewesen, im Auslande sein Glück zu finden und seine Familie in einen glänzenden Zustand zu versetzen, wenn er den so häufig gemachten Anträgen Gehör gegeben und nicht in der Gnade, dem hiesigen allerhöchsten Hofe zu dienen, seinen Ruhm gesucht hätte.
3tens gestatteten seine noch blühenden Jahre und die sehr wahrscheinliche Aussicht, den Wohlstand seiner Angehörigen durch das seltenste Talent noch immer früh genug dauerhaft gründen zu können, auch dem entferntesten Gedanken von der Möglichkeit der gegenwärtigen Lage in seinem Gedächtnisse keinen Raum.
Daher geschah es auch, daß er nicht einmal daran dachte, durch Einverleibung in die musikalische Witwen- und Waisen-Gesellschaft seinen Nachkommen diese obgleich geringe Versorgung zu versichern.
4tens endlich wird dieses Gemälde um so rührender, als er der Welt gerade zu demjenigen Augenblicke geraubt wurde, wo seine Aussichten für die Zukunft ringsumher heiterer zu werden begannen.
Denn nebst der vor kurzem erhaltenen Anwartschaft auf die Kapellmeisterstelle am Dom zu St. Stephan langte noch wenige Tage vor seinem Tode von einem Teile des ungarischen Adels die Versicherung einer Subskription von jährlich 1000 Gulden und von Amsterdam die Anweisung eines noch höhern jährlichen Betrages an, wofür er nur wenige Stücke ausschließend für die Subskribenten komponieren sollte.
Bittstellerin wagt es noch einmal, sich in die allerhöchste

Gnade und bekannte väterliche Vorsorge, besonders gegen Dürftige dieser Art, um so mehr gänzlich zu ergeben, als dieselbe in ihrem jammervollen Zustande nur die Zuversicht, Eure Majestät werden sie mit ihren zwei unmündigen Söhnen von der allerhöchsten Mildtätigkeit nicht ausschließen, noch einigermaßen aufrecht zu erhalten fähig ist.
Constantia Mozart, geborne Weber, hinterlassene Witwe des seel. Wolfgang Amadeus Mozart, k. k. Kammer Kompositor.

Wilhelm von Humboldt an die Braut Caroline

Beglückung durch Liebe

Wilhelm von Humboldt (1767–1835) war einer der großen deutschen Gelehrten. 1810 gründete er die Berliner Universität. Mit seinem Hauptwerk »Über die Kawisprache auf der Insel Java« wurde er zum Vater der vergleichenden Sprachwissenschaften. In Berlin begegnete er 1787 seiner späteren Frau, Caroline von Dacheröden. Beide waren Mitglieder eines Geheimbundes, der sich das Leitwort »Beglückung durch Liebe« gegeben hatte. Humboldt hätte keine idealere Partnerin finden können. Am 29. Juni 1809, ihrem 18. Hochzeitstag schrieb er: »Keinen Tag sehe ich so gerne wiederkehren als diesen; er hat mein höchstes Glück begründet.« Nach Carolines Tod (26. März 1829) beschäftigte sich Humboldt über ein Jahr mit der kunstvollen Gestaltung ihres Grabes.

Berlin, 1. Mai 1790

Denke nur, wie ich Burgörner verließ. Besorgnisse für Dich, dumpfe, unentwickelte Gefühle in mir, Träume allbeseligenden Glücks, aus denen ich zu hoffnungsloser Wirklichkeit erwachte. Das dauerte fort, bis ich nach Erfurt zurückkehrte, und doch war es auch da noch nicht anders. Ich konnte die Gewißheit Deiner Liebe noch nicht fassen. Wohl sah ich viel in einzelnen Momenten, unendlich viel in dem Augenblick, da Du mit so unnachahmbarem, innigem Ausdrucke mir sagtest, daß es Dich beglücken würde, mich Dein zu nennen. Aber alles das war ohne Liebe, ohne das starke, einzige Gefühl möglich, wovon die Ahndung doch noch ewig meine Hoffnung umschwebte, konnte entstehen aus dem Wunsch eines heitern, glücklich hinfließenden Lebens froher

Tage für uns beide. Und nun fühlt ich doch Kraft in mir, mehr zu genießen, wenn auch nicht mehr zu geben, fühlt ich doch, daß mein Herz gemacht war, einen andern Gang zu gehen, den Gang, nur der Liebe alles, alles zu danken. Ach! und daß es immer mir war, als hätt ich auf diesem Gange Dich, Lina, nicht gefunden. O! verzeih mir, teures, einzig geliebtes Mädchen, aber wenn Dein Bild so vor mir stand, wie ichs mir dachte, wie ichs in jedem Augenblick sah, in all der namenlosen Schönheit und Grazie und Größe – dann konnt ich den Gedanken nicht fassen, daß Du mich so lieben könntest, als ich Liebe – o! da nur einzig von Dir – bedurfte ... Jetzt, da unsre Gefühle so gleich sind, da die Seele keines von uns mehr einen befriedigten Wunsch an die Seele des andern tut, jetzt ist es so schön zu sehen, wie langverhalten das in uns liegen und reifen mußte, ehe es so aufblühen, uns so beglükken konnte. Ja! Lina, unsere Seelen waren für einander geschaffen. Denn unsere Liebe entsprang so ganz aus der Fülle unserer individuellen Empfindungen, wurde durch nichts Äußeres, nichts Fremdes genährt. Darum werden wir auch beide gerade in dem engsten Verhältnis die höchste Freiheit behalten. Denn je weiter wir fortgehen in dem einmal genommenen Gange, je mehr wir unser werden, desto mehr gehören wir dem andern zu.

So werden wir jeder unsern eignen Pfad wandeln und werden uns immer gleich nah bleiben. Lina, teure Lina, lebe der Hoffnung wie ich. Tausendmal stell ich mirs vor, wie glücklich wir miteinander leben werden, wie groß und schön Du für Dich, wie gut und eins mit mir und, still nacheifernd Dir und an Deinem schönen Dasein mich freuend, ich für mich, wie unauflöslich verbunden, wie genußgebend und genießend, wir beide zusammen! wie wohltätig wirkend auf alles, was uns umgibt! ...

Lebe nun wohl, meine Lina, und sei glücklich im Angedenken meiner unendlichen Liebe, der Du ewig in jedem Moment meines Daseins gegenwärtig bist. Lebe wohl!

Napoleon
an seine Gemahlin Josephine

Bonapartes Liebe

Nach der Französischen Revolution 1789 gehörte die Witwe Josephine de Beauharnais zu den führenden Damen der Pariser Gesellschaft. Brigadegeneral Napoleon Bonaparte, berühmt, weil er 1795 einen Aufstand gegen die neue Regierung niedergeschlagen hatte, verfiel ihrem Charme und heiratete sie am 9. März 1796. Zwei Tage nach der Hochzeit mußte er Josephine verlassen. Er wurde Oberbefehlshaber im italienischen Feldzug und errang triumphale Siege gegen Österreich. Obwohl Josephine ihm nicht treu war, konnte Napoleon sich nicht von ihr lösen. 1809 ließ er sich jedoch aus politischen Gründen scheiden.

Verona, 13. November 1796

Ich liebe Dich gar nicht mehr. Im Gegenteil, ich verabscheue Dich! Häßlich bist Du, ungeschickt, dumm, höchst unansehnlich. Du schreibst mir nie, liebst in keiner Weise Deinen Mann. Und Du weißt genau, welche Freude Deinem Manne Deine Briefe bereiten und schreibst ihm nicht einmal ein paar hingeworfene Zeilen.
Was, Madame, tun Sie eigentlich den ganzen Tag und welch wichtiges Geschäft raubt Ihnen wohl die Zeit, an Ihren Geliebten zu schreiben? Welche Neigung schiebt die Liebe beiseite und erstickt jene zärtliche und beständige Neigung, die Sie mir einst versprochen?
Wer mag wohl der bevorzugte Geliebte sein, der eben Ihre ganze Zeit in Anspruch nimmt, über Ihre Tage verfügt und Sie verhindert, sich Ihrem Manne zu widmen?
Nehmen Sie sich in acht, Josephine! In einer schönen Nacht werden Ihre Türen eingedrückt werden, und ich werde es

sein, der vor Ihnen steht. Ich bin wirklich besorgt, liebe Freundin, so lange von Dir nicht zu hören, schreibe mir schnell vier Seiten voll der liebenswerten Dinge, die mein Herz mit Freude und Glück erfüllen.
In Kurzem hoffe ich Dich in meine Arme zu schließen und Dich mit einer Million von Küssen, so heiß wie am Äquator, zu bedecken.

Bonaparte

Ludwig van Beethoven an seine Brüder Karl und Johann

Der Taube trotzt dem Schicksal

Ludwig van Beethoven, 1770 in Bonn geboren, eroberte als junger Klaviervirtuose und Komponist Wien. Adelige Gönner setzten ihm ein Jahresgehalt aus. Auf diese Karriere fielen um 1800 Schatten: Beethovens Gehörleiden steigerte sich zur Taubheit. Er blieb auf Hörrohre angewiesen und schließlich auf schriftlichen Verkehr mit seiner Umwelt. 1802 erholte er sich in dem Dorf Heiligenstadt nahe Wien.
Der ergreifende Brief an seine beiden Brüder beschreibt seine Situation. Der Ertaubte trotzt seinem Schicksal: Als er 1827 stirbt, hinterläßt er neun Sinfonien, fünf Klavierkonzerte, eine Oper und Kammermusik.

Heiligenstadt, am 6. Oktober 1802

O ihr Menschen, die ihr mich für feindselig, störrisch oder misanthropisch haltet oder erkläret, wie unrecht tut ihr mir! Ihr wißt nicht die geheime Ursache von dem, was euch so scheinet... Aber bedenket nur, daß seit sechs Jahren ein heilloser Zustand mich befallen, durch unvernünftige Ärzte verschlimmert. Von Jahr zu Jahr in der Hoffnung, gebessert zu werden, betrogen, endlich zu dem Überblick eines dauernden Übels (dessen Heilung vielleicht Jahre dauern wird oder gar unmöglich ist) gezwungen, mit einem feurigen, lebhaften Temperamente geboren, selbst empfänglich für die Zerstreuungen der Gesellschaft, mußte ich mich früh absondern, einsam mein Leben zubringen.
Wollte ich auch zuweilen mich einmal über alles das hinaussetzen, o, wie hart wurde ich durch die verdoppelte traurige Erfahrung meines schlechten Gehörs dann zurückgesto-

ßen, und doch war mir's nicht möglich, den Menschen zu sagen: sprecht lauter, schreit, denn ich bin taub.

Ach, wie wär es möglich, daß ich die Schwäche eines Sinnes zugeben sollte, der bei mir in einem vollkommenern Grade als bei andern sein sollte, einen Sinn, den ich einst in der größten Vollkommenheit besaß, in einer Vollkommenheit, wie ihn wenige von meinem Fach gewiß haben noch gehabt haben – o, ich kann es nicht. Drum verzeiht, wenn ihr mich da zurückweichen sehen werdet, wo ich mich gern unter euch mischte.

Doppelt wehe tut mir mein Unglück, indem ich dabei verkannt werden muß. Für mich darf Erholung in menschlicher Gesellschaft, feinere Unterredungen, wechselseitige Ergießungen nicht statthaben. Ganz allein fast, nur soviel, als es die höchste Notwendigkeit fordert, darf ich mich in Gesellschaft einlassen. Wie ein Verbannter muß ich leben ...

So war es denn auch dieses halbe Jahr, was ich auf dem Lande zubrachte. Von meinem vernünftigen Arzte aufgefordert, soviel als möglich mein Gehör zu schonen, kam er fast meiner jetzigen natürlichen Disposition entgegen, obschon, vom Triebe zur Gesellschaft manchmal hingerissen, ich mich dazu verleiten ließ. Aber welche Demütigung, wenn jemand neben mir stund und von weitem eine Flöte hörte. Solche Ereignisse brachten mich nahe an Verzweiflung: es fehlte wenig und ich endigte selbst mein Leben.

Nur sie, die Kunst, sie hielt mich zurück. Ach, es dünkte mir unmöglich, die Welt eher zu verlassen, bis ich das alles hervorgebracht, wozu ich mich aufgelegt fühlte ...

O Menschen, wenn ihr einst dieses lest, so denkt, daß ihr mir unrecht getan, und der Unglückliche, er tröste sich einen seinesgleichen zu finden, der trotz allen Hindernissen der Natur doch noch alles getan, was in seinem Vermögen stand, um in die Reihe würdiger Künstler und Menschen aufgenommen zu werden.

Ihr meine Brüder Karl und (Johann), sobald ich tot bin, und

Professor Schmid lebt noch, so bittet ihn in meinem Namen, daß er meine Krankheit beschreibe, und dieses hier geschriebenen Blatt fügt Ihr dieser meiner Krankengeschichte bei, damit wenigstens soviel als möglich die Welt nach meinem Tode mit mir versöhnt werde.

Ludwig van Beethoven

Friedrich Hölderlin an seine Geliebte Susette Gontard

Ein Denkmal der Liebe

Im Januar 1796 trat Friedrich Hölderlin eine Stelle als Lehrer im Hause des Frankfurter Bankiers J. F. Gontard an. Mit Susette, der Gattin des Bankiers, verband den Dichter eine schwärmerische Liebe. In seinem Roman »Hyperion« wurde sie als »Diotima« ein Sinnbild für die Schönheit. Nach einem Streit mit dem Bankier mußte Hölderlin Frankfurt verlassen. Für die Liebenden begann damit eine lange Leidenszeit, die erst mit dem Tod von Susette Gontard (1802) endete. Hölderlin fiel 1806 in geistige Umnachtung.

Homburg, Oktober/November 1799

Hier unsern Hyperion, Liebe! Ein wenig Freude wird diese Frucht unserer seelenvollen Tage Dir doch geben. Verzeih mirs, daß Diotima stirbt. Du erinnerst Dich, wir haben uns ehmals nicht ganz darüber vereinigen können. Ich glaubte, es wäre, der ganzen Anlage nach, notwendig. Liebste! alles, was von ihr und uns, vom Leben unseres Lebens hie und da gesagt ist, nimm es wie einen Dank, der öfters um so wahrer ist, je ungeschickter er sich ausdrückt. Hätte ich mich zu Deinen Füßen nach und nach zum Künstler bilden können, in Ruhe und Freiheit, ja ich glaube, ich wäre es schnell geworden, wonach in allem Leide mein Herz sich in Träumen und am hellen Tage, und oft mit schweigender Verzweiflung sehnt.

Es ist wohl der Tränen alle wert, die wir seit Jahren geweint, daß wir die Freude nicht haben sollten, die wir uns geben können, aber es ist himmelschreiend, wenn wir denken müssen, daß wir beide mit unsern besten Kräften vielleicht vergehen müssen, weil wir uns fehlen. Und sieh! das macht mich eben so stille manchmal, weil ich mich hüten muß vor solchen Gedanken. Deine Krankheit, Dein Brief – es trat mir wieder, sosehr ich sonst verblinden möchte, so klar vor die Augen, daß Du immer, immer leidest, – und ich Knabe kann nur weinen darüber! – Was ist besser, sage mirs, daß wirs verschweigen, was in unserem Herzen ist, oder daß wir uns es sagen! – Immer hab ich die Memme gespielt, um Dich zu schonen, – habe immer getan, als könnt ich mich in alles schicken, als wär ich so recht zum Spielball der Menschen und der Umstände gemacht und hätte kein festes Herz in mir, das treu und frei in seinem Rechte für sein Bestes schlüge, teuerstes Leben! habe oft meine liebste Liebe, selbst die Gedanken an Dich mir manchmal versagt und verleugnet, nur um so sanft wie möglich um Deinetwillen dies Schicksal durchzuleben, – Du auch, Du hast immer gerungen, Friedliche! um Ruhe zu haben, hast mit Heldenkraft geduldet und verschwiegen, was nicht zu ändern ist, hast Deines Herzens ewige Wahl in Dir verborgen und begraben, und darum dämmerts oft vor uns, und wir wissen nicht mehr, was wir sind und haben, kennen uns kaum noch selbst; dieser ewige Kampf und Widerspruch im Innern, der muß freilich langsam töten, und wenn kein Gott ihn da besänftigen kann, so hab ich keine Wahl, als zu verkümmern über Dir und mir oder nichts mehr zu achten als Dich und einen Weg mit Dir zu suchen, der den Kampf uns endet.

Ich habe schon gedacht, als könnten wir auch von Verleugnung leben, als machte vielleicht auch dies uns stark, daß wir entschieden der Hoffnung das Lebewohl sagten . . .

Novalis an den Freund Friedrich Schlegel

Zwei Romantiker und ihre Liebe zu zwei Schwestern

Friedrich von Hardenberg, genannt Novalis, und Friedrich Schlegel gehören zu den bedeutendsten Dichtern der deutschen Romantik. Ihre bekanntesten Werke sind die Romanfragmente »Heinrich von Ofterdingen« (Novalis) und »Lucinde« (Schlegel). Als Studenten, beide 19, befreundeten sich die Dichter im Januar 1792 in Leipzig. Im Herbst des Jahres verliebte sich Novalis in Julchen Haugk, die Tochter eines Leipziger Bankiers. Schlegel bemühte sich gleichzeitig um Laura, Julchens ältere Schwester. Die verwöhnte Frau spielte jedoch nur mit den Gefühlen des jungen Dichters, der sich für sie in hohe Schulden gestürzt hatte. Als er erfuhr, daß Laura ihn hinter seinem Rücken öffentlich lächerlich machte, kündigte er in einem Brief an Novalis seinen Selbstmord an. Mit dem Antwortschreiben wollte Novalis ihn von diesem Gedanken abbringen. Das geschah jedoch auf andere Weise. Kurze Zeit nach der unglücklichen Affäre traf Schlegel die junge Witwe Caroline Böhmer, die ein uneheliches Kind erwartete und dadurch in tiefe seelische Not geraten war. Die Aufgabe, ihr neuen Lebensmut zu schenken, gab ihm selbst die Freude am Leben zurück.

Weißenfels, Ende März 1793

Lieber Schlegel,
Dein Brief trifft diesmal ungemein glücklich. Erwartungsvoller stieg kein Reisender in die Wunderhöhle von Antiparos, als ich von Zeile zu Zeile in die Geheimnisse Deiner Wanderung. Deine Augen funkeln mit überirdischen Glanz – und Deine Stirn taucht sich ins Göttliche – ich stehe neugieriger als je vor Dir. –

Daß Du noch unter den Lebendigen bist, freut mich. Kann man Dich doch noch anfassen und fühlen Dein Fleisch und schlagen hören Dein Herz. Du trankst aus der Quelle der Durstigen – Du bist nun unersättlich. Das reißt Dich noch vielleicht aus den Banden der vier Elemente – in denen es uns doch wohler sein kann als einer Intelligenz in ihrer Haut. Mich dauert Dein armes schönes Herz. Es muß brechen, früh oder spät. Es kann nicht seine Allmacht ertragen. Deine Augen müssen dunkel werden über der schwindelnden Tiefe, in die Du hinabsiehst, in die du den bezaubernden Hausrat Deines Lebens hinabstürzest. Der König von Thule, lieber Schlegel, war Dein Vorfahr: Du bist aus der Familie des Untergangs. Ich habe durch Dich Himmel und Hölle kennen gelernt – durch Dich von dem Baum des Erkenntnisses gekostet.

Aber nun sag einmal, ist es denn nicht möglich, daß Du unter uns bleibst? – sind die feierlichen Worte der Weihung schon unwiderruflich ausgesprochen? – hat Dir schon Iris die Locke abgeschnitten? – mußt Du als Opfer sterben? Ich bitte Dich, antworte Dir selbst ohne Überspannung. Ich habe für die Schönheit Deiner Idee unendliche Ehrfurcht, aber ich weiß auch, daß das Leben ewig schön sein kann. Erhalte Dich, wirf Dich der Natur in die Arme, sie hat Platz und Liebe genug für Dich. Mein ganzer Grund ist mein inniges Gefühl am Leben, mein Glaube und Zuversicht zu allem, was in mir und um mir ist – denn hier weiß ich jetzt sonst nichts von Recht und Unrecht. Freilich kann ich Dir keine solche Teilnehmung einflößen, wie ich an allem Menschlichen habe, mich nicht auf die Verjüngungskraft Deiner Natur berufen, nicht auf den sichtbaren Gang einer himmlischen Ordnung und Nemesis in Deinem Leben – aber wer weiß, wie nahe Dir ein solcher Augenblick des Zurücksehens ist – So hätt ich doch vielleicht einmal wahr gedacht und gesprochen.

Dein Geist kann unmöglich lange mehr diesen Aufruhr Deines innern Lebens ertragen. Alles klingt tief bei Dir hinab,

Deine Erscheinung löst sich in sich selbst auf, Deine herrlichen Kräfte müssen erlahmen. – Fürchtetest Du Dich nicht vor dem Pflanzenleben. Ich fürchte mich nicht, aber ich erkenne hier nicht meinen, noch Deinen Beruf. Kann Dich denn das Leben gar nicht fesseln? Mußt Du Deine arme Hülle zerreißen? Du verschwendest in Minuten, wovon Du jahrelang zehren könntest. Unbefriedigt wirst Du von allem zurückkehren und tödlich krank.
Ich erwarte geduldig, ob Du für gut finden wirst, mir etwas Näheres von Deiner Reise zu sagen. Die gänzliche Ungewißheit hinderte mich, an Dich zu schreiben. Übrigens wußt ich auch wenig – Mir gehts hier recht wohl; ich habe alle Ursache, zufrieden zu sein und bin auch jetzt in einer glücklichen Ruhe. Ich freue mich jetzt über alles, aber mit meinem Schöndenken und -schreiben ists jetzt vielleicht auf immer vorbei. Ich hoff es wenigstens von ganzem Herzen. Seitdem ich wieder von Leipzig zurück bin, habe ich keine zehn Blätter gelesen. Dafür bin ich jetzt tüchtig fleißig, und nehme Anteil an manchen frohen, gesellschaftlichen Stunden. Meine Geschwister brauchen nach dem Tode meines Vaters auch einen Vater. Diese häusliche Familienbestimmung ist ganz die meinige. Diese Lebensart bekommt mir wie Bergluft. Tausendmal stärker, inniger und frischer als sonst. Wir trennen uns wie Abraham und Lot. Du gehst nach Aufgang der Sonne; ich den gewöhnlichen Weg nach Westen zu. Uns beide aber trägt der unendliche Vater am klopfenden Herzen, wenn wir unsre Kraft brauchen, so weit es gut ist und schön, und er selber läßt uns himmlische Freiheit – Fliehe nicht aus diesem Zeitpunkt des Nordlichts und ergreife nicht in der Blüte Deines Lebens den Hammer der Zerstörung. Mir gefällts doch hier unter dieser Sonne. Du kannsts nirgends besser finden und wenn Du glauben willst, so findest Du alles leicht, was Du suchst. Rede mir hier nichts vor von ewigen Bedürfnissen und Kraftanlagen – Deine urteilende Idee steht mit Deiner genießenden Idee im Mißverhältnis. Glaube und dann urteile. Treibe

die Gäste aus Deinem Hause, die Dich verführen. Laß Dir das Schicksal der Semele einfallen. Du kannst doch nicht Zeus zwingen. Dich zu Ganymed zu machen. Lebe wohl.

Dein Freund Hardenberg

Novalis an seinen Vater

Die Braut war 13 Jahre alt

1795 verlobte Novalis sich heimlich mit der 13jährigen Sophie von Kühn. Sein Vater Heinrich von Hardenberg, ein standesbewußter adliger Gutsbesitzer und Salinendirektor, war gegen die Verbindung. Als er aber bemerkte, daß sein Sohn, angespornt durch die Liebe, sich als Assessor in der Saline besonders anstrengte, stimmte er zu. Das Glück von Novalis währte nur kurze Zeit. Seine Braut starb zwei Tage nach ihrem 15. Geburtstag an der Schwindsucht.

Tennstedt, Juni 1796

Nicht ohne heftige Beunruhigung wage ich einen lange gefürchteten Schritt. Längst schon würde ich ihn getan haben, wenn nicht mehrere ungünstige Umstände sich dagegen vereinigt hätten. Alle meine Hoffnung beruht auf Deiner Freundschaft und Teilnahme. Es ist nichts Unrechtes, was mir auf dem Herzen liegt, aber etwas, worüber Eltern und Kinder so oft nicht übereinstimmen. Sehr viele Stimmen in meinem Herzen sagen mir zwar Trost und Beruhigung zu; aber je mehr auf dem Spiele steht, desto ängstlicher sieht man dem Zeitpunkt der Entscheidung entgegen. Ich weiß, daß Du ganz herablassender Freund Deiner Kinder sein willst –, aber Du bist Vater, und oft widerspricht selbst die väterliche Liebe der Neigung des Sohnes. Sobald ich mich zusammennehme, so verschwindet freilich diese Besorgnis meistenteils, denn nur dann würde mir meine Liebe entgegenstehn, wenn ich weder Verstand noch Herz zu Rate ziehen wollte und den Abgrund meines eigenen Unglücks graben. Dies ist aber hier wohl nicht der Fall.

Ich habe mir ein Mädchen gewählt. Sie hat wenig Vermögen, und ob sie gleich von Adel ist, so ist sie doch nicht stiftsfähig. Es ist ein Fräulein von Kühn. Ihre Eltern, von denen nur die Mutter die Rechte ist, wohnen in Grünningen, einem Gute bei Weißensee. Abgerechnet auch meine Verhältnisse, so würde ihre Jugend schon einen nahen Heiratsplan unratsam machen. Von ihrem persönlichen Wert ziemt mir nicht, ein entscheidendes Urteil zu fällen; und ich muß mich für jetzt begnügen, teils die allgemeine Stimme ihrer näheren Bekannten, teils die vorzüglichere Stimme unparteiischer Männer für sie anzuführen, im ganzen aber auf eigne Prüfung zu provozieren. Ich habe sie bei einer Expedition in ihrem väterlichen Hause kennengelernt. Sehr langer, sehr aufmerksamer Umgang mit dieser Familie befestigten meine Wahl. Lange blieb mir die gegenseitige Wahl zweifelhaft, ohnerachtet ich das Zutun und die Freundschaft der ganzen Familie genoß; doch glaube ich jetzt derselben versichert zu sein, besonders wenn Deine Einwilligung Sophiens Besorgnissen ein Ende macht. So fest sie an ihren Eltern hängt, so fest wünscht sie mich an den Meinigen hängen zu sehn, und wird ohne Überzeugung Deines Beifalls sich sicher nicht ausdrücklich für mich dezidieren.

Längst schon würde ich Dein Zutraun und Deine Einwilligung gesucht haben; aber seit Anfang November ist Sophie gefährlich krank gewesen. Ein paarmal war fast alle Hoffnung verschwunden und jetzt noch siecht sie und erholt sich nur langsam. Du kannst sie mir jetzt zum zweiten Male schenken und mir damit eine Ruhe wiedergeben, die sich seit langer Zeit aus meiner Seele verlor. Ich flehe nur um Deine Einwilligung und Autorisation meiner Wahl. Die Ausführung des Plans steht noch zu weit ab, als daß ich ein Wort darüber verlieren sollte. Möglichkeiten sehe ich – ich überlasse sie der gütigsten Hand auszubilden und tue nur meinerseits das, was ich dazu durch Fleiß, Treue und Wirt-

schaftlichkeit tun kann. Auf diesem Wege hoffe ich meinen Lieblingswunsch am ersten erfüllt zu sehn.
Mündlich mehr. Ich erwarte nur Liebe von Dir. Es hängt von Dir ab, diese Periode zur glücklichsten meines Lebens zu machen. Dann hab ich Dir, außer Leben und Erziehung auch noch das zu danken, was dem Leben so einen einzigen Reiz in seiner Art gibt – Ich leugne es nicht – meine Liebe und Dankbarkeit gegen Dich werden noch zunehmen. Es ist wahr, mein Wirkungskreis wird durch diese Partie äußerlich eingeschränkt – aber ich rechne für die Zukunft ein wenig auf meinen Kopf und meinen Ehrgeiz – und für die erste Zeit auf Sophieens Verstand und gute Wirtschaft. Sie ist nicht groß erzogen. Sie wird mit wenigem zufrieden sein – ich bedarf nur, was Sie bedarf. Ich weiß gewiß, unser gemeinschaftliches Leben gewinnt an Zutraulichkeit unendlich, denn ich bin Deiner Freundschaft auf ewig versichert. Wie werden sich meine älteren Geschwister freuen, die so teilnehmend an der Ruhe meines Lebens hängen. Gott segne diese wichtige, so ängstlich durchharrte Stunde. Was du meinst wird gut sein, aber freuen kann mich nur Deine freundliche, einwilligende Vaterstimme.

Fritz

E. T. A. Hoffmann an Baron Fouqué

Zwei Romantiker, die Undine liebten

In dem Verlag von Julius Hitzig war 1811 das Märchen »Undine« von Friedrich de la Motte Fouqué erschienen. E. T. A. Hoffmann, damals Musikdirektor in Bamberg, sah darin den Stoff für eine große Oper. Seine Freude war übergroß, als Hitzig Fouqué dazu bewegen konnte, das Libretto zu verfassen. Die Uraufführung am 3. August 1816 in Berlin wurde ein Erfolg. Geldsorgen hatten Hoffmann in der Zwischenzeit aber gezwungen, selbst Geschichten zu schreiben. Während von Fouqué nur die »Undine« bekannt blieb, zählt Hoffmann durch seine Werke (u. a. »Die Elixiere des Teufels«) zu den bedeutendsten Dichtern der Romantik.

Bamberg, 15. August 1812

Ein Glücksstern leuchtet meinen musikalischen Bemühungen, da, wie mir mein Freund Hitzig versichert, Sie selbst, Herr Baron! Ihre herrliche gemüthvolle Undine für meine Compositionen bearbeiten wollen. – Nicht mit Worten sagen kann ich es, wie ich das tiefe Wesen der romantischen Personen in jener Erzählung nicht allein innig empfunden, sondern wie Undine – Kühleborn pp sich gleich beim Lesen meinem Sinn in Tönen gestalteten und ich so ihre geheimnißvolle Natur mit den wunderbarsten Erscheinungen recht zu durchdringen und zu erkennen glaubte. Die Überzeugung von dem ganz eigentlichen Opernstoff, den die Undine darbietet, war daher nicht das Resultat der Reflektion, sondern entsprang von selbst aus dem Wesen der Dichtung.

Sie haben, Herr Baron! eine ausführliche Skizze der Oper, wie ich sie mir vorzüglich Rücksichts der historischen Fortschreitung denke, verlangt, und nur dieses konnte mich bewegen, die Beilage auszuarbeiten, welche Szene für Szene das Historische, so wie den musikalischen Gang des Stücks nach einzelnen Nummern darlegt. – Wie fern mir jede Anmaßung liegt, den herrlichen Dichter auch nur im mindesten beengen zu wollen, darf ich wohl nicht versichern, nur sey es mir erlaubt zu bemerken, daß wenn manche Begebenheiten wegfallen, weil der Raum des Dramas sie nicht aufnehmen kann, und dadurch manche Nüanzirung verlohren zu gehen scheint, die Musik, welche mit ihren wunderbaren Tönen und Akkorden dem Menschen recht eigends das geheimnisvolle Geisterreich der Romantik aufschließt, alles wieder zu ersetzen im Stande ist.

Tag und Nacht sehe und höre ich die liebliche Undine, den brausenden Kühleborn, den glänzenden Huldbrand pp und meiner Ungeduld die Composition zu beginnen, verzeihen Sie, Herr Baron! die dringende Bitte, mich auf die Oper nicht zu lange warten zu lassen. Mit Hochachtung und Verehrung nenne ich mich,

Herr Baron!
Ihren innigst ergebenen
Hoffmann

Königin Luise an ihren Vater Herzog Karl II.

Bittbesuch bei Napoleon

Königin Luise (1776–1810), Tochter des Herzogs Karl II. von Mecklenburg-Strelitz, heiratete mit 17 Jahren den späteren König Friedrich Wilhelm III. von Preußen. Die glückliche Ehe wurde überschattet durch den Einmarsch der Franzosen in Deutschland. Nach der vernichtenden Niederlage des preußischen Heeres bei Jena und Auerstedt (14. Oktober 1806) mußte die Königsfamilie nach Ostpreußen flüchten. Vor den Friedensverhandlungen suchte Luise Napoleon auf, um ihn milde zu stimmen. Ihr Gespräch mit dem Kaiser am 6. Juli 1807 in Tilsit blieb erfolglos. Preußen verlor die Hälfte seines Staatsgebietes. Zu den engsten Vertrauten der Königin zählte ihr Vater. Nach dem Zwangsaufenthalt in Königsberg freute sie sich wie ein Kind, als sie das väterliche Schloß in Neustrelitz wieder besuchen durfte. Auf der Fahrt dorthin holte sie sich den Keim einer Lungenentzündung, der sie am 19. Juli 1810 erlag.

Königsberg, April 1808

Bester Vater!

Mit uns ist es aus, wenn auch nicht für immer, doch für jetzt. Für mein Leben hoffe ich nichts mehr. Ich habe mich ergeben, und in dieser Ergebung, in dieser Fügung des Himmels bin ich jetzt ruhig und in solcher Ruhe, wenn auch nicht irdisch glücklich, doch, was mehr sagen will, geistig glückselig. Es wird mir immer klarer, daß alles so kommen mußte, wie es gekommen ist. Die göttliche Vorsehung leitet unverkennbar neue Weltzustände ein, und es soll eine andere Ordnung der Dinge werden, da die alte sich überlebt hat und in sich selbst als abgestorben zusammenstürzt.

Wir sind eingeschlafen auf den Lorbeeren Friedrichs des Großen, welcher, der Herr seines Jahrhunderts, eine neue Zeit schuf. Wir sind mit derselben nicht fortgeschritten, deshalb überflügelt sie uns. Das siehet niemand klarer ein als der König. Noch eben hatte ich mit ihm darüber eine lange Unterredung, und er sagte, in sich gekehrt, wiederholentlich: das muß auch bei uns anders werden. Auch das Beste und Überlegteste mißlingt, und der französische Kaiser ist wenigstens schlauer und listiger. Wenn die Russen und die Preußen tapfer wie die Löwen gefochten hatten, mußten wir, wenn auch nicht besiegt, doch das Feld räumen, und der Feind blieb im Vorteil. Von ihm können wir vieles lernen, und es wird nicht verloren sein, was er getan und ausgerichtet hat. Es wäre Lästerung, zu sagen, Gott sei mit ihm; aber offenbar ist er ein Werkzeug in des Allmächtigen Hand, um das Alte, welches kein Leben mehr hat, das aber mit den Außendingen fest verwachsen ist, zu begraben.
Gewiß wird es besser werden: das verbürgt der Glaube an das vollkommenste Wesen. Aber es kann nur gut werden in der Welt durch die Guten. Deshalb glaube ich auch nicht, daß der Kaiser Napoleon Bonaparte fest und sicher auf seinem, jetzt freilich glänzenden, Thron ist. Fest und ruhig ist nur allein Wahrheit und Gerechtigkeit, und er ist nur politisch, das heißt klug, und er richtet sich nicht nach ewigen Gesetzen, sondern nach Umständen, wie sie nun eben sind. Damit befleckt er seine Regierung mit vielen Ungerechtigkeiten. Er meint es nicht redlich mit der guten Sache und mit den Menschen. Er und sein Ehrgeiz meint nur sich selbst und sein persönliches Interesse. Man muß ihn mehr bewundern, als man ihn lieben kann. Er ist von seinem Glück geblendet, und er meint alles zu vermögen. Dabei ist er ohne alle Mäßigung, und wer nicht Maß halten kann, verliert das Gleichgewicht und fällt.
Ich glaube fest an Gott, also auch an sittliche Weltordnung. Diese sehe ich in der Herrschaft der Gewalt nicht; deshalb bin ich in der Hoffnung, daß auf die jetzige böse Zeit eine bessere

folgen wird. Diese hoffen, wünschen und erwarten alle besseren Menschen, und durch die Lobredner der jetzigen und ihres großen Helden darf man sich nicht irre machen lassen. Ganz unverkennbar ist alles, was geschehen ist und was geschieht, nicht das Letzte und Gute, wie es werden und bleiben soll, sondern nur die Bahnung des Weges zu einem besseren Ziele hin. Dieses Ziel scheint aber in weiter Entfernung zu liegen, wir werden es wahrscheinlich nicht erreicht sehen und darüber hinsterben. Wie Gott will; alles wie er will. Aber ich finde Trost, Kraft, Mut und Heiterkeit in dieser Hoffnung, die tief in meiner Seele liegt. Ist doch alles in der Welt nur Übergang! Wir müssen durch. Sorgen wir nur dafür, daß wir mit jedem Tage reifer und besser werden.

Hier, lieber Vater, haben Sie mein politisches Glaubensbekenntnis, so gut ich als eine Frau es formen und zusammensetzen kann. Sie sehen wenigstens daraus, daß Sie auch im Unglück eine fromme, ergebene Tochter haben und daß die Grundsätze christlicher Gottesfurcht, die ich Ihren Belehrungen und Ihrem frommen Beispiel verdanke, ihre Früchte getragen haben und tragen werden, solange Odem in mir ist.

Gern werden Sie, lieber Vater, hören, daß das Unglück, welches uns getroffen, in unser eheliches und häusliches Leben nicht eingedrungen ist, vielmehr dasselbe befestigt und uns noch werter gemacht hat. Der König, der beste Mensch, ist gütiger und liebevoller als je. Oft glaube ich in ihm den Liebhaber, den Bräutigam zu sehen ...

Unsere Kinder sind unsere Schätze, und unser Augen ruhen voll Zufriedenheit und Hoffnung auf ihnen ...

Erhält Gott sie uns, so erhält er meine besten Schätze ...

Ich schreibe Ihnen dies, geliebter Vater, damit Sie mit Beruhigung an uns denken. Ihrem freundlichen Andenken empfehle ich meinen Mann, auch unsere Kinder alle, die dem ehrwürdigen Großvater die Hände küssen; und ich bin, und ich bleibe, bester Vater, Ihre dankbare Tochter

Luise

Heinrich von Kleist an die Freundin Henriette Vogel

Von Verzweiflung getrieben

Heinrich von Kleist (1777–1811), dessen Theaterstücke das Publikum (u. a. »Der zerbrochene Krug«) heute noch begeistern, hatte zu Lebzeiten wenig Erfolg. Mit seiner unglücklichen Freundin Henriette Vogel (Jettchen) – sie litt an Krebs – begann er im Oktober 1811 die Planung für einen Doppelselbstmord. In trunkenen Liebesbriefen steigerten sich beide gegenseitig in das Vorhaben hinein. Am 21. November 1811 erschoß Kleist am Ufer des Wannsees zunächst seine Freundin, dann sich selbst.

Berlin, nach Michaelis 1811

Mein Jettchen, mein Herzchen, mein Liebes, mein Täubchen, mein Leben, mein liebes, süßes Leben, mein Lebenslicht, mein Alles, mein Hab und Gut, meine Schlösser, Äcker, Wiesen und Weinberge, o Sonne meines Lebens, Sonne, Mond und Sterne, Himmel und Erde, meine Vergangenheit und Zukunft, meine Braut, mein Mädchen, meine liebe Freundin, mein Innerstes, mein Herzblut, mein Eingeweide, mein Augenstern, o Liebste, wie nenn ich Dich? Mein Goldkind, meine Perle, mein Edelstein, meine Krone, meine Königin und Kaiserin. Du lieber Liebling meines Herzens, mein Höchstes und Teuerstes, mein Alles und Jedes, mein Weib, meine Hochzeit, die Taufe meiner Kinder, mein Trauerspiel, mein Nachruhm. Ach, Du bist mein zweites besseres Ich, meine Tugenden, meine Verdienste, meine Hoffnung, die Vergebung meiner Sünden, meine Zukunft und Seligkeit, o Himmelstöchterchen, mein Gotteskind, meine Fürsprecherin, mein Schutzengel, mein Cherubim und Seraph, wie lieb ich Dich!

Carl Friedrich Gauß an Johanna Osthoff

Ein Mathematiker und seine Liebe

Der Mathematiker, Astronom und Physiker Carl Friedrich Gauß zählt zu den bedeutendsten Wissenschaftlern der Geschichte. Der Forscher, dessen Werk (u. a. berechnete er die Bahnen der Planeten) mit den Arbeiten von Archimedes und Newton auf einer Stufe steht, war kein nüchterner Zahlenmensch. Leidenschaftlich liebte er Johanna Osthoff. 1804 schrieb er ihr einen Brief, in dem er um ihre Hand anhielt. Ein Jahr später heirateten die beiden. 1809 starb die junge Frau bei der Geburt des dritten Kindes.

12. Juli 1804

Nehmen Sie es gut auf, sehr teuere Freundin, daß ich über diese wichtige Angelegenheit schriftlich mein Herz vor Ihnen ausschütte, über welche es mündlich zu tun ich bisher keine schickliche Gelegenheit gefunden habe.

Lassen Sie es mich endlich einmal Ihnen aus der Fülle meines Herzens sagen, daß ich ein Herz für Ihre stillen Engelstugenden, ein Auge für die edlen Züge habe, die Ihr Angesicht zu einem treuen Spiegel dieser Tugenden machen. Sie, gute, bescheidene Seele, sind so fern von aller Eitelkeit, daß Sie Ihren eigenen Wert selbst nicht kennen. Sie wissen es selbst nicht, wie reich und gütig Sie der Himmel ausgestattet hat. Aber mein Herz kennt Ihren Wert – ach! mehr, als mit meiner Ruhe bestehen kann.

Längst gehört es Ihnen. Werden Sie es nicht zurückstoßen? Können Sie mir das Ihrige geben? Können Sie, Teuere, die dargebotene Hand annehmen, gern annehmen? An der Antwort auf diese Frage hängt mein Glück. Ich kann Ihnen zwar jetzt nicht Reichtum, nicht Glanz anbieten. Doch Ihnen, Gute

– ich kann mich in Ihrer schönen Seele nicht geirrt haben – sind ja Reichtum und Glanz ebenso gleichgültig wie mir. Aber ich habe mehr, als ich für mich allein brauche, genug, um zweien genügsamen Menschen ein sorgenfreies Leben zu bereiten, meiner Aussichten in die Zukunft gar nicht einmal zu gedenken. Das Beste, was ich Ihnen anbieten kann, ist ein treues Herz voll der innigsten Liebe für Sie.
Prüfen Sie, geliebte Freundin, sich selbst, ob dies Herz Ihnen ganz genügt, ob Sie seine Empfindung ebenso aufrichtig erwidern, ob Sie die Lebensreise, Hand in Hand mit mir, mit Wohlgefallen machen können, und entscheiden Sie bald.
Ich habe, Beste, die Wünsche meines Herzens in kunstlosen aber aufrichtigen Worten vorgestellt. Ich hätte es so leicht in ganz anderen tun können. Ich könnte Ihnen ein Gemälde von Ihren Reizen machen, das Sie, wenn es weiter nichts als Wahrheit war, als Schmeichelei würden aufgenommen haben; mit brennenden Farben könnte ich Ihnen ein Bild von meiner Liebe machen – ich dürfte ja nur meiner Empfindung das Reden erlauben –, ein Gemälde von der Seligkeit oder Trostlosigkeit, die mich erwarten, je nachdem Sie meine Wünsche erhören oder verwerfen. Aber ich habe das nicht gewollt. Verkennen Sie daran wenigstens die Reinheit meiner nicht selbstsüchtigen Liebe nicht – ich will Ihren Beschluß nicht bestechen. In der ernstesten Angelegenheit Ihres Lebens müssen Sie sich durch gar keine fremden Rücksichten bestimmen lassen. Sie sollen nicht meinem Glück ein Opfer bringen. Ihr eigenes Glück allein muß Ihre Entscheidung leiten. Ja, Teuerste, so innig ich Sie auch liebe, so kann doch Ihr Besitz nur dann mich glücklich machen, wenn Sie es mit mir gleich sind. Ich habe Ihnen, Geliebte, das Innere meines Herzens aufgedeckt: sehnsuchtsvoll harre ich Ihrer Entscheidung entgegen.
Braunschweig, den 12. Juli 1804

Von ganzem Herzen
Der Ihrige
C. F. Gauß

Heinrich Marx an den Sohn Karl

Ermahnungen an den Sohn

Im Herbst 1836 verlobte sich der 18jährige Karl Marx heimlich mit Jenny von Westphalen. Die Tochter eines Regierungsrates war vier Jahre älter als er. Sein Vater, Heinrich Marx, ein angesehener Rechtsanwalt in Trier, befürchtete Klatschgeschichten. Sein Sohn erweckte nicht unbedingt den Eindruck eines seriösen Bräutigams. Er führte ein lustiges Studentenleben und erfüllte das gewünschte Jura-Studium nur widerwillig. Die Hochzeit seines Sohnes mit Jenny (am 19. Juni 1843) und dessen Entwicklung zum Revolutionär und Begründer des wissenschaftlichen Sozialismus erlebte Heinrich Marx nicht mehr. Er starb am 10. Mai 1838. – Ein guter Ehemann, wie es der Vater in dem Brief forderte, wurde Karl Marx nicht. Nachdem die Familie 1849 nach London gezogen war, begann er ein Verhältnis mit der Haushälterin Helena Demuth.

Trier, den 28. Dez. 1836

Lieber Karl!

Wenn ich weniger nachsichtig wäre, wenn ich überhaupt lange Groll hegen könnte, und besonders gegen meine Lieblinge, so würde ich wohl Grund haben, Dir gar nicht zu antworten. Es ist an und für sich nicht löblich, überspannt und empfindlich zu sein, am wenigsten gegen einen Vater, dessen Fehler wohl gerade nicht Strenge ist.

Hätte ich nicht eine hohe Meinung von Deinem guten Herzen, ich würde Dir überhaupt nicht so anhängen und bei Verirrungen weniger leiden, denn Du weißt, daß, so hoch ich Deine intellektuellen Anlagen stellen mag, sie mir ohne guten Herzen ohne alles Interesse sein würden.

Es ist nun überall Zeit, daß Du die Spannung beseitigst, die Geist und Körper zertrümmert, und ich darf mit Recht fordern, daß Du hierbei mein und Deiner guten Mutter Wohl etwas berücksichtigst, die wir freilich nicht in elysische Felder schweben und etwas darauf halten, daß Du gesund bleibst. Aber ich wiederhole es, Du hast große Pflichten übernommen, und lieber Karl, mit der Gefahr, Deine Empfindlichkeit zu reizen, spreche ich meine Meinung in meiner Weise etwas prosaisch aus, mit allen Eragerationen und Eraltationen der Liebe in einem dichterischen Gemüte kannst Du die Ruhe des Wesens, dem Du Dich ganz hingegeben, nicht herstellen, im Gegenteil, Du läufst Gefahr, sie zu zerstören.
Ich habe mit Jenny gesprochen, und ich hätte gewünscht, sie ganz beruhigen zu können. Ich tat mein möglichstes, doch alles läßt sich nicht wegräsonnieren. Noch weiß sie nicht, wie ihre Eltern das Verhältnis aufnehmen würden. Das Urteil der Verwandten und der Welt ist auch keine Kleinigkeit. Ich fürchte Deine nicht immer gerechte Empfindlichkeit und überlasse Dir daher selbst, diese Lage zu würdigen. Wäre ich mächtig genug, um dieses edle Wesen durch kräftiges Eingreifen in mancher Beziehung zu schützen und zu beruhigen, mir wäre kein Opfer zu groß. – Aber ich bin leider in jeder Hinsicht schwach.
Sie bringt Dir ein unschätzbares Opfer – sie beweist eine Selbstverleugnung, die nur von der kalten Vernunft ganz gewürdigt werden kann. Wehe Dir, wenn Du je in Deinem ganzen Leben dies vergessen könntest! Doch jetzt kannst Du nur selbst wirkend eingreifen. Aus Dir muß die Gewißheit hervorgehn, daß trotz Deiner Jugend Du ein Mann seiest, der die Achtung der Welt verdient, sie im Sturmschritte erobert; der Versicherungen für seine Beständigkeit und für sein künftiges ernstes Streben gibt, und Stillschweigen für vergangene Fehler den bösen Zungen auferlegt.
Wie Du das am besten anfängst, kannst Du nur ganz übersehn. Ich bitte und beschwöre Dich nunmehr, da Du im

Grunde den Fonds für Dich hast, nur die Form noch nicht geebnet ist, werde ruhig, mäßige diese Stürme, errege sie ebensowenig in dem Busen eines Wesens, das Ruhe verdient und bedarf. Deine Mutter, ich, Sophie, das gute Kind, das im hohen Grade sich selbst verleugnet, wachen für Dich, soviel es die Lage erlaubt, und für Deine Anstrengungen lächelt Dir in der Zukunft ein Glück, welches zu verdienen jede Mühseligkeit ebenet.

Deine Ansichten des Rechts sind nicht ohne Wahrheit, aber sehr geeignet, in ein System gebracht, Stürme zu erregen, und weißt Du nicht wie heftig gelehrte Stürme sind. Wenn das Anstößige in der Sache nicht ganz zu beseitigen ist, so müßte wenigstens die Form mildernd und gefällig sein.

Ich hoffe, daß Du den Wein nunmehr empfangen haben wirst. Trinke daraus Munterkeit und lasse alle Nebensprünge, alle Verzweiflung – und lasse im Leben die Poesie, wenn sie nicht verschönert, wenn sie nicht beglückt.

Hermann Fürst Pückler-Muskau an seine Ehefrau Lucie

Finanz-Ruin für seine Parks

Der Reiseschriftsteller Hermann Fürst von Pückler-Muskau ist heute vor allem als Schöpfer der Gärten von Muskau und Branitz berühmt. Die Parkanlagen verschlangen sein ganzes Vermögen. Der Fürst ließ sich deshalb 1826 von seiner Ehefrau Lucie scheiden, um in England durch eine glänzende Heirat seine zerrütteten Finanzen zu ordnen. Die Reise blieb erfolglos. So lebte er weiter mit seiner »Schnucke« zusammen, die seine Briefe gesammelt hatte. Sie erschienen 1830 als Buch (»Briefe eines Verstorbenen«) und brachten großen finanziellen Gewinn.

1824

Meine gute Schnucke!
Ich weiß nicht, Deine Briefe kommen mir so kalt und gar nicht so herzlich, zärtlich liebend als sonst vor. Siehst Du mich schon als einen an, der Dir nicht mehr gehört – kannst Du mich je als einen solchen ansehen, der Dir nur um ein Jota weniger angehört, weil er nicht mehr Dein Mann heißen wird! O Schnucke, das wäre traurig, dann hätte ich keine Mammali mehr, kein treues Schnuckenherz, und Du wärst auch um nichts besser wie andere Leute. Doch das verhüte Gott, und ich mache mir vielleicht nur jetzt trübe Gedanken über alles. Wenn ich in der grünen Stube mit meiner Schnucke wieder sitzen und Kaffee mit Kuchen genießen werde, dann wirst Du wohl aufhören, fremd mit Deinem Lou zu tun.
Sehr hübsch ist und sehr galant, was Du über mich in Deinem Briefe sagst, »daß Deine liebste Blume auf Erden nur dann gedeiht, wenn bei ihr Geschmack und Geist und Eitelkeitchen auch diese ihr erforderliche und jene ihr zusagende

Nahrung erhält.« Sehr hübsch, aber sehr verschnupft hat mich dafür die Stelle: »Doch ich will mit dem, was mich selbst verwirrt und quält, nicht Deine Augenblicke, die wenigen, wo Du vielleicht noch an mich denkst« etc. Und dann: »Du schreibst zwar allerliebste Briefe; es geht aber daraus hervor, daß Du die meinigen recht flüchtig ansiehst – und Deine Antwort ebenso schnell expedierst.«

Nimm mir nicht übel, aber das ist wirklich die Ungerechtigkeit etwas weit getrieben. Ich schreibe Dir beinahe alle Tage, in Summa Rieße von Papier, mache alle Deine großen und kleinen Kommissionen, während die wichtigsten Geschäfte mir hier Ruhe und Zeit rauben; aufs pünktlichste, und werde doch immer gescholten, ohne zu wissen warum.

Da ich hier überall sage, daß ich mir vorgenommen habe, ein Jahr zu reisen, und namentlich nach England zu gehen, so wundert sich kein Mensch darüber, daß ich alles verkaufe, und der Verkauf der alten Engländer passiert hier überall für den besten, der seit langer Zeit gemacht worden ist, da das jüngste der guten Tiere 16 Jahre alt war. Hart ist es, daß Du sie jetzt bedauerst, nachdem Du immer über das blinde Tier, und den alten Smith, der nicht mehr gehen konnte, mir früher sarkastische Anmerkungen machtest. Übrigens habe ich mich selbst nicht geschont, und meine Reitpferde, eine harte Entbehrung für mich, auch hingegeben. Hier reißt sich alle Welt nach meinen Leuten, und Graf Nostitz und Fürst Schönburg bitten mich inständig, ihnen Berndt abzulassen. Da er aber wirklich höchst brauchbar ist und auf zwei Jahre vollständige, neue Livree hat, so glaubte ich ihn Dir erhalten zu müssen; doch willst Du ihn nicht, so will ich ihn gehen lassen...

Wegen des Bades laß den Mut nicht sinken, es wird gewiß allerliebst, und wenn es auch nichts einbringt, doch der Mühe wert, es geschaffen zu haben. Ich interessiere mich lebhaft dafür, und es ist mein Scherz, wenn ich Dich manchmal damit necke, sowie auch den guten Rehder. Lege nur alles nach Deinem Sinne an, es wird mir gewiß gefallen. Dein Lou

Bettina Brentano an Achim von Arnim

Die Osterbotschaft als Trost für den Geliebten

Als sich der Dichter Achim von Arnim 1805 in Frankfurt aufhielt, um den Druck der Liedersammlung »Des Knaben Wunderhorn« zu betreuen, begann seine Freundschaft zu Bettina Brentano. Sie war die Schwester von Clemens Brentano, mit dem er die Volkslieder gesammelt hatte. Der Briefwechsel mit Bettina (seit 1806) führte zu einer intensiven Zuneigung. Bald vertraute Achim von Arnim ihr seine privaten Empfindungen an. In einem Gedicht, das er ihr am 12. April 1808 geschickt hatte, beschrieb er seine Trauer, nachdem seine Großmutter Caroline von Labes einen Schlaganfall erlitten hatte. Im Hause dieser Großmutter hatte er seine Kindheit verbracht, da seine Mutter kurz nach seiner Geburt gestorben war. In dem Antwortschreiben gab Bettina ihm Trost. Sie erinnerte ihn an die Leiden Christi und die frohe Osterbotschaft. Die standesbewußte Großmutter (sie starb nach langem Leiden am 10. März 1810) hatte für die Liebe des adligen Dichters jedoch kein Verständnis. Aber schon einen Tag nach Ablauf des Trauerjahres, am 11. März 1811, heiratete Arnim Bettina. Sie schenkte ihm sieben Kinder. Erst nach dem Tod ihres Mannes (1831) veröffentlichte Bettina von Arnim ihre eigenen Werke. Das berühmte Buch »Goethes Briefwechsel mit einem Kinde« erschien 1835.

Frankfurt, April 1808

Es sind der Wunden noch keine geheilt, die der Herr um des Menschen willen erlitten hat, es sind der Schmerzen noch keine gestillt, die er um unser Heil getragen hat, und wo ein Herz zu gewinnen, da fließt sein Blut immer noch um dasselbe. Aber die seine Kinder sind, die leiden auch um ihn und wollen ihn trösten, und die so leiden, empfangen Trost von ihm und liegen an seinem Herzen und sind beneidungswert wie die Sterne, die an seinem Firmament glänzen; denn die Anmut Gottes glänzt ihnen ins Antlitz und macht sie lieblich, und darum, so Dir Schmerzen gegeben werden, so achte Dich gewürdigt durch den Herrn, der Dir mitteilen will ein weniges von dem zu schmecken, was er um Deinetwillen genossen hat.

Ach Arnim, wenn das alles sich Deinem Herzen so andrängt, die Freunde zu verlieren, die Deine Kindheit gepflegt haben, die um Dich besorgt waren, oder auch, die Deiner Jugend gleich gelebt haben, so bist Du immer glücklich, daß sich das Band noch im letzten Scheiden noch einmal fest um Dein Herz schlingt, daß Du berechnen kannst, wie wert und teuer, wie reich Dir das Leben durch ihn geworden. Aber da sind Menschen, die nie zum eigentlichen Selbstgefühl ihrer Liebe kommen, denen der Tod ist wie ein Wind, der ihnen den Frühling wegweht, aber sie wissen nicht anders, als daß er im nächsten Jahr wiederkömmt, und trösten sich. Es war eine Zeit, da hab ich ordentlich mit Sehnsucht einer Last begehrt, die ich tragen möchte. –

Es ist mir viel wert, daß Du gern mir Deine Trauer mitgeteilt, ich glaub und hoff für die Ewigkeit, daß meine Liebe zu Dir sich einst noch in Dein Leben einflicht und dasselbe nicht in geringem Maße sich mit meinem besten, heiligsten Willen für Dich vereint. Ich habe diese letzte Zeit über mit mehr Eifer an Dich gedacht, ich bin während der letzten Nächten durch Gedanken an Dich geweckt worden, es haben fromme Gedanken schnell mit Liebe zu Dir in meinem Herzen gewechselt. Bedenk dies all, wenn Du einstens überzeugt sein willst, daß es auch in meinem Gemüt kräftig geblüht hat. Adieu, ich werde unterbrochen, hätte Dir sonst noch viel zu sagen. Bettine. Dein Ausbleiben will ich entschuldigen, es ahndet mir, daß wir uns doch bald und recht froh sehen.

Carl Maria von Weber an Caroline Brandt

Die Nebenbuhlerin Agathe

Carl Maria von Weber war im Dezember 1816 zum Musikdirektor der Deutschen Oper in Dresden ernannt worden. Wenige Wochen nach seiner Ankunft in der sächsischen Hauptstadt begann er mit der Arbeit am »Freischütz«. Agathe, Tochter des Erbförsters Cuno, spielt in der Oper die weibliche Hauptrolle. Die Sängerin Caroline Brandt, Verlobte des Komponisten (am 4. November 1817 wurde das Paar getraut), mußte ihre »Nebenbuhlerin« noch mehrere Jahre erdulden. Erst am 18. Juni 1821 fand die Uraufführung der Oper im königlichen Schauspielhaus von Berlin statt. Webers Sorgfalt hatte sich gelohnt. Die Premiere wurde für ihn ein großer Triumph. Heute gilt »Der Freischütz« als Meisterwerk und Höhepunkt der deutschen Romantik.

Dresden am 28. Mai 1817

Mein vielgeliebter Muks und Schneefuß.

Ich muß heute mit einem schweren Bekenntniß zu dir kommen, welches du wohl nie von deinem Carl erwartet hättest, und doch befiehlt mir meiner eigenen Ruhe wegen mein ehrliebendes Gefühl, dir Alles zu entdecken. Ja, liebe Lina, ich kann es nicht länger bergen, daß mich seit ein paar Tagen eine andere unwiderstehliche Neigung abgehalten hat, dir zu schreiben. Ein Mädchen, dessen Liebreiz ich dir hier nicht zu erzählen im Stande bin, hat mich ganz gefesselt, und mit zwei Worten sey es gesagt, sie ist sogar meine Braut. Doppelt frevelhaft erscheint dieses Vergehen, weil sie auch Braut eines Andern ist. Aber dies Alles hilft nicht nur nichts, sondern kettet mich unbegreiflicher Weise nur noch fester an sie. Ja! ich muß dir Alles entdecken. Nur sie lebt in meiner Phantasie, jeden Augenblick schwebt ihr Bild mir vor. Mit glühender Liebe umfasse ich sie, und auch ihre Gegenliebe scheint mir gewiß, denn sie geht mit mir schlafen und verläßt mich keinen Augenblick. Ja, sie hat ihres Vaters Haus verlassen um mir ganz anzugehören. Giebt es größere Beweise von Liebe? Ich erkenne es aber auch. In ihrer Blöße ist sie zu mir gekommen, ich will sie mit meinem Herzblut nähren, und kleiden mit dem Besten, das ich habe. Sie hat eine unwiderstehliche Neigung zum Theater, und ich will ihr dazu verhelfen, obwohl ich alle Gefahren kenne, die ihr da drohen; O meine geliebte Agathe, wirst du mir treu bleiben, rufe ich oft aus!

Du kennst nun meine ganze Schuld – richte, aber verdamme mich nicht. Wer kann für sein Gefühl, und wenn sie mich ganz umfangen hält, kann ich dann Briefe schreiben? O ich bitte um Verzweiflung! Alle Thränen, die ich für sie weine, fallen wie Schwerenoten auf's Papier – O!! O! – Nun!???

Etsch, Etsch, Etsch!! Es sollte mich sehr wundern, wenn du nicht eine halbe Secunde lang ein ängstliches Gefühl gekriegt hättest! Nun, gieb mir nur Haue, es thut nichts, du thust mir nicht weh, und dann hast du noch gewiß gelacht! – Ja, es ist wahr, Mukin, die verdammte Jägersbraut spukt mir recht im Kopfe, und wie es mir immer geht, wenn ich so eine Riesen-Arbeit vor mir sehe, so verlier ich Anfangs allen Muth und verzweifle fast daran, es zu Stande zu bringen, und komme mir wie ein Ochs vor, dem nichts einfallen will. Es geht aber dann doch immer am Ende, und diese so oft bewährte Erfahrung tröstet mich. Die Oper ist wirklich trefflich geworden durch die neue Bearbeitung. Kurz, gedrängt, schönes Finale und andere Ensemble Stücke, und nun glaube ich, daß in dieser Gattung noch keine existirt. Gott gebe seinen Segen dazu, es sind entsetzliche Aufgaben darin, und mein Kopferl wird mir oft brummen, schadet aber nichts.

Wilhelm Grimm an seinen Bruder Jacob

Zwei Brüder auf der Märchenjagd

Wilhelm Grimm (1786–1859), zusammen mit seinem Bruder Jacob einer der Begründer der germanistischen Wissenschaft, wurde am 24. Februar 1786 in Hanau geboren. Weltgeltung erlangten die Gebrüder durch die Herausgabe der deutschen »Kinder- und Hausmärchen«, die sie nach mündlicher Überlieferung aufzeichneten. In dem Brief an Jacob berichtet Wilhelm von einem Besuch auf Gut Haxthausen im Weserbergland. Die Familie Haxthausen, wie später auch die als »frühreif« beschriebene Dichterin Annette von Droste-Hülshoff, halfen den Brüdern beim Sammeln der Märchen.

Höxter am Donnerstag morgen, 28. Juli 1813

Lieber Jacob, heut abend geht der erste Posttag, wo Du einige Nachricht von mir haben kannst. Daß uns das abscheuliche Wetter am Donnerstag, also gerade heut vor acht Tagen sehr geplagt, wirst Du selbst gedacht haben, es hörte nicht auf, herabzugießen, und die ohnehin schlechten Landwege waren so gefährlich, daß wir ein paarmal mitten im Regen aussteigen mußten, vor Eberschütz hinter Geismar begegnete uns unser Schuldner, der mit dem gelben Kamisol und zeigte uns den Weg, den der Haxthausen auch nicht recht wußte. Dabei fing nun der Kutscher einen ungezogenen Lärm an, wir ließen ihn ganz ruhig bis Bühne oder wie's geschrieben wird noch 8 Stunden von Bökendorf fahren, und als er da erklärte, daß er keinen Schritt weiterwolle, so gab ich ihm 3 Kronentaler und ließ ihn heimfahren; sollte er noch etwas verlangen bei Dir, darfst Du ihm durchaus nichts geben. Zum Glück hatte Haxthausen dort einen Bekannten, der uns, aber spät, weiterfuhr, so daß wir erst etwa nach 8 Uhr ankamen. –

Sie haben mich alle freundschaftlich empfangen und die ganze Zeit behandelt. Es war da eine große Gesellschaft, eine verheiratete Droste-Hülshoff aus Münster mit zwei Mädchen, wovon die älteste, Jenny, was recht Angenehmes und Liebes hatte und dem Riekchen Reichardt außerordentlich ähnlich war. Dann zwei Jungen. Der älteste von etwa 14 Jahren hatte fast ganz dem Riebeling sein Gesicht; dann die Metternich, Frau des hiesigen Präfekten mit 3 Kindern und noch drei Fräulein Haxthausen, wovon ich eine, Karoline noch nicht gekannt hatte.

Ich habe die Zeit angenehm zugebracht, Märchen, Lieder und Sagen, Sprüche usw. wissen sie die Menge; ich habe eine ganz gute Partie aufgeschrieben, eine andere der August (noch zwei andere Brüder waren da, der bekannte Fritz und einer namens Carl, der ihnen nicht gleicht, in der Natur und Ferne dem Clemens ähnlich, in der Nähe aber nicht schön), die er ins reine erst noch schreiben will; selbst die kleinen Metternich haben mir erzählt, auch wieder die Lokalsage vom Kaiser Rotbart. Sodann ist ein Schneider und ein Dienstmädchen abgehört worden. Ich müßte etwa 4–6 Wochen da sein, um alles ruhig und genau aufschreiben zu können, eins stört das andere mit Besserwissen, Gespräch dazwischen usw. Die Fräulein aus dem Münsterland wußten am meisten, besonders die jüngste. Es ist schade, daß sie etwas Vordringliches und Unangenehmes mit ihrem Wesen hat. Es war nicht gut mit ihr fertigwerden. Sie ist mit sieben Monat auf die Welt kommen und hat so durchaus etwas Frühreifes bei vielen Anlagen. Sie wollte beständig brillieren und kam von einem ins andere; doch hat sie mir fest versprochen, alles aufzuschreiben, was sie noch wisse und mir nachzuschicken. Die andere ist ganz das Gegenteil, sanft und still; die hat mir versprochen, zu sorgen, daß sie Wort hält.

Morgen und nachmittag ward sooft es anging geschrieben,

abends gingen wir in den kleinen Park und einen naheliegenden schönen Wald, nach Tisch aber abends ward gesungen bis in die Nacht, die Brüder bliesen Waldhörner und August die Flöte, und die Mädchen sangen; einige Volkslieder haben außerordentlich schöne Melodien. Ich habe oft daran gedacht, daß es Dir doch in einigen Stunden angenehm würde gewesen sein, wenn Du hättest mitgehen können. Sie glauben, Du werdest im Herbst mit August kommen.

Wilhelm

Arthur Schopenhauer an den Verleger Friedrich Brockhaus

Ein Philosoph kämpft um Anerkennung

Im Brockhaus-Verlag war 1819 die philosophische Schrift »Die Welt als Wille und Vorstellung« erschienen. Das Hauptwerk von Arthur Schopenhauer fand nur wenig Beachtung. Den Druck einer um den zweiten Band erweiterten Neuauflage hatte Friedrich Brockhaus, Sohn des Verlagsgründers, zunächst abgelehnt. Durch Schopenhauers Brief wurde er aber doch noch umgestimmt. Die zweite Auflage (1250 Exemplare) erschien im März 1844. Schopenhauer war überzeugt, daß er nun den »Widerstand der stumpfen Welt« besiegt habe. Doch auch diesmal blieb Brockhaus auf der Auflage sitzen. Die Bedeutung Schopenhauers wurde erst Ende des 19. Jahrhunderts erkannt. Sein Werk beeinflußte Philosophen und Künstler wie Friedrich Nietzsche, Richard Wagner und Thomas Mann.

Frankfurt a. M., 17. Mai 1843

Ewr Wohlgeborn haben in Ihrem geehrten Schreiben mir eine ablehnende Antwort erteilt, welche für mich so unerwartet wie niederschlagend ist. Dennoch muß ich die Vorschläge, welche Sie mir wohlmeinend machen, entschieden von der Hand weisen. Allerdings bin ich gewillt, dem Publiko ein Geschenk zu machen, und ein sehr wertvolles: aber für mein Geschenk noch obendrein bezahlen, das will u. werde ich nicht. Ist es mit der offenkundigen Gesunkenheit des Zeitalters wirklich so weit gekommen, daß während Hegelscher Unsinn seine wiederholten Gesamtauflagen erlebt und das hohlste philosophische Geträtsche von hundert Alltagsköpfen, die noch dazu nichts gelernt haben, vom Publiko bezahlt wird, indem ja jede

Messe dergleichen in Fülle bringt, – an mein Werk, welches die Arbeit meines ganzen Lebens enthält, ein Verleger nicht ein Mal die Druckkosten setzen kann; – nun so mag es warten und liegen bleiben, um einst als Posthumum zu erscheinen, wann die Generation gekommen sein wird, die jede Zeile von mir freudig bewillkommen wird: sie wird nicht ausbleiben. Inzwischen sehe ich Jenes alles noch nicht als ausgemacht u. entschieden an: vielmehr will ich fürs Erste kein meiner würdiges Mittel unversucht lassen, um mein mit so viel Liebe und Lust vollendetes Werk auch der Welt zugänglich zu machen. Zuvörderst also biete ich Ihnen jetzt den Verlag des zweiten Bandes allein, ohne zweite Auflage des ersten u. ohne Honorar an; so sehr das auch gegen meinen Wunsch geht. Überdies aber wird dieser Band, der die Konzentration und Quintessenz aller meiner während der letzten 24 Jahre niedergeschriebenen Gedanken enthält, und zwar in meiner bekannten, vom Schuljargon weit entfernten, höchst klaren, lebhaften u. anschaulichen selbst an das Populäre grenzenden Weise, auch für sich allein ganz lesbar und genießbar sein: z. B. etwa das beiläufig 36 Druckseiten füllende Kapitel, welches ›Metaphysik der Geschlechtsliebe‹ überschrieben ist und diese Leidenschaft zum ersten Mal auf ihre letzten, so tief liegenden Gründe zurückführt, wobei das genaueste Détail zur Sprache kommt...

Wenn in Ihrer Umgebung kein Gelehrter von so viel Unparteilichkeit und Einsicht ist, daß er Ihnen den Wert meiner Sachen bezeugen könnte; so bitte ich Sie, nur ein Mal nachzusehn, wie von dem Buche, an welchem Sie ein so schlechtes Geschäft gemacht haben, Jean Paul redet in seiner ›Nachschule zur ästhetischen Vorschule‹ p. 203 der Originalausg.: der ›Bücherschau‹; – oder auch Rosenkranz's Geschichte der Kantischen Philosophie im 12ten Band seiner Ausg.: der Kantischen Werke, wo ich, zwischen Fichte und Herbart, als Philosoph des ersten Ranges meinen gebührenden Platz einnehme; – oder gar im ›Pilot‹ vom Mai 1841, einen Aufsatz

überschrieben ›Jüngstes Gericht über die Hegelsche Philosophie‹, dessen mir völlig unbekannter Verfasser erklärt, ich sei unbedingt der größte Philosoph des Zeitalters und überhaupt so redet, wie sichs eigentlich gebührt. – Bin ich denn danach ein Mann, dessen Sachen nicht die Druckkosten wert sind? – Aber freilich weiß ich sehr wohl, daß der Wert der Dinge nicht mit dem Absatz parallel geht. Dem großen David Hume ging es einst wie mir: von seiner Englischen Geschichte, die noch jetzt, nach 80 Jahren, alle paar Jahre eine neue Ausgabe oder neue Übersetzung erfährt, hatte, wie er selbst berichtet, der Verleger im ersten Jahre 45 Exemplare abgesetzt.
Inzwischen mache ich es Ihnen durchaus nicht zum Vorwurf, daß Sie von Ihrem Standpunkte aus reden, wie ich von dem meinigen. Wechsel auf die Nachwelt sind nicht diskontabel, das weiß ich. Nur bitte ich Sie, jetzt noch ein Mal meinen modifizierten Vorschlag nebst Gründen zu überlegen.
Ihrer gefälligen Antwort entgegensehend bin ich mit vollkommener Hochachtung

Ewr Wohlgeborn
ganz ergebener
Arthur Schopenhauer

A. Schopenhauer an Kommerzienrat Muhl

Der Wille zum Geld

Arthur Schopenhauers Vater, ein Großkaufmann (gest. 1805), hatte der Familie 57000 Taler hinterlassen. Wie Mutter Johanna und Schwester Adele erhielt der Philosoph davon 19000 Taler. Alle drei investierten große Summen in das Danziger Handelshaus Muhl und Abegg. Nach dem Zusammenbruch des Unternehmens 1819 gaben sich die meisten Gläubiger, darunter Johanna und Adele Schopenhauer, mit einer Abschlagzahlung von 30 Prozent zufrieden. Der Philosoph verlangte jedoch die volle Summe von 8000 Talern plus Zinsen, die ihm das Handelshaus schuldete. Muhl, der durch die Züchtung von Merinoschafen wieder liquide werden wollte, bot seine Lebensversicherung als Sicherheit an – der Philosoph wollte Bargeld. Mit Erfolg. Zehn Monate später hatte er den gesamten Betrag erhalten.

Berlin, 22. Mai 1821

Ich finde, daß, wenn ich mich zu Ihrem Vorschlag verstände, ich selbst ein Merinoschaf sein müßte, würdig unter Ihren Herden zu weiden.

Sie sprechen mir von »Sicherheit«, aber Sie zeigen mir keine. Ich kenne keine andere Sicherheit, als gute Hypotheken, und hätten Sie die, so könnten Sie leicht Geld darauf erhalten und mich los werden. Daß Sie leben und daß Sie mich bezahlen, sind zwei ganz verschiedene Dinge, was hilft mir die Lebensversicherung? Ich werde Sie ja doch nicht totschlagen, um bezahlt zu werden. Und kann ich wissen, mit wie vielen Sie vielleicht, wie Sie ja auch mit mir wollten, heimlich zu siebenzig Prozent, in einigen Jahren zahlbar, abgemacht haben! Mit ihnen würde ich dann in Kollision geraten, und es stünde dann wieder schlimm. Daß Sie sowohl wie Herr Abegg wieder prosperieren mögen, ist mein aufrichtiger Wunsch, und es sollte mich von Herzen freuen, es zu vernehmen, nur darf Ihr Glück nicht auf den Trümmern des meinigen erbaut sein. Ihre Kinder werden mir hier noch in brillanten Equipagen vorbeifahren, während ich als alter abgenutzter Universitätslehrer auf der Straße keuche. Glück und Segen dazu, sobald Sie mir nichts schuldig sind. Aber meine Befriedigung ist das letzte Opfer, das Sie zu bringen haben, ehe Sie Ihr neues Wohlsein begründen. Dann mögen Ihnen Himmel und Erde günstig sein.

Ihre gütige Einladung, nach Uhlkau zu kommen, muß ich daher mit Dank ablehnen, solange Sie mein Schuldner sind, denn sonst würde ich, je besser der Empfang wäre, den Sie mir machen, desto mehr mir vorkommen wie der Kaufmann, der den Don Juan im letzten Akt besucht.

Also nun zum Resultat: von der Bezahlung des am siebenundzwanzigsten August fälligen Wechsels können weder Menschen noch Götter Sie retten: das steht unwiderruflich beschlossen.

Ew. Wohlgeboren ergebener Diener
Arthur Schopenhauer

J. v. Eichendorff an Joseph Görres

Die Not des Dichters als preußischer Beamter

Vor 200 Jahren, am 10. März 1788, wurde Joseph Freiherr von Eichendorff auf Schloß Lubowitz bei Ratibor (Oberschlesien) geboren. Durch seine Werke, u. a. die Erzählung »Aus dem Leben eines Taugenichts«, zählt er zu den bedeutendsten Dichtern der deutschen Romantik. Als Student lernte er 1807 in Heidelberg Joseph von Görres kennen. Der Professor für Naturphilosophie und Geschichte, in seiner Jugend ein Anhänger der Revolution, ging 1827 nach München. Dort wurde er Führer der katholischen Erneuerungsbewegung. Dem Dichter, dessen Familie durch unglückliche Geschäfte seines Vaters in Not geraten war, konnte Görres nicht helfen. Bis 1844 mußte Eichendorff der ungeliebten Arbeit als preußischer Beamter nachgehen.

Königsberg, 30. August 1828

In der Hoffnung, daß Euer Hochwohlgeboren sich meiner aus früherer Zeit noch erinnern, wage ich es in einer der wichtigsten Angelegenheiten meines Lebens, mich mit dem vollen Vertrauen der innigsten Hochachtung an Sie zu wenden, und rechne auf Ihre gütige Nachsicht, wenn ich zur notwendigen Vorbereitung meiner Bitte meinen Lebensabriß vorausschicke.

Ich bin katholisch, in Schlesien geboren, habe das katholische Gymnasium in Breslau und dann die Universitäten zu Halle und Heidelberg besucht. Hier hatte ich das Glück, Ihr Schüler zu werden, und bin es mit unwandelbarer Treue geblieben durch Verwandlungen, die seitdem mit mir und mit Ihnen vorgegangen. Späterhin ging ich nach Wien, wo ich angesehene Verwandte hatte, um dort in Staatsdiensten zu treten. Im

Jahre 1813 aber ließ ich alles liegen und stellte mich ungerufen als freiwilliger Jäger zum preußischen Heere, bei dem ich die drei Feldzüge mitmachte und Offizier wurde. Als solcher hatte ich im Jahre 1815 die Freude, Euer Hochwohlgeboren in Aachen auf einen Augenblick wiederzusehen. Unterdessen hatten sich in Wien die Verhältnisse geändert, mein Vater verlor durch allerlei Mißgeschick sein ganzes großes Vermögen, die Kriegswogen verliefen sich wieder, und so blieb ich auf dem Märkischen Sande sitzen.

Ich trat nun auf dem gewöhnlichen Wege als Referendarius bei der Regierung zu Breslau ein und bekam dort behufs des sogenannten großen Examens (zum Rat) das Thema der schriftlichen Probearbeit die Frage auf: »Welche Vorteile und Nachteile sind von der Aufhebung der Landeshoheit der Bischöfe und Klöster für Deutschland zu erwarten?« – Da ich, Gott sei Dank, mein Gewissen und meine Ehre jederzeit höher gehalten habe als meinen Magen, so beantwortete ich diese Frage, die ich mit gutem Grund nur für eine Art von heimlicher Fußangel halten mußte, mit besonderem Fleiß und mit aller nötigen Freimütigkeit und Rücksichtslosigkeit. Aber Gott wandte es anders, als ich dachte. Der Geheime Oberregierungsrat Schmedding in Berlin, selbst ein Katholik, von dessen Existenz ich damals nichts wußte, wurde durch diese Abhandlung aufmerksam auf mich, und durch seine Vermittlung wurde ich einige Zeit darauf zur Bearbeitung der katholischen geistlichen Angelegenheiten in Preußen als Regierungsrat nach Königsberg berufen, wo ich mich noch gegenwärtig befinde.

Euer Hochwohlgeboren kennen indes die preußische Wirtschaft so gut wie ich. Ich habe ehrlich gekämpft, so gut ich's vermag, aber ich bewege mich hier wie in Fesseln, ohne Hoffnung lohnenden Erfolgs, und sehe mit Gewißheit voraus, mich in diesem Verhältnisse nicht lange mehr halten zu können. Auch die Dichtkunst kommt mir läppisch vor in Zeiten, wo der Herr wieder einmal unmittelbar die Sprache der Poesie zu den Völkern redet. Denn so erscheint mir jetzt die tiefe Bewegung, der junge König und das ganze großartige Walten in Bayern, und ich würde keinen Augenblick anstehen, wie im Jahre 1813 ohne weiteres mich den Fechtern, als deren Führer ich Euer Hochwohlgeboren hochverehre, wieder anzureihen, wenn ich jetzt nicht Weib und Kinder hätte, die auch ihre Rechte haben und größere Besonnenheit zur heiligen Pflicht machen.

Ich wage daher zunächst die inständigste und ergebenste Bitte an Euer Hochwohlgeboren, mir gütigst Ihre Meinung darüber mitteilen zu wollen, ob Aussicht für mich vorhanden wäre, möglichst mit gleichem Range und Gehalt wie hier (ich habe hier 1600 Taler) in Bayern angestellt zu werden, und wie ich's zunächst anzugreifen und an wen ich mich zu wenden hätte, um dieses heißersehnte Ziel zu erlangen? Sollte mir auch meine jetzige Wirksamkeit in Angelegenheiten der Kirche nicht angewiesen werden können, wozu dort vielleicht ein Geistlicher erforderlich ist, so bin ich doch durch meine zwölfjährige Dienstzeit bei der Regierung mit allen anderen Zweigen der Verwaltung vollkommen bekannt, und ich würde mich glücklich schätzen, mir überhaupt an der dasigen belebenden Atmosphäre wieder zu eratmen. Über meine Amtstätigkeit würde mir von den hiesigen Behörden das beste Zeugnis nicht versagt werden. Ebenso könnte ich Empfehlungen von dem Fürstbischofe von Ermland, Prinzen von Hohenzollern, dessen Bruder in München Adjutant des Königs ist, beibringen.

Mit einem Wort: mich verlangt endlich nach einer auf das Höchste im Leben gerichteten Tätigkeit, und ich biete einen reinen treuen Willen und meine besten Kräfte, die ich hier in kleinem Kriege nutzlos aufreibe. Und so lege ich denn den sehnlichsten Wunsch meines Lebens vertrauensvoll in Ihre Hände.

Ferdinand Raimund an seine Verlobte

Liebe ohne Erfüllung

Zu Ostern 1819 verliebte sich der Wiener Schauspieler und Komödiendichter Ferdinand Raimund in Antonie Wagner. Er hielt um ihre Hand an. Doch von den Eltern seiner Toni erhielt er die Antwort: »Wir geben unser Kind keinem Schauspieler zur Frau!«
Der enttäuschte Raimund heiratete daraufhin seine Bühnenkollegin Luise Gleich. Die Ehe wurde nicht glücklich. Im Juli 1821 trennte sich das Paar wieder. Noch während seiner Ehe hatten sich Raimund und Toni Wagner heimlich getroffen. Vor der Mariensäule in Neustift versprachen sie sich im September 1821 ewige Treue.
Raimund hat dieses Gelübde nie gebrochen, obwohl er seine Geliebte häufig nur hinter den Fenstern des Kaffeehauses ihrer Eltern sehen konnte. In seinem Brief beschwerte er sich, daß sie ihm nicht einmal eine Nachricht zukommen ließ, während er an seiner Komödie »Der Bauer als Millionär« arbeitete.
Weil er befürchtete, ein tollwütiger Hund habe ihn gebissen, nahm sich Ferdinand Raimund 1836 das Leben. Alleinerbin wurde Toni Wagner. Sie überlebte den Dichter um 43 Jahre.

1826

Liebe, gute Toni!
Damit Du siehst, daß ich nicht so lange zürnen kann wie Du, so beantworte ich Dir Deinen Brief augenblicklich, obwohl ich recht böse bin und es noch mehr sein sollte. Ich ehre Deinen Schmerz, aber kannst Du im Kaffeehaus sein und am Fenster, so kannst Du auch schreiben, so wie ich sehr bedaure, daß Du glauben mußt, in einem Lande zu leben, wo

keine Parapluies und keine Schnürstiefel für Frauenzimmer existieren, daß man bei einem mäßigen Regen doch in die Kirche gehen kann. Wenn Du mich vergebens erwartet hast, so konntest Du Dir wohl denken, daß etwas Außerordentliches vorgefallen sei, denn Du hast gewiß noch keinen Beweis, daß ich Dich vergebens warten ließ, und da ich es Dir an der Stelle berichtete, so war es Deine Schuldigkeit, einige Zeilen darüber mir zurückzusenden. Übrigens wirst Du wohl schon gehört haben, daß ich seit zehn Tagen in einem fort an einem Stück arbeite, womit ich nun schon bald fertig bin und mir kaum Zeit zum Essen nehme, und da hättest Du mich doch mit ein paar Zeilen erfreuen können. Doch weißt schon, daß ich recht innig liebe, wenn Du auch immer das Gegenteil schreibst; aber Du behandelst Deinen Ferdinand nicht ganz mit der Liebe, als ich es von Dir hoffte. Daß Du meine Aufmerksamkeit mit meiner Kunst teilen mußt, ist sehr natürlich, und mit dieser Nebenbuhlerin wirst Du Dich doch vertragen können, und es wird Dir doch lieber sein, als wenn Du einen Menschen hättest, der den ganzen Tag bei Dir steht und über andere Leute schmält, statt daß er selbst etwas dem Urteil preiszugeben wagt. Ich lasse mich nie von einer Bahn abbringen, die ich freiwillig betrete, denn ich betrete sie nicht, wenn nicht mein Genius mich hingeleitet hat. Jetzt habe ich Dir den Text gelesen, und jetzt bin ich wieder gut, küsse Dich zehntausendmal als meine liebe, gute Toni und verspreche

Dir ewig zu bleiben
Dein Ferdinand
Haus- und Wirtschaftsdichter

Franz Grillparzer an Auguste von Bischoff

Die Gönnerin und ihre Festüberraschung

An seinem Beruf als Beamter hatte Franz Grillparzer keine Freude. In seiner Freizeit zog er sich in die Welt der Phantasie zurück und schuf ein umfangreiches dramatisches Werk. Seine erste Tragödie (»Die Ahnfrau«; 1817) eroberte auf Anhieb fast alle deutschsprachigen Bühnen. Auch mit den folgenden Dramen (u. a. »Sappho«; »Das goldene Vließ«) war er noch sehr erfolgreich. Als aber 1838 sein Lustspiel »Wehe dem, der lügt« vom Wiener Publikum gnadenlos ausgepfiffen wurde, verzichtete er auf die Veröffentlichung weiterer Stücke. Er lebte zurückgezogen in einer kleinen Wohnung in der Wiener Spiegelgasse. Ab 1863 kümmerte sich die Schriftstellerin Auguste von Littrow-Bischoff um den vergessenen Dichter. Ihrem Einsatz verdankte Grillparzer, daß er in seinen letzten Lebensjahren noch zu zahlreichen Ehrungen kam.

Wien, am 25. Dezember 1866

Hochverehrte gnädige Frau!

Ich saß trübsinnig und einsam in meinem Lehnstuhl – es hatten mir zwar meine Hausfräulein einen armseligen Weihnachtsbaum in einem Gartengeschirr mit etwas Zuckerwerk behangen bereits gespendet, der freilich durch Liebe und Herzlichkeit unschätzbar wurde – aber das war vorbei und ich saß wieder, mir die trüben Gedanken durch Gedankenlosigkeit vertreibend. Da wird ein Riesenbaum gebracht, behangen mit allen Gütern der Welt. Und von wem? Sollte es die Austria sein, deren Bild wir täglich auf den Banknoten und Blankozetteln verehren? Oder der Ministerpräsident, der eingesehen hat, daß man von Titeln und Orden nicht fett wird? Ich erblicke einen Brief, erbreche ihn. Sie sinds.

Nicht als ob ich nicht so unzählige Beweise Ihrer Teilnahme empfangen hätte, aber daß an dem Tage, der der häuslichen Freude gewidmet ist, Sie sich meiner erinnert hatten, das überraschte mich. Haben Sie von allen Österreichern allein (ein so) langes Gedächtnis, daß Sie sich der Zeit erinnern, wo ich noch etwas wert war, oder ist es ein so unbezähmbarer Hang zum Wohltun und Beglücken, daß Sie geben und geben, ohne zu fragen wem? So der Baum, nun erst die Früchte! Zuckerwerk, Äpfel, mir keine Unbekannten, Teebrot, wie es Goethe zu essen pflegte, der mitunter etwas Schlechtes schrieb, aber nie etwas Schlechtes aß. Die Photographie der Wolter, mir höchst schätzbar, da ich sie nie mit Augen gesehen habe. Ein Kalender, unentbehrlich, um den Tag zu wissen, an dem man seine Pension behebt und mir das Schätzbarste an der Astronomie, die ich sonst nicht leiden kann, da sie die artigen Sterne, ja Sonne und Mond so unermeßlichen Maßen anschwellt, daß mir Sehen und Hören vergeht.

Nun sogar ein Fasan! der, nachdem er aus seinem poetischen Waldleben durch Pulver und Blei in den prosaischen Tod versetzt worden ist, durch Kochen und Braten wieder in idealischen Zustand versetzt werden kann; kein verächtliches Bild für unser Schicksal nach dem Tode.

Wie soll ich alles nennen? Wem soll ich allen danken? Ihnen, Ihren vortrefflichen Töchtern, Ihrem Gemahl, der den Kalender gemacht hat und um meinetwillen einen Fasan weniger zu essen bekommt. Allen? und Gott vergelts.

Ergebenst Grillparzer

John Keats an Fanny Brawne

Liebe und Entsagung

John Keats, einer der bedeutendsten englischen Lyriker, wurde am 31. Oktober 1795 in London geboren. Im Dezember 1818 begegnete er Fanny Brawne. Der Dichter verliebte sich in das erst 17 Jahre alte Mädchen, das seine Liebe erwiderte. An eine gemeinsame Zukunft wagte Keats nicht zu denken. Er litt an Lungentuberkulose und ahnte seinen frühen Tod voraus. Die Angst, daß seine Freundin sich einem anderen Mann zuwenden könnte, plagte ihn auch in dem Seebad Kentish Town, wo er im Sommer 1820 Erholung suchte. Wenige Wochen nachdem er ihr diesen Brief geschickt hatte, sah er Fanny Brawne zum letzten Mal. Sie bot sich an, ihn zu heiraten. Doch Keats lehnte ab. Am 23. Februar 1821 starb er in Rom.

Kentish Town, 1820

Mein geliebtes Mädchen!
Ich habe heute morgen mit einem Buch in der Hand einen Spaziergang gemacht, aber, wie gewöhnlich, habe ich mich nur mit Dir beschäftigt – ich wünschte, ich könnte sagen: auf eine angenehme Weise. Ich werde bei Tag und bei Nacht gequält. Sie sprechen davon, ich solle nach Italien reisen. Eins ist gewiß: ich werde mich niemals erholen, wenn ich so lange von Dir getrennt bleiben muß. Und doch, bei all meiner Liebe zu Dir kann ich mich nicht dazu bringen, Dir zu vertrauen.
Frühere Erfahrungen in Verbindung mit der Tatsache meiner langen Trennung von Dir bereiten mir Qualen, über die man schwer reden kann. Ich bin buchstäblich zu Tode erschöpft – und darin allein scheint sich mir eine Zuflucht zu eröffnen.

Ich kann nicht vergessen, was geschehen ist. Was? Nichts für einen Mann der Welt, für mich aber etwas Furchtbares.
Ich will mich so weit wie möglich davon freimachen. Als Du noch mit Brown flirtetest, hättest Du ein Ende gemacht, hätte Dein Herz nur halb so viel Qualen gespürt wie meins. Brown ist ein guter Kerl – er wußte nicht, daß er mich zollweise zu Tode marterte. Ich fühle noch jetzt die Wirkung jeder einzelnen dieser Stunden in meiner Seite; und aus diesem Grund – wenn er mir auch viele Dienste erwiesen hat, wenn ich auch die Liebe und Freundschaft, die er mir entgegenbringt, kenne, wenn ich auch in diesem Augenblick ohne seine Hilfe völlig mittellos wäre – will ich ihn nie wieder sehen und nie mehr mit ihm sprechen, solange wir nicht alte Männer sind – wenn wir das je werden. Ich will es übelnehmen, daß mit meinem Herzen Fußball gespielt wurde.
Du bist für mich etwas äußerst Begehrenswertes – die Luft in einem Zimmer, in dem Du nicht bist, ist für mich ungesund. Ich bin für Dich nicht dasselbe – nein – Du hast tausenderlei vor, Du kannst ohne mich glücklich sein. Jede Gesellschaft, alles, womit man den Tag ausfüllen kann, hat Dir genügt.
Frage Dich selber, wie viele unglückliche Stunden Keats Dir in der Einsamkeit verursacht hat. Was mich angeht, so bin ich die ganze Zeit ein Märtyrer gewesen; und aus diesem Grunde spreche ich; das Geständnis wird mir durch die Tortur erpreßt.
Ich flehe Dich an bei dem Blut jenes Christus, an den Du glaubst: Schreibe mir nicht, wenn Du in diesem Monat irgend etwas getan hast, was mir Schmerz bereitet haben würde, hätte ich es gesehen. Du kannst Dich geändert haben – hast Du es nicht – benimmst Du dich noch immer so in Tanzsälen und an anderen Orten der Geselligkeit, wie ich Dich gesehen habe – dann wünsche ich nicht mehr zu leben. Hast Du es getan, dann wünsche ich, daß die kommende Nacht meine letzte sei.
Ich kann ohne Dich nicht leben – und nicht, ohne daß Du rein

bist, tugendhaft bist. Die Sonne geht auf und wieder unter, der Tag verfließt, und Du folgst gedankenlos der Neigung, wohin sie Dich treibt – Du hast keinen Begriff von dem Umfang der Leiden, die ich an einem einzigen Tag durchmache. – Nimm die Sache ernst! Mit der Liebe spielt man nicht – und noch einmal: schreibe nicht, wenn Du es nicht mit einem kristallklaren Gewissen tun kannst. Ich möchte lieber sterben, weil ich Dich entbehren muß, als – – –

Der Deine auf immer
J. Keats

H. Heine
an Moses Moser
Nöte in Hamburg

Schon als junger Kaufmann hatte Heinrich Heine 1819 in Hamburg Bankrott anmelden müssen. Nach einem Jura-Studium wollte er sich 1825 als Anwalt in der Hansestadt niederlassen. Doch wieder scheiterten alle Bemühungen, in Norddeutschland eine bürgerliche Existenz aufzubauen. In diesem schwierigen Lebensabschnitt war Moses Moser, ein Studienfreund aus Berlin, der Hauptempfänger seiner Briefe. Der Aufenthalt in Hamburg wurde am Ende doch nicht so deprimierend, wie es in dem Brief anklang. Im Januar 1826 schloß er mit dem Verleger Julius Campe einen Vertrag über die Veröffentlichung seiner »Reisebilder« ab, die in vier Teilen bis 1831 erschienen. Heine konnte dadurch ein Leben als freier Schriftsteller führen.

Verdammtes Hamburg
d 14 Dez. 1825.

Theurer Moser! Lieber gebenedeiter Mensch!

Da sitz ich nun auf der Abcstraße, müde vom zwecklosen Herumlaufen, Fühlen und Denken, und draußen Nacht und Nebel und höllischer Spektakel, und groß und klein läuft herum nach den Buden, um Weihnachtsgeschenke einzukaufen. Im Grunde ist es hübsch, daß die Hamburger schon ½ Jahr im Voraus dran denken wie sie sich zu Weihnachten beschenken wollen. Auch du lieber Moser sollst dich über meine Knickrigkeit nicht beklagen können, und da ich just nicht bey Casse bin und dir auch kein ordinäres Spielzeug kaufen will, so will ich dir etwas ganz apartes zum Weihnacht schenken, nemlich das Versprechen: daß ich mich vor der Hand noch nicht todtschießen will.

Wenn du wüßtest was jetzt in mir vorgeht, so würdest du einsehen, daß dieses Versprechen wirklich ein großes Geschenk ist, und du würdest nicht lachen, wie du es jetzt thust, sondern du würdest so ernsthaft aussehen wie ich in diesem Augenblick aussehe . . .

Lebe wohl, schreib mir bald Antwort, und sey überzeugt daß ich dich liebe und sehr verdrießlich bin.

Dein ganzer Freund
H. Heine.

Heinrich Heine
an Karl August Varnhagen

Freund in der Not

Der Dichter Heinrich Heine litt an Rückenmarkschwindsucht. Er starb nach langem Leiden am 17. Februar 1856 in Paris. Einer der wenigen Freunde während seiner letzten Lebensjahre war der Diplomat Varnhagen von Ense. Der Dichter bat ihn um Vermittlung in seinem Familienstreit um das Erbe seines reichen Onkels Salomon Heine. In dem Versepos »Atta Troll« – das letzte Kapitel widmete er Varnhagen – beschrieb Heine sich selbst als »letztes Geschöpf der Romantik«. Der junge Bote, der Heines Lage mündlich schildern sollte, war Ferdinand Lassalle, Begründer der deutschen Sozialdemokratie.

Paris, 3. Januar 1846

Theuerster Varnhagen!
Es ist dieses der erste Brief, den ich in diesem neuen Jahre schreibe, und ich beginne ihn mit dem heitersten Glückwunsch. Möge in diesem Jahre leibliches wie geistiges Wohlseyn Sie beglücken! daß Sie von körperlichen Leiden oft niedergedrückt, höre ich mit großer Betrübniß. Ich hätte Ihnen gern zuweilen ein tröstendes Wort zugerufen, aber Hekuba ist eine schlechte Trösterin.
Mir ging es nemlich in der jüngsten Zeit spottschlecht und das Schreiben selbst erinnert mich beständig an mein körperliches Mißgeschick: ich kann kaum meine eigene Schriftzüge sehen, indem ich ein ganz geschlossenes und ein bereits sich schließendes Auge habe, und jeder Brief mir eine Pein! Ich ergreife daher mit innigster Freude die Gelegenheit, Ihnen durch einen Freund mündlich Nachrichten von mir zukommen zu lassen, und da dieser Freund eingeweiht ist in allen

meinen Nöten, kann er Ihnen umständlich mittheilen, wie entsetzlich mir von meinen nächsten Sippen und Magen mitgespielt worden, und was etwa in dieser Beziehung noch für mich zu thun wäre.
Mein Freund, Herr Lassalle, der Ihnen diesen Brief bringt, ist ein junger Mann von den ausgezeichnetsten Geistesgaben: mit der gründlichsten Gelehrsamkeit, mit dem weitesten Wissen, mit dem größten Scharfsinn, der mir je vorgekommen ... Herr Lassalle ist nun einmahl so ein ausgeprägter Sohn der neuen Zeit, der nichts von jener Entsagung und Bescheidenheit wissen will, womit wir uns mehr oder minder heuchlerisch in unserer Zeit hindurchgelungert und hindurchgefaselt. – Dieses neue Geschlecht will genießen und sich geltend machen im Sichtbaren; wir, die Alten, beugten uns demüthig vor dem Unsichtbaren, haschten nach Schattenküssen und blauen Blumengerüchen, entsagten und flennten und waren doch vielleicht glücklicher, als jene harten Gladiatoren, die so stolz dem Kampftode entgegengehen.
Das tausendjährige Reich der Romantik hat ein Ende, und ich selbst war sein letzter und abgedankter Fabelkönig. Hätte ich nicht die Krone vom Haupte fortgeschmissen, und den Kittel angezogen, sie hätten mich richtig geköpft. Vor vier Jahren hatte ich, ehe ich abtrünnig wurde von mir selber, noch ein Gelüste mit den alten Traumgenossen herumzutummeln im Mondschein – und ich schrieb den Atta Troll, den Schwanengesang der untergehenden Periode, und Ihnen habe ich ihn gewidmet. Das gebührte Ihnen, denn Sie sind immer mein wahlverwandtester Waffenbruder gewesen, in Spiel und Ernst; Sie haben gleich mir die alte Zeit begraben helfen und bey der neuen Hebammendienst gleistet – ja, wir haben sie zu Tage gefördert und erschrecken. Es geht uns wie dem armen Huhn, das Enteneyer ausgebrütet hat und mit Entsetzen sieht, wie die junge Brut sich ins Wasser stürzt und wohlgefällig schwimmt.
Ich bin durch Buchhändler-Vertrag verpflichtet, den Atta

Troll herauszugeben, das soll in einigen Monaten geschehen, mit Vorsicht, damit man mir nicht den Prozess macht und mich köpft.
Sie merken, theurer Freund, wie vague, wie ungewiß mir zu Muthe ist. Solche schwachmatische Stimmung ist jedoch zumeist in meiner Kränklichkeit begründet... Der Verrath, der im Schooße der Familie, wo ich waffenlos und vertrauend war, an mir verübt wurde, hat mich wie ein Blitz aus heiterer Luft getroffen und fast tödtlich beschädigt...
Ja, ich bin sehr körperkrank, aber die Seele hat wenig gelitten; eine müde Blume ist sie ein bischen gebeugt, aber keineswegs welk und sie wurzelt noch fest in der Wahrheit und Liebe.
Und nun leben Sie wohl, theurer Varnhagen; mein Freund wird Ihnen sagen, wie viel und wie unaufhörlich ich an Sie denke, was um so begreiflicher, da ich jetzt gar nicht lesen kann, und bey den langen Winterabenden nur von Erinnerungen mich erheitere.

Heinrich Heine

Alexander Puschkin an Baron van Heeckeren

Alexander S. Puschkin (1799–1837) berühmt durch seine Novellen (u. a. »Pique Dame«), heiratete 1831 in Moskau die 18jährige Natalja Gontscharowa. In Petersburg, wo ihn Zar Nikolaus I. 1833 zum Kammerjunker ernannte, sorgte die Schönheit seiner jungen Frau für Aufsehen. Gardeoffizier Georges d'Anthes machte ihr offen den Hof. Puschkin schrieb an dessen Adoptivvater, den niederländischen Gesandten Baron van Heeckeren. Dadurch kam es zum Duell. Am 27. Januar 1837 wurde Puschkin von d'Anthes erschossen.

St. Petersburg, 21. November 1836.

Baron!

Erlauben Sie mir, in aller Kürze die Dinge, wie sie sich abgespielt haben, zu rekapitulieren. Längst war mir das Benehmen Ihres Sohnes bekannt geworden und nahm mir die Möglichkeit, gleichgültig zu bleiben. In der Absicht, erst im Bedarfsfalle zu handeln, begnügte ich mich zunächst mit der passiven Rolle des Beobachters. Ein Zufall, wie man ihn sonst unter anderen Umständen als Unannehmlichkeit verzeichnet hätte, enthob mich dieser passiven Rolle: Ich erhielt anonyme Briefe, sah ein, daß der Augenblick des Handelns gekommen sei, und habe diesen Augenblick wahrgenommen. Das Übrige ist Ihnen wohl bekannt.

Ich habe Ihrem Sohne eine so jämmerliche Rolle aufgezwungen, daß meine Frau, erstaunt über die Abgeschmacktheit seines Benehmens, sich des Lachens nicht enthalten konnte. Die Aufregung, die sich angesichts dieser Raserei ihrer zunächst bemächtigt hatte, ist nun einer ganz ruhigen und wohlverdienten Verachtung gewichen. –

Sie gestatten, Baron, mir inzwischen die Feststellung, daß Ihre eigene Rolle in dieser Angelegenheit nicht übermäßig anständig gewesen ist. Sie, als beglaubigter Vertreter eines gekrönten Staatsoberhauptes, waren der Kuppler Ihres eigenen Bastardes, um sein im Übrigen ziemlich ungeschminktes Benehmen dürfte von Ihnen selbst gelenkt worden sein. Sie haben ihm seine erbärmlichen Liebeserklärungen sowie alle seine schriftlichen Niederträchtigkeiten souffliert! Wie einem liederlichen Frauenzimmer haben Sie meiner Frau in allen Ecken aufgelauert, um ihr von der Liebe Ihres Sohnes zu erzählen, und noch während er zu Hause seine Geschlechtskrankheit auskurierte, machten Sie ihr weiß, »daß er aus Liebe zu ihr im Sterben läge« und murmelten ihr zu, »gib mir meinen Sohn zurück«. Die werden wohl verstehen, daß ich nach Allem weitere Beziehungen zwischen meiner und Ihrer Familie nicht dulden konnte. Nur unter dieser Bedingung war ich bereit, diese schmierige Angelegenheit auf sich beruhen zu lassen, und Sie nicht, wie es wohl mein gutes Recht gewesen wäre und zunächst auch meine Absicht gewesen ist, bei Hofe bloßzustellen. Ich will aber nicht, daß meine Gattin Ihren väterlichen Ermahnungen zuzuhören hat, ich kann nicht dulden, daß nach seinem ekelhaften Benehmen Ihr Sohn sich auch noch die Unverschämtheit leistet, weiterhin mit meiner Frau zu sprechen, ihr den Hof zu machen, ihr Kasernengeschichten und -witze zu erzählen und den zärtlich ergebenen und unglücklich Verliebten zu spielen, während er doch nichts anderes als ein Schurke und Taugenichts ist. Ich sehe mich also gezwungen, Sie um Abstellung all dieser Praktiken zu bitten, sofern Sie einen Skandal, vor dem ich nie und nimmer zurückweichen werde, zu vermeiden wünschen.

Ich habe die Ehre, zu sein
Alexander Puschkin.

Helmuth Graf von Moltke an die Mutter

Karriere eines Militärs in Preußens Armee

Graf Helmuth von Moltke (1800–1891) wurde 1857 Chef des Generalstabes der preußischen Armee. Unter seiner Führung gelang dem preußischen Heer am 3. Juli 1866 der Sieg gegen Österreich in der Schlacht bei Königgrätz. 1870/71 führte er die deutschen Truppen zum Erfolg im Krieg gegen Frankreich.
Bei seinen Kameraden galt der große Militärstratege als schweigsam und verschlossen. In den Briefen an seine Mutter schilderte er aber sehr temperamentvoll seine Erlebnisse, Sorgen und Erfolge. Bis zu ihrem Tod (1837) schrieb er ihr regelmäßig. Henriette von Moltke, geb. Paschen, eine Kaufmannstocher aus Lübeck, verbrachte ihre letzten Lebensjahre in Schleswig. Dort freute sie sich über die Informationen von den gesellschaftlichen Ereignissen am Hofe von König Friedrich Wilhelm III. Finanziell konnte sie ihren Sohn nicht unterstützen. Mit Nachtarbeit – u. a. übersetzte er die 6000 Seiten der »Geschichte des römischen Reiches« von Edward Gibbon aus dem Englischen ins Deutsche – besserte er seinen Sold auf. Die in dem Brief angesprochene Beförderung erfolgte am 30. März 1833. Moltke wurde in den Generalstab versetzt und zum Premierleutnant ernannt.

Berlin, den 8. Februar 1833

Liebe Mutter!
Mit großer Freude habe ich Deinen lieben Brief vom 23. und alle die guten Nachrichten erhalten, welche er enthielt. Was mich betrifft, so geht es mir gut. Ich bin von früh bis spät – ich kann sagen abwechselnd mit Geschäften und Vergnügungen beschäftigt, denn diese werden während des Karnevals als sehr ernste Angelegenheiten behandelt. Fast ohne es zu wol-

len, bin ich in den Strudel der großen Gesellschaft hineingeraten, der einen so leicht nicht wieder losläßt. Die verschiedenartigste Tätigkeit erfüllt den Tag. Morgens arbeite ich an einer Beurteilung der strategischen Verhältnisse des Thüringer Waldes oder der geschichtlichen Bearbeitung des Feldzuges 1762, der Vormittag ist den Bureaugeschäften gewidmet, mittags gilt es, sein Pferd auf der Promenade zu produzieren, welche während der schönen Tage, die wir jetzt haben, wirklich glänzend ist. Die schönsten Pferde, die Menge von Uniformen und Equipagen und das dichte Gedränge der geputzten und vornehmsten Damenwelt machen dies sehr unterhaltend.

Nach Tische (von Zeit zu Zeit schlafe ich aber darüber ein) treibe ich das Studium der Nationalökonomie, obwohl meine eigene mir schon genug zu schaffen macht. Abends stellt sich der Friseur ein, der mir das Haar in die geschmackvollsten Formen bringt, und um 8 Uhr ist Ball bei diesem Prinzen oder jenem Minister. Hier bleibe ich dann nur gerade so lange, als ich angenehme Engagements finde, und oft werden vor dem Schlafengehen noch einige Seiten aus dem Gibbon übersetzt. In den letzten vierzehn Tagen bin ich auf elf Bällen gewesen, habe auf jedem, solange ich da war, alle Tänze getanzt und befinde mich gut dabei.

Vorigen Sonnabend war ich zum König zum déjeuner dansant befohlen. Diese Gesellschaften sind klein und erlesen, und man kann sich's als Auszeichnung schätzen, dazugezogen zu werden. Es ist eine seltsame Mode; um 11 Uhr fährt man hin, tanzt einen Walzer, und nun gehen die Herren in einen, die Damen in den anderen Saal, jeder erhält eine sehr hübsche Blume (gemachte), führt die Dame, welche dieselbe Blume erhalten, an den mit der Blume dekorierten Tisch. Das sogenannte Frühstück ist aber ein Mittagessen mit allen Schikanen, mit Schildkrötensuppen, Austern, Kaviar, Trüffelpasteten und anderen glücklichen Mischungen der Kochkunst und den angemessenen Flüssigkeiten. Alles geht darauf in einer großen Polonäse in den Tanzsaal, wo nun ein förmlicher Ball anfängt, der später bei Kerzenlicht bis 8 Uhr fortgesetzt wird, wo der Hof ins Theater fährt. Du kannst Dir denken, was für soignierte Toiletten gemacht werden, wo sie den prüfenden Blick bei Sonnenlicht bestehen sollen. Jetzt wird das Treiben nun aber bald ein Ende haben; die fremden Herrschaften reisen schon ab. Heute über vier Wochen, am 30. März, wird bei der Parole befohlen werden, ob ich in den Generalstab einrangiert werde oder nicht; ich darf indessen hoffen, Dir die günstigere Nachricht zu melden. Diese Einrangierung ist mit einer ziemlich beträchtlichen Gehaltserhöhung aber auch mit einer kostbaren Equipierung verknüpft. Die Uniform ist eine der hübschesten und kostbarsten, die wir haben. Sie ist blau, mit karmoisinrotem Kragen und Aufschlägen mit Silber gestickt, Hut mit weißer Feder, Degen, silberner Schärpe und Epauletts.

Albert Lortzing an Philipp Jakob Düringer

Die Not des Komponisten

Albert Lortzing, berühmt durch Opern wie »Zar und Zimmermann« und »Der Wildschütz«, fand zu Lebzeiten wenig Anerkennung. Seine Werke wurden zwar oft gespielt; das Geld für die Aufführungsrechte bekam er selten. Auch seine Gehälter als Kapellmeister in Leipzig, Wien und Berlin reichten fast nie aus, um die große Familie (Lortzing hatte sechs Kinder) zu versorgen. Der Schauspieler und Regisseur Philipp Jakob Düringer, Lortzings erster Biograph, schrieb nach dem Tod des Komponisten folgenden Grabspruch: »Sein Lied war deutsch und deutsch sein Leid. Sein Leben Kampf mit Not und Neid. Das Leid flieht diesen Friedensort. Der Kampf ist aus, sein Lied tönt fort.«

Berlin, 1. August 1850

Mein liebes, liebes Bruder!
Ich führe jetzt ein Leben, in welchem du mich nicht wiedererkennen würdest; von einer Kneipe – du weißt, das war früher zuweilen meine Passion – ist keine Rede mehr. Wie heißt das Lied in der klassischen Oper »'s hat alles seine Ursach?« Ja, ja, mein liebes Bruder, es hat auch wirklich seine Ursach, und damit du nicht wieder schimpfst, weil ich dir kein Vertrauen geschenkt, so gestehe ich dir, was ich noch keinem gestanden, daß ich durch die letzten verhängnisvollen Jahre, das viele Übersiedeln, die mehrfache Engagementslosigkeit und hauptsächlich durch den seit drei Jahren gänzlich von mir gewichenen Opernsegen, so verarmt bin – so verarmt, daß Deutschland derob erröten könnte, wenn es anders Scham im Leib hätte.
Gott weiß es und die Meinigen, ich habe immer gearbeitet,

aber ich habe seit drei Jahren mit drei neuen Opern Pech gehabt, das heißt: es ist keine durchgefallen, aber sie haben halt das nicht gemacht, was man von mir erwartete, und die Herren Intendanten, Direktoren und Oberregisseure, wenn sie nicht gleich Erfolge wie die das »Freischützen«, oder auch eines »Czar und Zimmermann«, wittern, lassen den deutschen Komponisten im Stiche – weil es eben ein Deutscher ist. Wie wurde und wird gleich nach französischen Opern geangelt! Welche Honorare hat sich hier Herr Bote und Bock für die Halévy'sche Oper »Das Tal von Andorra« zahlen lassen, und die Oper hat nirgendwo etwas gemacht. – O, entstände doch nur einmal eine Revolution beim Theater!! – gleich den Mördern Latours und Lambergs würde ich Hand anlegen und die oben genannten Herren aufknüpfen helfen – bei dir würde ich aus alter Freundschaft vielleicht – aber auch nur vielleicht – eine Ausnahme machen!...
Also um wieder auf meine zerrütteten Finanzen zu kommen, ja, liebes Bruder, mir geht's wie dem Robert: »er hat nichts mehr« – nur mit dem Unterschied, daß ichs nicht wie jener verspielt habe. Mein bißchen Erspartes ist dahin, mein bißchen Silber und Pretiosen schon seit lange versetzt: nebstbei schulde ich noch etliche Hunderte in Leipzig. Meine kleine Gage beträgt (ohne Benefiz) 600 Taler und reicht natürlich kaum für den Magen aus; auch auf diese habe ich Vorschuß nehmen müssen, der mir wieder in Raten abgezogen wird. Ich darf dir zuschwören, daß es mir manchmal am Notwendigen fehlt – zum Versetzen habe ich nichts mehr und kann mich doch vor der Welt nicht bloß geben, weil ich mich schäme – für die Welt! ich arbeite nur für die Verleger, werde von diesen getreten und – muß mich treten lassen.
In solcher Verfassung befinde ich mich, mein liebes Bruder. Daß ich so leben muß, wie ich lebe, kümmert mich nicht, ich kann Gott sei Dank entbehren und könnte auch bei einem Glase Weißbier kreuzfidel sein; – nur daß mein gutes Weib sich darob so härmt, ohne der Hoffnung Raum zu geben, daß

es besser werden könnte, das betrübt mich tief. In solchen Momenten versuche ich es, ihr die Schicksale anderer vor Augen zu führen, die in mancher Beziehung übler daran sind als wir; das wirkt dann – für den Moment ...
Gewöhnlich pflegt man mit fröhlichen Berichten zu schließen, ich kann aber nicht unterlassen, dir noch einen traurigen zu erstatten, es ist der Tod unseres Freundes E...; die Nachricht berührte mich um so schmerzlicher, als der gute Kerl mir noch vor vier Monaten einen langen, schönen Brief – seine Gesundheit darin preisend – schrieb, und ich ihm – wie das so kommt – die Antwort schuldig blieb. – Ihm ist wohl!

»Das arme Herz hienieden –
Von manchem Sturm bewegt –
Erlangt den wahren Frieden
Nur – wenn es nicht mehr schlägt!«

Diesen schönen Vers aus dem Gesangbuche habe ich schon seit etlichen Jahren über meinem Schreibtisch angeklebt – weil er mir so gefällt!! ... Und jetzt, mein liebes Bruder, vale! Was ich dir über meine Verhältnisse geschrieben –

Leg es in deines Busens treuen Schrein hinein;
Der Welt brauchts nicht bekannt zu sein.
Es brächte mir ja doch nichts ein! –
Grüß mir die brave Hausfrau dein,
Gott möge Heilung ihr verleih'n.
Daß du noch manches Jährelein
Dich mögst mit ihr des Lebens freun'n!
Viel Grüße auch von allen mein!
Dein treuer Albert Lortzing

Wilhelm Hauff
an den Freund Moriz Pfaff

Das kurze Glück eines Märchendichters

Wilhelm Hauff (1802–1827), in Stuttgart geboren, studierte in Tübingen evangelische Theologie. Erst nach dem Doktorexamen (1824) begann seine schriftstellerische Tätigkeit. Innerhalb von drei Jahren veröffentlichte er drei Romane, drei Märchensammlungen (u. a. »Das Wirtshaus im Spessart«) und zehn Novellen. Im Januar 1827 übernahm er die redaktionelle Leitung der literarischen Zeitschrift »Morgenblatt für die gebildeten Stände«. Nun hatte er eine sichere Stellung und konnte seine Kusine Luise heiraten.
Das Glück, das er seinem Studienfreund Moriz Pfaff schilderte, währte nur wenige Monate. Im Herbst 1827 erkrankte der Dichter. Er starb am 18. November im Alter von 25 Jahren an dem von den Ärzten als »Nervenfieber« bezeichnetem Leiden.

Stuttgart, 18. Februar 1827

Mein Moriz! Ich habe viele Bilder in diesem Leben gesehen, gedacht, auch wohl erfunden und niedergeschrieben, aber keines hat mir so gefallen wie ein »Stilleben«, das ich Dir beschreiben will. Denke Dir ein kleines (warmes) Stübchen; es ist tief am Abend und die Kerze auf dem runden Tisch beinahe abgebrannt. Eine Türe ist geöffnet in ein Schlafzimmer (was an zwei Betten bemerklich), vielleicht um dort ein wenig warm zu halten. Auf dem Sofa hinter dem Tisch und dem Stümpfchen Licht sitzt ein Mann im Pelzschlafrock; er schreibt. Neben ihm sitzt eine junge Frau; sie hat das Strickzeug in den Schoß sinken lassen. Sie heftet ihr Auge voll Liebe auf den Schreibenden, sie scheint über ihn nachzudenken, und das Licht, das auf ihre angenehmen Züge fällt, zeigt, daß ihre Gedanken ein zufriedenes, glückliches Resultat geben können. – Jetzt sieht der Mann von seiner Arbeit auf, er sieht die Frau voll Wonne an und – Du, wenn du zufällig statt des Mondes ins Stübchen schautest, würdest Deinen glücklichen Freund erkennen. Mein Lieber! Ich bin froh, daß ich um zweitausend Jahre nach Polykrates geboren bin und keinem Aberglauben mehr anheimfalle, sonst müßte mich mitten im Glück der furchtbar mahnende Gedanke traurig machen: »Noch keinen sah ich glücklich enden, auf den mit immer vollen Händen die Götter ihr Gaben streun.« Ich bin so jung, ich habe viel Glück gehabt in der Welt.

Oder es ist nicht ein Glück, daß ich bei so ausgezeichneter Anlage, die sich so frühe Bahn brach, in diesem Klosterpferch nicht zugrunde ging, daß ich eine schwächliche, aber höhere Natur auf wunderbare Weise noch errettete? War ich nicht auf dem äußersten Rand, durch Rede und Tat gemein zu sein, und hat mir nicht ein edlerer Sinn hin und wieder die Waagschale gehalten? Hab ich nicht mit Leichtsinn ein Band geknüpft, das mich fesselte, ohne zu überdenken, ob denn auch der Stand für mich passe, für welchen man mich erzog? Hätten nicht andere das leicht geknüpfte Band wieder zerrissen, wie man eine Feriensuite vergißt? Wer hat mich davor bewahrt?

Wer hat mir diesen Stern der Liebe erhalten, der über meinem Leben wie eine Sonne leuchtet? Ich fühle es, ich wurzelte vorher nicht auf dieser Erde, die Liebe erst zu diesem liebenswürdigen Wesen hat mich gelehrt, über mich selbst zu denken, hat mir die Kraft gegeben, mir eine Bahn zu brechen, eine Kraft, die mir bis heute unerklärlich ist.

In welch anderem Lande Europas, wenn es nicht Lappland ist, stehen dem jungen Mann so viele Hindernisse entgegen, öffentlich aufzutreten, als in diesem lieben Schwaben? Hergebrachte Vorurteile und Erziehung machen uns furchtsam und schüchtern. Unsere Sprache, unsere Gewohnheiten, die Sitten unserer Männer und Frauen sind Schranken, die unüberwindlich scheinen. Ich darf sagen, ich habe sie wie ein Spielzeug zertrümmert, und mit dem ersten Schritt, den ich getan, habe ich mir einen nicht unwürdigen Platz und eine Stimme erworben, die gültig ist, so weit man unsere Sprache spricht. Und wenn ich dies alles so bedenke, wodurch habe ich so Schönes verdient? Woher die Kraft des Willens, etwas im großen durchzusetzen bei der sonstigen Schwäche meiner Natur? Woher dieses Glück, das mich zu Hause wie aus entfernten Ländern jede Woche, jeden Tag besucht? – Es könnten mir Freunde mangeln, die mit mir fühlen, mit mir sich freuen; ich könnte mit meinem lieben Weibe allein, verlassen stehen; und auch hier, wie gütig hat es ein wundervolles Schicksal mit mir gemeint. Wie manche Freundschaften bläst der Wind des Zufalls zusammen, um – um sie ebenso schnell zu verwehen; und mir mußte es glücken, Freunde zu gewinnen, deren Liebe meine Asche überdauern wird! Du weißt, mein Moriz, welche Stelle Du unter diesen einnimmst, und Dir darf ich es ja nicht beschreiben, welche hohe Freude mich erfüllte, als dieser schöne Bund mir ein Vermächtnis seiner Liebe in meinen Hausstand übergab! Darum bitte ich den Himmel, er möge mir die teuersten Güter, mein Weib und Eure Freundschaft erhalten. Erhalte mir Deine brüderliche Liebe, schreibe oft an mich, gedenke meiner auch öfter. Nimm meine Hand darauf, daß dieses neue Verhältnis meine Anhänglichkeit an Dich nur bestärken kann; schlag ein und liebe immer Deinen treuen Freund

Wilhelm Hauff

George Sand an den Dichter Alfred de Musset

Liebesleid in der Lagunenstadt

Im Juli 1833 gestand der 23jährige Dichter Alfred de Musset George Sand seine Liebe. Die um sechs Jahre ältere Kollegin galt damals durch ihren Roman »Indiana« als bedeutendste Schriftstellerin Frankreichs. Im Dezember fuhr das Paar nach Italien, eine Reise, die als »Drama der Liebenden von Venedig« in die Literaturgeschichte einging. Musset betrog seine Geliebte in der Lagunenstadt mehrmals mit Freudenmädchen. George Sand begann eine Liaison mit dem Arzt Pietro Pagelle. Im März kehrte Musset allein nach Paris zurück. Durch einen Briefwechsel entflammte im Sommer 1834 die Liebe zwischen den beiden Dichtern erneut. Wenig später mußten sie jedoch endgültig erkennen, daß sie nicht füreinander geschaffen waren. Musset beschrieb die Qualen seiner Liebe in dem Roman »Die Beichte eines Kindes seiner Zeit« (1836). George Sand verfaßte über die Beziehung das Buch »Sie und er«, das 1857 erschien.

15. April 1834

... Glaube nicht, glaube nicht, Alfred, daß ich bei dem Gedanken, Dein Herz verloren zu haben, jemals glücklich sein könnte. Ob ich Deine Mätresse gewesen wäre oder Deine Mutter, ist unwichtig. Ob ich Dich durch Liebe oder durch Freundschaft inspiriert haben werde; ob ich mit Dir glücklich oder unglücklich gewesen sein werde; all das ändert nichts an meinem gegenwärtigen Seelenzustand. Ich weiß, daß ich Dich liebe und das ist alles.

Über Dir wachen, Dich vor allem Bösen bewahren, vor allem Widerwärtigen, Dich zerstreuen und vergnügen, das muß ich und das fehlt mir, seit Du mir fern bist. Warum ist diese so

süße Aufgabe, die ich mit großer Freude erfüllt hätte, nach und nach so bitter und mit einemmal undurchführbar geworden? Welches Verhängnis hat die Medizin, die ich Dir reichte, in Gift verwandelt? Warum bin ich, die all ihr Blut hingegeben hätte, um Dir eine Nacht der Ruhe und des Friedens zu schenken, für Dich eine Qual geworden, eine Geißel, ein Schreckbild? Wenn diese schrecklichen Erinnerungen über mich kommen (und wann verschonen sie mich schon!), werde ich fast verrückt. Ich weine in mein Kissen. In der Stille der Nacht höre ich den Anruf Deiner Stimme. Wer wird mich nun rufen? Für wen werde ich meine Nächte durchwachen? Wozu kann ich die Kraft verwenden, die ich für Dich bewahrt habe und die sich jetzt gegen mich richtet? Oh, mein Kind, mein Kind! Wie sehr bedarf ich Deiner Zärtlichkeit und Deines Verzeihens. Sprich nicht von mir, sag mir niemals, daß Du mir gegenüber schuldig geworden bist. Was weiß ich davon? Ich erinnere mich an nichts mehr, nur, daß wir sehr unglücklich waren und uns getrennt haben. Aber ich weiß es, ich fühle es, daß wir uns das ganze Leben lang mit Herz und Verstand lieben werden, daß wir versuchen werden, einander durch eine heilige Liebe von dem Schmerz zu befreien, den wir, einer für den anderen, erlitten haben.
Leider nein! Es war nicht unsere Schuld. Wir folgten unserem Schicksal, und unsere Charaktere, ausgeprägter, heftiger als die anderer Menschen, machten uns das Leben gewöhnlicher Liebender unmöglich. Aber wir sind geboren, um uns zu erkennen und zu lieben, sei dessen sicher. Wenn Du nicht jung wärst und mich eines Tages Deine Tränen gerührt hätten, wären wir Bruder und Schwester geblieben. Wir wußten, daß uns dies bestimmt war. Wir hatten uns die Leiden vorausgesagt, die uns begegnet sind. Nun ja, was liegt daran, nach allem? Wir sind einen beschwerlichen Weg gegangen, aber wir haben den Gipfel erreicht, auf dem wir gemeinsam rasten sollten. Wir waren Liebende, wir kennen uns bis auf den Grund unserer Seele. Um so besser. Welche Entdeckung

haben wir an uns gemacht, die uns einander verleiden konnte? Oh! Weh uns, wenn wir uns an einem Tag des Zorns trennen sollten, ohne uns zu begreifen, ohne uns verständlich zu machen. Dann wäre unser ganzes Leben wie von einem häßlichen Gedanken vergiftet; so als ob wir nie an etwas hätten glauben können. Aber könnten wir uns jemals so trennen? Haben wir es nicht mehrfach vergeblich versucht? Brachen unsere in Hochmut und Ressentiment entflammten Herzen nicht jedesmal vor Schmerz und Reue, wenn wir einsam waren? Nein, das konnte nicht sein. Wir müssen vereint bleiben für die Ewigkeit und auf unmöglich gewordene Beziehungen verzichten. Du hast recht, unsere Umarmung war Inzest, aber wir wußten es nicht. Unschuldig und arglos warfen wir uns einander an die Brust. Haben wir überhaupt eine einzige Erinnerung an diese Umarmungen, die nicht keusch und heilig waren?

Du hast mir an einem Tag voll Fieber und Raserei vorgeworfen, daß ich es nie verstanden hätte, Dir die Freuden der Liebe zu geben. Damals weinte ich darüber, jetzt aber freue ich mich, daß etwas Wahres an diesem Vorwurf war. Ich bin froh, daß diese Freuden herber waren, verhaltener als jene, die Du anderswo finden wirst.

Wenigstens wirst Du Dich in den Armen anderer Frauen nicht an mich erinnert fühlen. Aber wenn Du allein sein wirst, wenn Du beten und weinen möchtest, dann wirst Du an Deine George denken, an Deinen wahren Kameraden, an Deine Pflegerin, an Deinen Freund, an etwas, das mehr als all das ist. Denn die Empfindung, die uns vereint, ist ein so kompliziertes Gebilde, daß man sie nicht mit irgendeiner anderen vergleichen kann. Die Welt wird das niemals begreifen. Um so besser.

Wir werden uns lieben, und wir werden uns nichts aus ihr machen...

George

Hans Chr. Andersen an Edvard Collin

In seiner Heimat verkannt

Hans Christian Andersen, in Odense auf der Insel Fünen aufgewachsen, ging mit 14 Jahren nach Kopenhagen. Er wollte Tänzer werden. Doch mit seinem krüppelhaften Aussehen hatte er keine Chance. Als er mit 17 Jahren den Versuch eines eigenen Theaterstückes vorlegte, wurde Jonas Collin auf ihn aufmerksam. Der wohlhabende Staatsrat sorgte dafür, daß der Junge ein Gymnasium besuchen konnte. Er riet Andersen auch dazu, Schriftsteller zu werden, 1853 veröffentlichte der Dichter seine ersten Märchen, durch die er bekannt wurde. Mit Edvard Collin, dem Sohn seines Förderers, verband ihn eine lebenslange Freundschaft. Ihm schrieb er zahlreiche Briefe von seinen 29 Auslandsreisen; ihm klagte er sein Leid, daß er in seiner Heimat verkannt werde. Das sollte sich jedoch schnell ändern. Wie in dem Märchen von dem »häßlichen Entlein«, das sich in einen stolzen Schwan verwandelt, war schon 1850 aus dem Armenschüler aus Odense der berühmteste Dichter Dänemarks geworden.

Dresden, 21. Februar 1846

Diese meine Reise ins Ausland scheint meine glücklichste und einträglichste zu werden; oft scheint mir das Ganze ein Märchen zu sein, ein schöner, herrlicher Traum, mein Herz fliegt zu Gott empor, und um es recht zu genießen, denke ich an das Collinsche Haus, ich fühle es, wären Sie hier, dann folgten Sie jetzt so richtig meinem sonnenbeschienenen Wege! – Ich denke an Ihren Vater und möchte glauben, er hat Freude an mir, und der Gedanke ist mein höchstes Glück. Und dennoch – ? – Er weiß es nicht, faßt es nicht so auf. Ich bin selbst für meine Liebsten in der Heimat nur – Andersen, der gutmütige Mensch, der Talent hat, aber schrecklich viel von sich selber hält, und Dänemark hat ganz andere Größen... Niemand daheim ist stolz auf mich, ich scheine der Eckstein zu sein, den man verwirft. – Mich verstehen! – Ich kam mit dem Verlangen nach Briefen aus Dänemark gestern abend hierher; von Beaulieu (Kammerherr, d. Red.) und dem Erbgroßherzog waren Briefe da aus der Fülle des Herzens, aus Dänemark – lieber Edvard, nichts war von Ihnen da, Sie hatten den Ihren nach Wien geschickt, dort kann ich ihn in drei Wochen vorfinden. Kein Brief von Ihnen, dem einzigen, der so richtig von Herzen etwas auf meine Freude und mein Glück eingeht, der es ausspricht! – Es ist doch etwas, daß ich überall von Fürsten und den bedeutendsten Männern mit Herzlichkeit und Freundschaft aufgenommen werde – ja, Sie wissen es wohl nicht –, aber daß alle Zeitungen von Stadt zu Stadt über mich Nachrichten bringen, selbst wenn man sich nur an das Greifbare hält, so ist es doch allerhand! – In Oldenburg schenkte der Großherzog mir, wie Sie wissen, zur Erinnerung einen äußerst kostbaren Ring, in Berlin ließ mich der König sogleich an seine Tafel rufen, eine Ehre, wie die deutschen Zeitungen sagen, die wenigen deutschen Dichtern zuteil wird, und ich bekam den Roten-Adler-Orden. In Weimar bin ich bei Hofe so aufgenommen worden, wie dort noch kein Bürgerlicher aufgenommen worden ist, und der junge Fürst schenkte mir seine ganze Liebe, seine Freundschaft und das Anerbieten, dermaleinst für immer bei ihm zu bleiben, in Leipzig einigte ich mich mit einem Buchhändler auf ein ganz ordentliches Honorar für die deutsche Ausgabe meiner Schriften, wer von zu Hause reiste besser? Ich bin selbst erstaunt, glücklich, Gott dankbar, ich reise durch Deutschland und werde wie ein Fürst empfangen, daheim hingegen werde ich wie ein Bettler behandelt. Der eine Brief von Ihrem Vater war lebhaft und gut, der zweite sagte mir nur, was schon mehrmals berührt worden ist, daß es im Grunde ein leeres Leben ist, das ich führe, daß es »dem Geist nicht dienlich sein kann«, und ob ich nicht bald etwas schreiben wolle. – Ich hatte ein Gefühl, als wollte ich einem um den Hals fliegen, und er wende sich ab. Ich weiß es, keiner in Dänemark ist mir so gütig gesonnen wie Ihr Vater, aber eben das, lieber Freund! – Für mich liegt Dänemark im Hause Collin! – Ach, sie wissen nicht, daß ich meinem Vaterland Ehre mache, sie wissen nicht, welche Bedeutung ich draußen habe, oder legen ganz und gar keinen Wert darauf. Wie kann ich hiernach mein volles Herz auftun, wenn ich das Gefühl habe, man nennt das Glück leer, die Anerkennung nichts!

Felix Mendelssohn-Bartholdy an seine Eltern

Der 12jährige schreibt über Goethe

Felix Mendelssohn-Bartholdy (1809–1847), Initiator der Bach-Renaissance, wurde von seinem Lehrer Karl Friedrich Zelter bei Goethe eingeführt. Der Musiker, damals zwölf Jahre alt, fand in dem Dichter einen väterlichen Freund. Goethe ließ durch seine Schwiegertochter Ottilie – sie lebte seit 1817 zusammen mit ihrer Schwester Ulrike in dem Dichter-Haus – dem Komponisten noch 1830 ausrichten, daß ihm seine Musik »dauernden Nutzen gewährt«. Eine tiefe Bindung hatte der Musiker zu seiner Schwester Fanny. Nach ihrem Tod im Mai 1847 verlor er seine Lebensfreude. Er starb sechs Monate später.

Weimar, den 6. November 1821

Jetzt hört alle, alle zu. Heute ist Dienstag. Sonntag kam die Sonne von Weimar, Goethe, an. Am Morgen gingen wir in die Kirche, wo der hundertste Psalm von Händel gegeben wurde. Die Orgel ist groß und doch schwach; die Marienorgel bei uns, obwohl klein, ist doch viel mächtiger. Die hiesige hat fünfzig Register, vierundvierzig Stimmen und einmal zweiunddreißig Fuß.

Nachher schrieb ich Euch den kleinen Brief vom vierten und ging nach dem »Elefanten«, wo ich Lukas Cranachs Haus zeichnete. Nach zwei Stunden kam Professor Zelter: »Goethe ist da, der alte Herr ist da!« – Gleich waren wir die Treppe herunter in Goethes Haus. Er war im Garten und kam eben um eine Hecke herum, ist das nicht sonderbar, lieber Vater, ebenso ging es auch Dir. Er ist sehr freundlich, doch alle Bildnisse von ihm finde ich nicht ähnlich. Er sah sich dann seine interessante Sammlung von Versteinerungen an, welche der Sohn geordnet hat, und sagte immer: »Hm, hm, ich bin recht zufrieden«; nachher ging ich noch eine halbe Stunde im Garten mit ihm und Professor Zelter.

Dann zu Tisch. Man hält ihn nicht für einen Dreiundsiebziger, sondern für einen Fünfziger. Nach Tische bat sich Fräulein Ulrike, die Schwester der Frau von Goethe, einen Kuß aus, und ich macht es ebenso. Jeden Morgen erhalte ich vom Autor des Faust und des Werther einen Kuß, und jeden Nachmittag vom Vater und Freund Goethe zwei Küsse. Bedenkt!! Nachmittags spielte ich Goethe über zwei Stunden vor, teils Fugen von Bach, teils phantasierte ich. Den Abend spielte man Whist, und Professor Zelter, der zuerst mitspielte, sagte: »Whist heißt, du sollst das Maul halten.« Ein Kraftausdruck! Den Abend aßen wir alle zusammen, auch sogar Goethe, der sonst niemals zu Abend ißt.

Nun meine liebe, hustende Fanny: gestern früh brachte ich Deine Lieder der Frau von Goethe, die eine hübsche Stimme hat. Sie wird sie dem alten Herrn vorsingen. Ich sagte es ihm auch schon, daß Du sie gemacht hättest, und fragte, ob er sie wohl hören wollte. Er sagt: »Ja, ja, sehr gerne.« Der Frau Goethe gefallen sie besonders. Ein gutes Omen. Heute oder morgen soll er sie hören.

Abraham Lincoln an Horace Greeley

Ein Präsident und sein Wort

In der »New York Tribune« hatte der Verleger Horace Greeley Abraham Lincoln vorgeworfen, daß er ein Freund der Sklaverei sei. Lincoln, US-Präsident seit März 1861, der im amerikanischen Bürgerkrieg (1861–1865) für die Einheit Amerikas kämpfte, verkündigte noch im September 1862 die Sklaven-Befreiung. Sie trat am 1. Januar 1863 in Kraft.

Weißes Haus, Washington,
22. August 1862

Sehr geehrter Herr!
Eben habe ich Ihren Brief vom 19. gelesen, der mir durch Vermittlung der New York Tribune zuging. Sollten in Ihrem Schreiben Tatsachen angeführt oder vorausgesetzt sein, von denen ich möglicherweise weiß, daß sie auf einem Irrtum beruhen, so werde ich sie jetzt und hier nicht widerlegen. Sollten sich Folgerungen finden, die ich vielleicht für falsch halte, so werde ich jetzt und hier dagegen keine Einwände erheben. Sollte sich ein ungeduldiger und herrischer Ton bemerkbar machen, so sehe ich darüber hinweg.
Bezüglich der Politik, die ich einzuschlagen scheine, wie Sie sagen, will ich niemand im Zweifel lassen.
Ich möchte die Union der Vereinigten Staaten retten. Ich möchte sie ohne Umschweife retten im Einklang mit der Verfassung. Je schneller die staatliche Gewalt wieder hergestellt werden kann, um so eher wird die Union wieder so sein wie früher. Sollte es Leute geben, die die Union nur dann retten wollen, wenn sie zugleich die Sklaverei retten können, so bin ich mit ihnen nicht einverstanden. Sollte es Leute

geben, die die Union nur dann retten wollen, wenn sie zu gleicher Zeit die Sklaverei abschaffen können, so bin ich mit ihnen nicht einverstanden. Mein vornehmstes Ziel bei dieser Auseinandersetzung besteht in der Rettung der Union. Wenn ich die Union retten könnte, ohne daß ein einziger Sklave frei würde, so würde ich es tun; und wenn ich sie dadurch retten könnte, daß alle Sklaven frei würden, so würde ich es tun; und wenn ich sie dadurch retten könnte, daß nur einige die Freiheit erhielten und andere nicht, so würde ich das auch tun. Was ich hinsichtlich der Sklaverei und der Farbigen unternehme, geschieht nur, weil ich meine, es trage dazu bei, die Union zu retten; alles, was ich unterlasse, geschieht deswegen, weil ich meine, es trage nicht dazu bei, die Union zu retten. Ich werde mich zurückhalten, wenn ich den Eindruck gewinne, daß das der Sache nützt. Ich werde versuchen, Irrtümer richtigzustellen, wenn sich Irrtümer gezeigt haben und ich werde in dem Augenblick andere Auffassungen vertreten, sobald sich ergibt, daß sie wohlbegründet sind. Ich habe hier meine Absicht entsprechend meiner Auffassung von Amtspflicht dargelegt und ich gedenke nicht, meinem oft geäußerten persönlichen Anliegen untreu zu werden, nämlich alle Menschen, wo sie auch seien, sollen frei sein.

Ihr ergebener A. Lincoln

Robert Schumannn an die Mutter

Zwischen Jura und Musik

Robert Schumann, am 8. Juni 1810 in Zwickau geboren, zeigte schon als Kind große musikalische Begabung. Auf Wunsch seiner Mutter, die Musiker für »brotlose Künstler« hielt, hatte er jedoch ein Jurastudium begonnen. In einem Brief enthüllte er seinen Zwiespalt.
Trotz ihrer Sorgen erfüllte sie seinen Wunsch und schrieb an den Klavierlehrer Friedrich Wieck in Leipzig. Er versprach ihr: »Ich mache Ihren Herrn Sohn binnen drei Jahren zu einem der größten Pianisten!« Daraus wurde nichts – Schumann zog sich eine Fingerlähmung zu.
Berühmt wurde Schumann, der 1840 Clara Wieck, die Tochter seines Lehrers heiratete, als Komponist romantischer Lieder und Klavierstücke (u. a. »Kreisleriana«). Eine psychische Krankheit beendete 1854 seine schöpferische Tätigkeit. Robert Schumann starb am 29. Juli 1856 in einer Nervenklinik bei Bonn.

Heidelberg, 30. Juli 1830

Guten Morgen, Mama!
Wie soll ich Dir nur meine Seligkeit in diesem Augenblicke beschreiben! – Der Spiritus kocht und platzt an der Kaffeemaschine, und ein Himmel ist zum Küssen rein und golden – und der ganze Geist des Morgens durchdringt frisch und nüchtern. – Noch dazu liegt Dein Brief vor mir, in dem eine ganze Schatzkammer von Gefühl, Verstand und Tugend aufgedeckt ist – die Zigarre schmeckt auch vortrefflich –, kurz, die Welt ist zu Stunden sehr schön ...
Sonnenschein und blauer Himmel ist noch genug in meinem hiesigen Leben; aber der Cicerone fehlt, und das war Rosen.

Zwei meiner andern besten Bekannten sind auch vor acht Tagen nach Italien gereist, und so bin ich oft recht allein ... Mein ganzes Leben war ein zwanzigjähriger Kampf zwischen Poesie und Prosa, oder nenn es Musik und Jus. Im praktischen Leben stand für mich ein ebenso hohes Ideal da wie in der Kunst. – Das Ideal war eben das praktische Wirken und die Hoffnung, mit einem großen Wirkungskreise ringen zu müssen –, aber was sind überhaupt für Aussichten da, zumal in Sachsen, für einen Unadeligen, ohne große Protektion und Vermögen, ohne eigentliche Liebe zu juristischen Betteleien und Pfennigstreitigkeiten! In Leipzig hab ich, unbekümmert um einen Lebensplan, so hingelebt, geträumt und geschlendert und im Grunde nichts Rechtes zusammengebracht; hier hab ich mehr gearbeitet, aber dort und hier immer innig und inniger an der Kunst gehangen. Jetzt stehe ich am Kreuzwege, und ich erschrecke bei der Frage: Wohin? – Folg ich meinem Genius, so weist er mich zur Kunst, und ich glaube, zum rechten Weg. Aber eigentlich – nimm mirs nicht übel, und ich sage es Dir nur liebend und leise – war mirs immer, als verträtest Du mir den Weg dazu, wozu Du Deine guten mütterlichen Gründe hattest, die ich auch recht gut einsah und die Du und ich die »schwankende Zukunft und unsicheres Brot« nannten. Aber was nun weiter? Es kann für den Menschen keinen größeren Qualgedanken geben als eine unglückliche, tote und seichte Zukunft, die er sich selbst vorbereitet hätte ... Ich stehe noch mitten in der Jugend der Phantasie, die die Kunst noch pflegen und adeln kann; zu der Gewißheit bin ich auch gekommen, daß ich bei Fleiß und Geduld und unter gutem Lehrer binnen sechs Jahren mit jedem Klavierspieler wetteifern will, da das ganze Klavierspiel reine Mechanik und Fertigkeit ist; hier und da hab ich auch Phantasie und vielleicht Anlage zum eigenen Schaffen. – Nun die Frage: eins oder das andere; denn nur eines kann im Leben als etwas Großes und Rechtes dastehen ... In diesem Kampf bin ich jetzt heißer als je, meine gute Mutter, manch-

mal tollkühn und vertrauend auf meine Kraft und meinen Willen, manchmal bange, wenn ich an den großen Weg denke, den ich schon zurückgelegt haben könnte und den ich noch zurücklegen muß.
Blieb ich beim Jus, so müßte ich unwiderruflich noch einen Winter hierbleiben... Blieb ich bei der Musik, so muß ich ohne Widerrede von hier fort und wieder nach Leipzig. Wieck in Leipzig, dem ich mich gern ganz anvertraue, der mich kennt und meine Kräfte zu beurteilen weiß, müßte mich dann weiterbilden... Eine Bitte nun, meine gute Mutter, die Du mir vielleicht gern erfüllst. Schreibe Du selbst an Wieck in Leipzig und frage unumwunden, was er von mir und meinem Lebensplan hält. Bitte um schnelle Antwort und Entscheidung, damit ich meine Abreise von Heidelberg beschleunigen kann, so schwer mir der Abschied von hier werden wird, wo ich so viele gute Menschen, herrliche Träume und ein ganzes Paradies von Natur zurücklasse. Hast Du Lust, so schließe diesen Brief in den an Wieck ein. Jedenfalls muß die Frage bis Michaelis entschieden werden, und dann solls frisch und kräftig und ohne Tränen an das vorgesteckte Lebensziel gehen.
Daß dieser Brief der wichtigste ist, den ich je geschrieben habe und schreiben werde, siehst Du, und eben deshalb erfülle meine Bitte nicht ungern und gib bald Antwort. Zeit ist nicht zu verlieren.
Lebe wohl, meine teure Mutter, und bange nicht. Hier kann der Himmel nur helfen, wenn der Mensch hilft.
Dein Dich innigst liebender Sohn

Robert Schumann

Franz Liszt
an Carolyne Fürstin Sayn-Wittgenstein

Disziplin aus Liebe zur Fürstin

Im Februar 1847 lernte Franz Liszt die russische Fürstin Carolyne Sayn-Wittgenstein kennen. Aus Liebe zu dem Musiker verließ sie ihren Mann und folgte Liszt nach Deutschland. Zwölf Jahre lebte das Paar in Weimar. Die strenge Fürstin sorgte dafür, das Liszt diszipliniert an seinen Kompositionen arbeitete. Sie gestattete ihm nur wenige Konzertreisen, von denen er ihr ausschweifende Briefe schrieb. Nach dem Tod ihres Mannes (1864) wollte Carolyne Sayn-Wittgenstein das Zusammenleben mit Liszt legalisieren. Doch der Musiker wollte nicht heiraten. Er ließ sich zum Abbé weihen und zog sich in ein Kloster zurück.

Mai 1851

Meine arme, arme Carolyne!

Du kannst mir nicht einmal schreiben ... Und Du mußt leiden, immer leiden. Wie könnte ich nicht von dem Gedanken zerschmettert sein, zu dem sich noch die Entfernung, die Unruhe, düstre Hirngespinste, meine Verlassenheit und der Zwang der verhaßten Scheu vor dem Urteil der Welt gesellen! Der platte Egoismus, in dem das Gewohnheitsleben dahinpendelt, in dem so viele Stunden der Willenlosigkeit und Ohnmacht eine große Rolle spielen! Meine arme, liebste Carolyne, wie schrecklich elend ich mich ohne Dich fühle, kann ich Dir niemals beschreiben. Essen, trinken, schlafen, leere Worte in die Luft sprechen, ist das Leben? Und was vermag ich anders ohne Dich zu tun – ohne Dich, die meines Gebetes Seele ist, der Himmelsbogen meiner Erinnerungen, der Stern meiner Hoffnungen, die Sonne meines Glaubens –

und meine ganze, ganze Liebe! Liebe Magnet, ich flehe Dich an, schreibe mir morgen und dann übermorgen nochmals. Sage mir, wie es Deiner Mutter geht. Ich darf keinesfalls fortfahren – wenigstens muß ich mir das immer wieder sagen – und doch Gott weiß es, ob ich, als ich die Zeilen von Deiner lieben Hand empfing, einen anderen Gedanken haben konnte, als sogleich zu Dir zu eilen. Bedauere mich ein wenig, daß ich so stumpfsinnig vernünftig bin... Aber siehe, mein Leben war, bevor ich Dein Herz in meinem schlagen fühlte, ein endloses Warten. »Warten auf einen, der nicht kam«, wie der Dichter sagt. Und mein Herz hatte sich zu Stein verwandelt – aber aus diesem Stein hat Gott durch Deine Tränen eine sprudelnde Quelle geschlagen, die fortsprudelt bis zum ewigen Leben. Liebe Carolyne, ich will kein Gleichnis, kein Sinnbild, keine Gegenwart, keine Zukunft, nur Dich allein. Du bist das Sein meines Seins und die Seele. Aber ich werde inne, daß das alles nichts als leere Worte sind. Ist es das, was ich sagen will? Nein. »Laßt mich schlafen... To die, to sleep!« Wie das Erwachen auch sei, ich sterbe in Dir und will nichts als in Dir sterben. Gott erbarme sich meiner. Er hat das Gebet des armen Schächers nicht verschmäht. Aus dem gleichen Gefühl flehe ich: Herr Jesus, sei mir gnädig!

Friedrich Hebbel an Elise Lensing

Enttäuschte Hoffnung

Friedrich Hebbel, berühmt durch seine Theaterstücke (u. a. »Gyges und sein Ring«) war in Wesselburen (Dithmarschen) in großer Armut aufgewachsen. Als Hebbel 1835 völlig mittellos nach Hamburg kam, fand er in Elise Lensing eine aufopferungsvolle Freundin. Viele Nächte arbeitete die Näherin durch, um dem neun Jahre jüngeren Dichter ein Studium in Heidelberg und München zu ermöglichen. Ihre Hoffnung, die Frau des Dramatikers zu werden, erfüllte sich nicht. 1846 heiratete Hebbel in Wien die Schauspielerin Christine Enghaus.

München den 12ten Decbr. 1838

Ich hatte Deinen Brief, den ich gestern Mittag empfing und, weil ich mir etwas Liebes gern bis zum Schluß des Tags aufspare, gestern abend nach dem Theetrinken las, nicht so früh erwartet, um so angenehmer überraschte er mich in meiner so wenig durch Briefe, als durch Menschen unterbrochenen Einöde. Meine gegenwärtige Antwort werde ich am 18ten d. M. auf die Post geben, dann trifft sie, wenn ich nach der Zeit, die die Deinige gebraucht hat, rechnen darf, gerade am heiligen Abend bei Dir ein, was Dir gewiß lieb seyn wird. Wie gern, wie außerordentlich gern ich, statt meines Briefs, die Reise machte, kann ich Dir gar nicht sagen. Das Wiedersehen ist doppelt so süß, wenn man sich am Weihnachtsabend wieder sieht; es giebt kaum etwas so Herrliches. Für mich besonders: Du bist doch bei den Deinigen, bist nicht allein; mir gähnt dieser Abend jetzt wie ein Grab entgegen.
Meine Jugendzeit war nur ein langer Winter, ich wußte von Freude nichts, aber von Sorge und Kummer viel; nur die

schöne Weihnachtszeit machte eine Ausnahme, dann ging's auch bei uns hoch her, es gab etwas Besseres zu essen, Hader und Zank der Eltern ruhte und mein kindliches Herz thaute auf. An den Weihnachten machte daher auch ich Ansprüche und es schmerzt mich, wenn sie unerfüllt blieben; wie köstlich war derjenige, den ich mit Dir verlebte! Nun, es kann diesmal noch nicht seyn, und wir wollen uns aufs nächste Mal vertrösten. Vertrösten! welch ein todtgebornes, banquerottes Wort. Nein, wir wollen uns diesen Weihnachten dadurch versüßen, daß wir mit aller Innigkeit und Glut des Herzens an den künftigen denken, und ihn ausmalen, uns in den Glanz versenken, mit dem er es uns (Du weißt, es braucht dazu nur einer Kleinigkeit) übergießen wird. Stelle Dir, wenn Du magst, mein Gesicht so helle unnd freudig vor, wie Du willst; ich verspreche Dir, Deine kühnste Phantasie noch zu übertreffen. Die Fähigkeit zur Freude habe ich noch nicht verloren, dies werde ich dann zeigen ...

Wie immer, liebe Elise,
ganz Dein
F. Hebbel

Giuseppe Verdi an den Kaufmann Antonio Barezzi

Verdi wirbt für seine Liebe

Am 10. Oktober 1813 wurde der Komponist Giuseppe Verdi in Le Roncole (Provinz Parma) geboren. Als sein Talent erkennbar wurde, fand er in dem Kaufmann Antonio Barezzi aus Busseto einen Freund und Förderer. 1836 heirate Verdi Barezzis Tochter Margherita. Die junge Frau starb 1839. Zehn Jahre später, als Verdi durch die Oper »Nabucco« bereits berühmt war, kehrte er mit Giuseppina Strepponi, seiner zweiten Lebensgefährtin, nach Busseto zurück. Die Kleinstädter, die Verdi schon früher durch zahlreiche Querelen das Leben schwer gemacht hatten, empfanden die uneheliche Beziehung zu der Sängerin (er heiratete sie erst 1859) als Skandal. Giuseppina Strepponi wurde gemieden und gedemütigt. Antonio Barezzi aber verstand Verdis Argumente. Er akzeptierte die neue Gefährtin und blieb der beste Freund des Komponisten.

Paris, 21. Januar 1852

Liebster Schwiegervater,

Nachdem ich lange gewartet hatte, glaubte ich nicht, von Ihnen einen so kalten Brief zu erhalten, in dem es, wenn ich mich nicht täusche, ein paar recht kränkende Sätze gibt. Wenn dieser Brief nicht von Antonio Barezzi, das heißt meinem Wohltäter, unterschrieben wäre, hätte ich sehr heftig geantwortet oder ich hätte überhaupt nicht geantwortet; da er aber diesen Namen trägt, den zu achten mir stets Pflicht sein wird, werde ich Sie nach Möglichkeit zu überzeugen versuchen, daß ich solchen Tadel nicht verdiene...

Ich glaube nicht, daß Sie mir aus eigenem Antrieb einen Brief geschrieben hätten, der mir, wie Sie wußten, nur Mißfallen bereiten konnte; aber Sie leben in einer Kleinstadt, die die schlechte Eigenschaft hat, daß man sich häufig in die Angelegenheiten anderer eindrängt und alles mißbilligt, was den eigenen Anschauungen nicht entspricht; ich habe die Gewohnheit, mich in die Angelegenheiten anderer nicht einzumischen, wenn man mich nicht darum bittet, weil ich eben verlange, daß niemand sich in die meinen mengt. Daher kommen Gerede, Klatsch, Mißbilligung. Diese Freiheit des Handelns, die man auch in weniger zivilisierten Kleinstädten achtet, verlange ich auch als mein gutes Recht. Seien Sie selber Richter, aber kühl und ohne Leidenschaft: was ist Schlimmes daran, wenn ich abseits lebe, wenn ich es für gut halte, Leuten, die Titel haben, keine Besuche zu machen? Wenn ich an den Festen, den Vergnügungen der anderen nicht teilnehme? Wenn ich meine Güter verwalte, weil es mir gefällt und mich zerstreut? – Ich wiederhole: was ist Schlimmes daran? In jedem Fall hätte niemand dabei Schaden zu leiden...

Ich habe nichts zu verbergen. In meinem Hause lebt eine Dame – frei, unabhängig, die Einsamkeit liebend wie ich, mit einem Vermögen, das sie vor jeder Notlage schützt. Weder ich noch sie sind über unser Tun irgend jemand Rechenschaft schuldig; aber andererseits, wer weiß, was für Beziehungen es zwischen uns gibt? Was sind unsere Geschäfte, was unsere Bindungen, was die Rechte, die ich über sie habe und sie über mich? Wer weiß, ob sie meine Frau ist oder nicht? Und in diesem Fall, wer weiß, was die besonderen Gründe, was die Absichten sind, die Veröffentlichung zu verschweigen? Wer weiß, ob das gut oder schlecht ist? Warum könnte es nicht auch etwas Gutes sein? Und wäre es auch etwas Schlechtes, wer hat das Recht, den Bannfluch gegen uns zu schleudern? Ich will sogar sagen, daß ihr in meinem Haus die gleiche und sogar noch größere Achtung gebührt wie mir, und daß es daran niemand fehlen lassen darf, unter keinerlei Vorwand; und daß sie schließlich darauf jeden Anspruch hat, sowohl wegen ihrer Haltung wie wegen ihres Geistes und ihrer besonderen Rücksicht auf andere.

Mit dieser langen Rede habe ich nichts anderes zu sagen beabsichtigt, als daß ich meine Freiheit des Handelns verlange, weil alle Menschen ein Recht darauf haben und weil sich meine Natur dagegen auflehnt, wie andere zu handeln. Und Sie, der Sie im Grunde so gütig, so gerecht sind und so viel Herz haben, lassen Sie sich nicht beeinflussen und nehmen sie die Denkart einer Kleinstadt nicht an, die mich – man muß das schon sagen! – seinerzeit nicht als ihren Organisten zu nehmen geruhte und jetzt zu Unrecht und entgegen den Tatssachen über meine Angelegenheiten klatscht. Das kann nicht so weitergehen; sollte das aber der Fall sein, wäre ich Manns genug, meine Entschlüsse zu fassen. Die Welt ist so groß und der Verlust von zwanzig- oder dreißigtausend Francs wird mich nicht hindern, mir anderswo eine Heimat zu finden. In diesem Brief kann nichts Beleidigendes stehen; sollte Ihnen aber irgend etwas mißfallen, dann halten sie es nicht für geschrieben, denn ich schwöre Ihnen bei meiner Ehre, daß ich nicht die Absicht habe, Sie in irgend einer Weise zu kränken. Ich habe Sie stets als meinen Wohltäter angesehen und sehe Sie weiter so an; ich mache mir eine Ehre daraus und bin stolz darauf.

Addio, addio!
In alter Freundschaft

Richard Wagner an Mathilde Wesendonk

Tristan und Isolde – eine unerfüllte Liebe

Der Komponist Richard Wagner (1813–1883) weltberühmt durch seine Opern (»Tannhäuser«, »Der Ring«), wurde in Leipzig als Sohn eines Juristen geboren. Während seiner Lehr- und Wanderjahre, in denen er als Musikdirektor an mehreren Theatern arbeitete, lernte er die Schauspielerin Minna Planer kennen, die er am 24. November 1836 heiratete. Schon wenige Monate später klagte er über ihre »Launen und Auftritte«. Die Krise der Ehe dauerte 30 Jahre; bis zu Minnas Tod im Jahre 1866.

Nachdem er sich im Mai 1849 an der Dresdner Revolution beteiligt hatte, mußte der steckbrieflich gesuchte Komponist ins Ausland flüchten. Die Schweiz sollte seine neue Heimat werden. Der Kaufmann Otto Wesendonk stellte Wagner in der Nachbarschaft zu seiner eigenen Villa in Zürich-Enge ein kleines Landhaus zur Verfügung. Der Komponist nannte es sein »Asyl«.

Daß er sich in die Frau seines Nachbarn verliebt hatte, blieb der schwer herzkranken Minna Wagner nicht verborgen. Sie verließ Zürich im Zorn. An Mathilde Wesendonk schrieb sie: »Mit blutendem Herzen muß ich Ihnen vor meiner Abreise sagen, daß es Ihnen gelungen ist, meinen Mann von mir zu trennen.«

Auch Richard Wagner, der die Ehe seiner Freunde nicht zerstören wollte, gab das »Asyl« auf. Die Liebe und Entsagung zu Mathilde Wesendonk regte den Komponisten zu einer seiner schönsten Opern, dem Musik-Drama »Tristan und Isolde« an.

(Asyl, 6. Juli 1858,
Dienstag früh)

Gewiß erwartest Du nicht, daß ich Deinen wunderschönen herrlichen Brief unbeantwortet lasse. Oder sollte ich für das edelste Wort das schöne Recht der Erwiderung mir versagen müssen? Wie aber könnte ich Dir erwidern als Deiner würdig? Die ungeheuren Kämpfe, die wir bestanden, wie könnten sie enden als mit dem Siege über jedes Wünschen und Begehren?

Wußten wir nicht in den wärmsten Augenblicken der Annäherung, daß dies unser Ziel sei? Gewiß! Nur weil so unerhört und schwierig, war es eben nur nach den härtesten Kämpfen zu erreichen...

Als ich vor einem Monate Deinem Manne meinen Entschluß kundgab, den persönlichen Umgang mit Euch abzubrechen, hatte ich Dir – entsagt. Doch war ich hierin noch nicht ganz rein. Ich fühlte eben nur, daß nur eine vollständige Trennung oder eine vollständige Vereinigung unsere Liebe vor den schrecklichen Berührungen sichern konnte, denen wir sie in den letzten Zeiten ausgesetzt gesehen hatten. Somit stand dem Gefühle von der Notwendigkeit unserer Trennung die – wenn auch nicht gewollte, aber – gedachte Möglichkeit einer Vereinigung gegenüber. Hierin lag noch eine krampfhafte Spannung, die wir beide nicht ertragen konnten. Ich trat zu Dir, und klar und bestimmt stand es vor uns, daß jene andre Möglichkeit einen Frevel enthalte, der selbst nicht gedacht werden durfte.

Hierdurch erhielt aber die Notwendigkeit unserer Entsagung von selbst einen anderen Charakter: der Krampf wich einer mild versöhnenden Lösung... So tief und schrecklich wie in den vergangenen letzten Monaten habe ich nie zuvor in meinem Leben empfunden. Alle früheren Eindrücke waren inhaltlos gegen diese letzten. Erschütterungen, wie ich sie bei jener Katastrophe erlitt, mußten mir tiefe Spuren eingraben; und konnte etwas noch den großen Ernst meiner Stimmung steigern, so war es der Zustand meiner Frau. Während zwei Monaten sah ich jeden Tag der Möglichkeit der Nachricht von ihrem plötzlichen Tode entgegen; denn diese Möglichkeit hatte mir der Arzt andeuten müssen. Alles um mich atmete Todesluft, all mein Vorwärts- und Rückwärtsblicken traf auf Todesvorstellungen, und das Leben als solches verlor für mich seinen letzten Reiz. Zur äußersten Schonung gegen die Unglückliche angehalten, mußte ich dennoch den Entschluß zur Zerstörung unsres soeben erst gegründeten letzten häuslichen Herdes fassen und, zu ihrer größten Bestürzung, ihr diesen endlich mitteilen...

Sieh, nie in meinem Leben, in irgendeinem Verhältnisse war ich je aufdringlich, sondern stets von fast übertriebener Empfindlichkeit. Nun will ich denn Dir zum ersten Male aufdringlich erscheinen und bitte Dich, über mich recht innerlich ruhig zu sein. Ich werde Euch nicht oft besuchen, denn Ihr sollt mich fortan nur noch sehen, wenn ich sicher bin, Euch ein heiteres, ruhiges Gesicht zu zeigen. – Sonst suchte ich wohl im Leiden und Sehnen Dein Haus auf: dorthin, von wo ich mir Trost holen wollte, brachte ich Unruhe und Leiden. Das soll nicht mehr sein. Siehst Du mich daher längere Zeit nicht mehr, so – bete für mich im stillen! – Denn dann, wisse, daß ich leide! Komme ich aber dann, so sei sicher, daß ich Euch eine holde Gabe meines Wesens ins Haus bringe, eine Gabe, wie es vielleicht nur mir verliehen ist zu spenden, mir, der so viel und willig litt.

Wahrscheinlich, ja gewiß tritt nun auch nächstens, ich vermute schon Anfang Winters, die Zeit ein, wo ich für länger mich ganz von Zürich entferne; meine nun bald erwartete Amnestie wird mir Deutschland wieder erschließen, wohin ich persönlich zurückkehre... Aber dann wieder in das nun mir so traut gewordene Asyl zurückkehren, um mich auszuruhen von Plage und unvermeidlichem Ärger, reine Luft zu atmen und neue Lust zum alten Werke zu fassen, für das mich nun einmal die Natur auserwählt hat... Mein Kind, die

letzten Monate haben mir an den Schläfen das Haar merklich gebleicht; es ist eine Stimme in mir, die mit Sehnsucht mir nach Ruhe ruft, – nach der Ruhe, die ich vor langen Jahren schon meinen ›Fliegenden Holländer‹ sich ersehnen ließ. Es war die Sehnsucht nach – ›der Heimat‹, nicht nach üppigem Liebesgenuß! Ein treues herrliches Weib nur konnte ihm diese Heimat erringen. Laß uns diesem schönen Tode weihen, der all unser Sehnen und Begehren birgt und stillt! Laß uns selig dahinsterben mit ruhig verklärtem Blick und dem heiligen Lächeln schöner Überwindung! Und – keiner soll dann verlieren, wenn wir – siegen!
Leb wohl, mein lieber heiliger Engel!

Emanuel Geibel an seine Mutter

Berufung zum Dichter

Auf Wunsch seiner Eltern, ein angesehenes Pfarrers-Ehepaar in Lübeck, sollte Emanuel Geibel Lehrer werden. In Athen, das 1834 von türkischer Herrschaft befreit worden war, erhielt er 1838 seine erste Anstellung als Hauslehrer bei dem russischen Botschafter. Während seines Aufenthalts in Griechenland erkannte Geibel seine Bestimmug zum Dichter. Schon wenige Jahre nach seiner Rückkehr (1840) war er ein gefeierter Lyriker in Deutschland. Bayern-König Maximilian II. ernannte ihn 1852 zu seinem Vorleser. Heute sind nur noch wenige Lieder von Geibel (u. a. »Der Mai ist gekommen«) bekannt.

Athen, 7. November 1838

Eben kehre ich von der Akropolis zurück, die ich seit unserem Aufenthalte in Athen fast täglich besuche.
Zum ersten mal bestieg ich heute das obere Dach des Parthenon und ließ über der letzten Statue des Giebelfeldes fort meine Blicke nach dem Meere und nach Salamis hinüberschweifen, hinter dem die Sonne mit einem sichtbaren rosenrothen Strahlenkranze langsam hinabsank. Nie habe ich so etwas Herrliches gesehn wie diese griechischen Sonnenuntergänge.
Ich hatte mancherlei Gedanken, als ich dort oben stand auf dem Gipfel des Pallastempels; dieser Ort vor allen tönt von großen Erinnerungen. Von hier mochte einst Perikles herabgeschaut haben auf das Gewühl der prächtigen Stadt, auf die Häfen voll segelfertiger Schiffe und auf jene Kunstwerke um ihn und unter ihm, die seinem Namen Unsterblichkeit gesichert haben würden, auch wenn die Geschichtsschreiber

nichts anderes als deren Förderung von ihm zu erzählen wüßten. Dort mochte er gestanden haben, der stolze freie Mann, einen schönen Traum von Athens Zukunft in der Seele, nichts ahnend von dem nahen Verderben, das dieser Stadt der Götter, das ihm selbst so schrecklich bevorstand. Die Pest kam und die Tyrannen, nach ihnen die Macedonier und endlich die Römer, die Männer von Eisen, die unter Sulla in klingender Rüstung durch das Doppelthor ihren kriegerischen Einzug hielten. Aber noch immer standen Tempel und Göttersäulen, und Athen blieb der Sitz der Musen... Da kam vom Osten her ein fanatisches Kriegervolk, nichts ahnend von den Geheimnissen ruhig fortschreitender Erkenntnis, und Feind den Künsten, die ihm eine Gotteslästerung schienen... Seit der Zeit liegt eine tiefe Wehmuth über der Akropolis, und so sehr auch die herrlichen Überreste den bewundernden Beschauer zu begeistern vermögen, er kann es nie vergessen, daß es nur Trümmer sind; Athen ist und bleibt ein weites Grab, in dem eine glorreiche Vorzeit eingesargt liegt; und wenn jetzt die moderne Zeit ihre kleinen Häuser darüber baut und ihre kleinen Interessen abhandelt und wieder anfängt zu scherzen, zu lachen, zu leben, dann kommt mir das vor, als ob ein bunter Schmetterling über einer ungeschlossenen Gruft flatterte.

Theodor Storm an seine Tochter Dodo

Wünsche eines Vaters
Die Liebe, die ungeformt in meinem Herzen liegt

Der Dichter Theodor Storm (1817–1888) wurde am 1. Dezember 1880 als Amtsgerichtsrat seiner Heimatstadt Husum pensioniert. Anschließend zog er sich in seinen Alterssitz nach Hademarschen, einem kleinen Ort in Dithmarschen zurück. Dort vollendete Storm kurz vor seinem Tod – er starb am 4. Juli 1888 – sein berühmtestes Werk, die Novelle »Der Schimmelreiter«. Der Dichter erwähnte diese Erzählung schon in dem Geburtstagsbrief an seine Tochter Friederike, die von der Familie ›Dodo‹ genannt wurde. Als er den Brief schrieb, litt Theodor Storm an Magenkrebs. Sein Hausarzt hatte ihn darüber jedoch nicht aufgeklärt.
Das Glück, das Storm für seine Tochter erhoffte, traf vier Jahre später ein. Am 8. Dezember 1891 heiratete ›Dodo› in Kiel den Chemiker und späteren Fabrikdirektor Dr. Franz Bachér, dem sie fünf Kinder schenkte.

Hademarschen, 2. Februar 1887

Mein geliebtes Kind!
Nur noch ein Gruß zu Deinem Geburtstag, dann will ich Schicht mit Schreiben machen, denn es ist sechs Uhr abends, und die rebellischen Nervengeister beginnen sich zu regen. Es ist ein eigen Ding mit einem Geburtstag, meine geliebte Tochter. Zu seinem Kinde möchte man etwas sagen, was sie nicht vergäße. Was ihr wert fürs ganze Leben, weit über unseres hinaus bliebe. Da aber das nicht jede Stunde gibt, da, was ich Dir wünschen möchte, nur wie die Liebe zu meinem Kinde ungeformt in meinem Herzen liegt, so will ich

Dir nur etwas davon sagen, was mir klar ist: ich möchte Dich immer bei mir haben, mein Kind, denn Du bist gut und hast ein fröhlich Herz.
Aber das ist nur ein Wunsch für mich, den Alten. So will ich Dich im Geist nur in meine Arme nehmen; ich hoffe, die Sitte und die Liebe Deines Vaterhauses wird Dich unter Fremden das Rechte tun lassen. Vielleicht kommt eines Tages unvermutet das Glück und sucht Dich auf; doch warten wollen wir nicht darauf.
Nun will ich Dir noch eines sagen, was Du gerne hören wirst. Da ich seit einigen Tagen wieder etwas lästigen Druck auf meine Geschwulst (Aneurisma) fühlte, so ging ich gestern abend zu Brinken; er untersuchte mich genau und sagte, mit der Geschwulst sei es absolut dasselbe (sie bleibe also, wie sie ist). Nur der Magen sei sehr voll von Gasen, die drauf drückten, die die lästige Spannung verursachten.
So darf ich nun wohl ganz gewiß sein, daß von dort aus meinem Leben keine Verkürzung droht.
Und so bin ich denn ungeachtet der gegenwärtigen Magenquälerei durchaus lebensfroh und schreib' getrost an meinem »Schimmelreiter«, dem hoffentlich noch andres folgen wird.
Und nun sei froh an Deinem neunzehnten Geburtstag, mein liebes Kind, und grüße unsern Freund.

Dein Vater
Theodor Storm.

Theodor Storm an den Dichter Theodor Fontane

Freundschaft bis zum Tode

Als Holstein 1850 von Dänemark besetzt wurde, verließ Theodor Storm seine Heimat. Er wurde Assessor am Kreisgericht in Potsdam. Im benachbarten Berlin schloß er sich dem Dichter-Zirkel »Der Tunnel« an, dem auch Theodor Fontane angehörte. Bei einem privaten Treffen fand Storm die erotisierenden Witze des Kollegen als unpassend. Auf Storms Brief entschuldigte sich Fontane postwendend für seinen Übermut. Trotz der unterschiedlichen Charaktereigenschaften hielt die Freundschaft der beiden Dichter bis zum Tode von Theodor Storm.

Potsdam 24. Juli 1854.

Sie haben, liebster Fontane, neulich einen Stein zwischen uns geworfen, und ich – mit Ihrer Erlaubniß – habe Sie zu lieb, um meiner Seits nicht den Versuch zu machen, ihn aus dem Weg zu bringen.

Schon mehrfach hatte ich früher erfahren, und ich meine, ich habe es wenigstens halbwege gegen Sie ausgesprochen, wie Sie über manches meinem Gefühle nach Unantastbare, z. B. über Verhältnisse zu Ihrer Frau sich gegen Dritte nicht allein äußerten, sondern auch in einer Weise, die ich anfänglich mit Ihrem edlen getragenen Wesen nicht vereinigen konnte. Ich habe oft darüber gedacht; ich brachte es unwillkürlich mit einer Aeußerung über Sie in Verbindung, wo Einer, als gesagt wurde »Fontane hat eine vornehme Persönlichkeit« erwiderte »Nein, er hat die Persönlichkeit eines feinen Schauspielers«. Mißverstehen Sie das nicht; es war nichts Unlauteres dabei. – Dann habe ich mich wohl auch gefragt, ob denn die Begeisterung nothwendig mitunter an sich selbst verzweifeln, ob denn der Pathos nothwendig mitunter den Katzenjammer kriegen, und sich an den unsaubersten Orten von seinem Rausche erholen muß ...

So vielleicht kamen Sie denn dazu, als wir neulich abends zusammen von Kugler kamen, einer, meiner Frau gegenüber, die ihrer Seits doch schwerlich dazu wird Veranlassung gegeben haben, alle Rücksicht »Blüthe edelsten Gemüthes« – Sie verzeihen dieß Citat – abzustreifen, und die unbarmherzigsten Zweideutigkeiten und Nuditäten vor ihr auszuschütten ...

Ich habe mit Ihnen gegrollt; ich bin sehr zornig auf Sie gewesen; meinet-, Ihret-, unserer aller wegen. Daß Sie dadurch dem sonst so erfreulichen Aufenthalt bei Ihnen eine starke Quantität Unbehaglichkeit beimischen, davon will ich nicht grade reden; aber Sie haben etwas gestört, was sich nicht leicht so ganz wieder herstellen läßt – das Gefühl der Neigung, des sicheren Vertrauens, mit dem so oft und mit besondrer Vorliebe grade Ihrer bei uns gedacht wurde.

Wenn Sie nun weiter alles herzliche Entgegenkommen und alle Freundlichkeit bedenken, die ich seit dem Augenblick unsrer ersten Bekanntschaft von Ihnen empfangen habe, und ferner, wie werth und lieb Sie mir sind, so begreifen Sie, daß ich hier nicht schweigen konnte; was ja denn überall nicht taugt.

Und nun schreiben Sie mir ein gutes Wort und – bleiben wir die Alten!

Wie stet's mit Ihren Engl. Briefen u. etwanigen Balladen?

Herzlichst Ihr
Theodor St.

Theodor Storm an Gottfried Keller

Ansporn im Alter

Der Regierungsrat Wilhelm Petersen aus Schleswig hatte im März 1877 Theodor Storm ermuntert, mit dem Schweizer Schriftsteller Gottfried Keller in Briefkontakt zu treten. Beide Dichter waren durch ihre Novellen berühmt geworden. Obwohl sie sich nie persönlich sahen, entwickelte sich einer der bedeutendsten Briefwechsel für die Literaturgeschichte des 19. Jahrhunderts. Der Husumer Poet schilderte dem Brieffreund ungehemmt alle Sorgen und Freuden seines Familienlebens.
Auch spornten sich die Dichter gegenseitig zu ihren Spätwerken an (u. a. Storms »Schimmelreiter«; Kellers »Martin Salander«). Die Novelle »Zur Chronik von Grieshuus« (1884 erschienen) blieb relativ unbekannt, obwohl Keller diese Erzählung besonders gern gelesen hatte.

Hademarschen,
21. Dezember 1884

Sonntag vor Weihnachtabend, liebster Keller!
Drunten im größten Zimmer ist schon die über zwölf Fuß hohe Tanne aufgestellt und biegt ihre Spitze unter der Decke; achtzehn Weihnachtspakete sind expediert, und gestern abend sind Netze geschnitten, Bonbons eingewickelt, ist vergoldet usw. Und ich kann mir nicht helfen, ich muß Ihnen diesen kleinen Weihnachtsbrief schreiben. Einige Pakete sind auch hier angelangt, vor allem, wie alle Jahr, von einem Braunschweiger Freund, den ich freilich auch nie gesehen, Pfefferkuchen und desfallsige altheilige Männer, aus Lübeck Marzipan, und ein eifriger Verehrer, ich glaub, aus Wien, schreibt meiner Frau, er müsse mir was schenken, morgen

käms an; wär er ein reicher Mann, sollts aber ganz anders kommen; Petersen soll mir etwas gar Wunderliches geschickt haben; doch das bleibt alles Geheimnis bis zum Weihnachtsabend.
Übermorgen kommt mein Junge, Karl, der »stille Musikant«; darauf freuen sich insonders die beiden jüngsten Mädel, Gertrud und Dodo, die ich diesmal nur zu Haus habe. Mir selbst und ihm schenke ich die neueste Ausgabe von Mörikes Gedichten; die älteste besitz ich schon über vierzig Jahre; aber auch einen kleinen Teppich und eine lange Gesundheitspfeife; er schmökt gern aus langen Pfeifen wie weiland der junge Konditor Pahl in Husum, der nun längst verdorben, wenn auch nicht gestorben ist. Meine Frau zieht unter andrem wieder, wie vorig Jahr, ihre achtzig Mark von der 26. Auflage »Immensee«; nur Einzelausgaben der ältesten Sachen machen Auflagen, wie denn auch Auflage 3 der Gesamtausgabe Band I–VI in diesem Jahr gekommen ist.
Dienstag abend wird der Baum geputzt und der Märchenzweig nicht vergessen; Rotkehlchen sitzen und fliegen in dem Tannengrün, und eines sitzt und singt bei seinem Nest mit Eiern. – Erst gehen wir in die Kirche, hören, was unser Pastor sagt, hören die Kinder mehrstimmig singen und sehen die beiden hohen Tannen am Altar brennen. Das gehört dazu. Dann brennt der schönere Baum zu Hause; und nach dem Abendessen kommt mein Bruder Johannes, der Holzhändler – dem ältesten Sohne, auch hier, trauten wir im Herbst eine lebendige Hamburgerin an – mit seinen vier Söhnen, zwei Töchtern, Schwiegertochter und seinem Weibe, und dann gibt es ein Glas nordischen Punsches. So beschließt sich Weihnachtsabend, und ich werde Ihnen eins nach Zürich hinübertrinken! auf weitere Freundschaft und noch ein paar Jahre leidlich Leben!
Ihr Gefallen an »Grieshuus« hat mir wohlgetan. Dank für das schöne Bild.
Meine Photographie genügt auch nicht; ich muß das Ölbild

photographieren lassen, das eine mir verwandte Malerin diesen Herbst trefflich gemacht hat. Danach muß photographiert werden.
Eine gute Photographie von Ihnen würde mich freilich erfreuen; wagen Sie es nur einmal wieder.
Ich schreibe dies letzte in Hast, weil die Mädchen mit den heutigen Expeditionen nach der entfernten Post sollen.
Also von uns allen hier ein fröhlich Fest Ihnen und Ihrer geehrten Schwester! Und ein baldig Sehen in der »Deutschen Rundschau«!

Herzlich Ihr alter
Th. Storm

Königin Victoria an Prinz Albert

Der Berater der Queen

Königin Victoria bestieg 1837, im Alter von 18 Jahren, den britischen Thron. Drei Jahre später heiratete sie den deutschen Prinzen Albert von Sachsen-Coburg-Gotha. Wenige Wochen vor der Hochzeit hatte Albert angeregt, die Flitterwochen in Windsor zu verleben. Die pflichtbewußte Königin erfüllte ihm diesen Wunsch nicht. Nach anfänglichen Schwierigkeiten in der Ehe wurde Albert schließlich doch der wichtigste Berater der Königin, die über das größte Imperium aller Zeiten herrschte. Mit Australien, Kanada und Indien umfaßte das britische Weltreich ein Viertel des Erdballs.

Buckingham Palace, am 3. I. 1840

In einem Deiner Briefe schriebst Du mir über unser Verweilen in Windsor, aber, liebster Albert, Du siehst dabei die Lage der Dinge keineswegs richtig. Du vergißt, mein Liebster, daß ich die Herrscherin bin, und daß die Staatsgeschäfte weder Stillstand noch Aufschub dulden. Das Parlament tagt, und da gibt es fast jeden Tag Dinge, die meine Anwesenheit notwendig machen; unter diesen Umständen ist es für mich unmöglich, nicht in London zu sein; schon eine Abwesenheit von zwei oder drei Tagen ist eine lange Zeit. Ich bin keinen Augenblick ruhig, wenn ich nicht an meinem Platze bin und mitansehe und -höre, was vorgeht; und jeder, alle meine Tanten (die in solchen Dingen sehr bewandert sind) einbegriffen, bestätigt mir, ich müsse nach zwei Tagen wieder in der Öffentlichkeit erscheinen; denn da ich von meinem Hof umgeben sein muß, kann ich nicht allein bleiben. Daß es so geschieht, ist übrigens durchaus auch mein eigener Wunsch.

Nun zu Deinem Wappen: Als englischer Prinz besitzt Du nicht das Recht, ebenso wie Onkel Leopold kein Recht hatte, das Englische Wappen zu führen; aber der Souverän hat kraft seines Amtes die Befugnis, es durch königlichen Befehl zuzubilligen; so wurde es für Onkel Leopold durch den Prinzregenten bestimmt, und so will ich es auch für Dich haben. Aber es kann nur durch königlichen Befehl darüber verfügt werden. Deshalb will ich sofort veranlassen, daß ein Siegel für Dich gestochen wird.
Du wirst gewiß auch sehr glücklich sein über die Nachricht, daß meine sehr geliebte Vecto nun bald ihre Verbindung mit dem Grafen von Nemours vollziehen wird. Es ist mir eine ungeheure Freude, denn ich kann das liebe Kind dann häufiger sehen.
Aus der Zeitung ersah ich, daß Du, mein lieber Albert, eine Menge Orden empfangen hast; ja, daß die Königin von Spanien Dir sogar das Goldene Vlies überreichen will...
Leb wohl, liebster Albert, und denke recht oft an Deine getreue

Victoria R.

Gustave Courbet an Maurice Richard

Ein Held der Freiheit

Gustave Courbet, Sohn eines Weinbauern aus Ornans (bei Besançon) kam im Alter von zwanzig Jahren nach Paris, wo er als Autodidakt einen eigenen Weg als Maler suchte. Seine wirklichkeitsnahen Bilder standen im krassen Gegensatz zu der damals üblichen Malerei, die sich mit mythischen und historischen Szenen beschäftigte. Durch Darstellungen wie »Die Steinklopfer« oder »Die Kornsieber« wurde er zum Begründer des Realismus. Vor dem Ausbruch des Deutsch-Französischen Krieges (19. 7. 1870) stand Courbet auf dem Höhepunkt seines Ruhms. Maurice Richard, Minister der Schönen Künste, ernannte ihn zum Ritter der Ehrenlegion. Nach Courbets Ablehnung des bedeutendsten Ehrenzeichens der Nation feierten ihn die Studenten als Held der Freiheit. Die revolutionäre »Commune«, die kurzfristig die Macht in Paris übernahm, wählte Courbet zum Präsidenten der Künstlervereinigung. Später wurde der Maler zur Verantwortung gezogen, weil Mitglieder der »Commune« die Vendôme-Säule – ein Monument, das an Napoleon erinnerte – zerstört hatten. Courbet mußte ins Gefängnis. Anschließend flüchtete er in die Schweiz, wo er 1877 starb.

Paris, 23. Juni 1870

Herr Minister, bei meinem Freund Jules Dupré auf der Isle d'Adam habe ich von der Veröffentlichung eines Dekrets im »Journal officiel« erfahren, das mich zum Ritter der Ehrenlegion ernennt. Dieses Dekret, vor dem mich meine wohlbekannten Auffassungen über Auszeichnungen für Künstler und über Adelstitel hätten bewahren sollen, ist ohne

meine Zustimmung verfaßt worden, und Sie, Herr Minister, glaubten, dazu die Initiative ergreifen zu müssen. Fürchten Sie nicht, daß ich die Gesinnungen verkenne, die Sie dabei geleitet haben. Sie übernahmen das Ministerium der schönen Künste als Nachfolger einer verhängnisvollen Verwaltung, die sich das Ziel gesetzt haben schien, die Kunst in unserem Land zu töten, was ihr durch Korruption oder mit Gewalt gelungen wäre, wenn sich nicht hier und da einige beherzte Männer gefunden hätten, um ihr Einhalt zu gebieten. Sie wollten Ihre Ernennung durch Maßnahmen kennzeichnen, die den Methoden Ihres Vorgängers entgegengesetzt sind.
Dieses Verfahren ehrt Sie, Herr Minister, doch erlauben Sie mir, Ihnen zu sagen, daß weder meine Haltung noch meine Entschlüsse dadurch geändert werden können. Meine staatsbürgerlichen Auffassungen sträuben sich dagegen, eine Auszeichnung anzunehmen, die entschieden auf monarchistischen Prinzipien beruht. Diesen Orden der Ehrenlegion, den Sie in meiner Abwesenheit für mich erwirkt haben, muß ich grundsätzlich zurückweisen.
Ich würde ihn zu keiner Zeit, in keinem Fall und aus keinem Grund angenommen haben. Um so weniger werde ich das heute tun, da sich der Verrat überall häuft und das menschliche Gewissen über soviel Gesinnungslumperei betrübt sein muß.
Ehre beruht weder auf einem Titel noch auf einem Orden, sie liegt in den Taten und in deren Beweggrund. Und zum größten Teil wird sie durch Treue zu sich selbst und seinen Ideen bewirkt. Ich zeichne mich dadurch aus, daß ich den Grundsätzen, die mein ganzes Leben bestimmen, treu bleibe; gäbe ich sie auf, so würde ich die Ehre um des äußeren Scheins willen aufgeben.
Mein künstlerisches Gewissen sträubt sich nicht weniger, eine Belohnung anzunehmen, die mir von der Hand des Staates aufoktroyiert wird. In Kunstdingen ist der Staat unzuständig. Maßt er sich an zu belohnen, so greift er in das

öffentliche Urteil ein. Dieser Eingriff ist durchaus demoralisierend und verhängnisvoll für den Künstler, der dadurch über seine eigene Bedeutung getäuscht wird, und er ist verhängnisvoll für die Kunst, die dadurch in offiziöse Auffassungen gezwängt und zur sterilsten Mittelmäßigkeit verdammt wird; das Klügste für den Staat wäre, die Hände davon zu lassen. An dem Tag, an dem er uns in Ruhe lassen wird, wird er seine Verpflichtungen uns gegenüber erfüllt haben.

Gestatten Sie, Herr Minister, daß ich die Ehre, die Sie mir zu erweisen glaubten, ablehne. Ich bin fünfzig Jahre alt, und ich war immer unabhängig; lassen Sie mich mein Leben in Unabhängigkeit beschließen; wenn ich tot bin, soll man von mir sagen: er hat keiner Schule angehört, keiner Kirche, keinem Verband, keiner Akademie und vor allem keinem Regime, es sei denn dem der Freiheit.

Gestatten Sie mir, Herr Minister, mit dem Ausdruck meiner Gesinnung, mit der ich Sie bekanntmachen durfte, den meiner vorzüglichsten Hochachtung.

Gustave Courbet

Fjodor M. Dostojewski an den Bruder Michail

Den Tod vor Augen

1849 wird der 28jährige Fjodor M. Dostojewski verhaftet, in der Peter-Pauls-Festung in Petersburg eingekerkert und zum Tode durch Erschießen verurteilt. Sein Vergehen: Der Dichter gehörte dem Petraschewskij-Kreis an, einer Gruppe revolutionärer Sozialisten, die u. a. die Leibeigenschaft abschaffen wollte. Wenige Minuten vor der Vollstreckung des Urteils wurde er von Zar Nikolaus I. begnadigt und zu acht Jahren Zwangsarbeit und Militärdienst in Sibirien verurteilt. Die Erfahrungen in sibirischen Lagern schilderte er nach seiner Rückkehr in den »Aufzeichnungen aus einem Totenhaus« (1861). Dostojewski lebte ständig in finanzieller Not. 1870 schrieb er: »Ich habe mein Leben lang darben müssen.« Erst sein letzter Roman »Die Brüder Karamasow« (1880) brachte ihm den langersehnten Ruhm. Ein Jahr später starb Dostojewski in Petersburg.

Peter-Pauls-Festung,
am 22. Dez. 1849

Bruder, mein liebwerter Freund! Alles ist entschieden! Ich bin zu vier Jahren Zwangsarbeit in der Festung (Orenburg, glaube ich) verurteilt und habe hinterher als gemeiner Soldat zu dienen. Heute, am 22. Dezember, wurden wir nach dem Semionow-Exerzierplatz gebracht. Dort wurde uns allen das Todesurteil verlesen, es wurde uns befohlen, das Kreuz zu küssen, unsere Degen wurden über unseren Häuptern zerbrochen, und wir machten unsere letzte Toilette (weiße Hemden). Dann wurden drei an den Exekutionspfeiler gebunden. Ich war der sechste. Drei wurden auf einmal

aufgerufen; infolgedessen war ich in der zweiten Gruppe und hatte nur noch eine Minute zu leben.
Ich dachte an Dich, Bruder, und an alle die Deinen; während der letzten Minute warst Du, Du allein in meinem Sinn, erst da erkannte ich, wie sehr ich Dich, mein teurer Bruder, liebe. Es gelang mir auch, Pleschejew und Durow, die dicht neben mir standen, zu umarmen und ihnen Lebewohl zu sagen. Schließlich wurde die Retraite geblasen. Die Kameraden, die an den Pfeiler gebunden waren, wurden an ihren früheren Platz zurückgeführt, und es wurde uns verkündet, Seine Kaiserliche Majestät schenke uns das Leben. Dann folgten die jetzigen Urteilsverkündigungen. Palm allein ist freigesprochen worden. Er kehrt mit seinem früheren Rang in das Heer zurück.
Ich erfuhr gerade, lieber Bruder, daß wir heute oder morgen fortgeschickt werden. Ich bat, Dich sehen zu dürfen. Aber man sagte mir, das wäre nicht möglich. Ich darf Dir nur diesen Brief schreiben: beeile Dich und antworte mir, sobald Du kannst. Ich fürchte, Du könntest irgendwie von unserer Verurteilung zum Tode erfahren haben. Von dem Fenster des Gefängniswagens aus, in dem wir nach dem Exerzierplatz gebracht wurden, sah ich eine Menge Menschen; vielleicht ist die Kunde zu Dir gedrungen, und Du hast um meinetwillen gelitten. Jetzt wirst Du beruhigter sein.
Bruder! Ich bin nicht verzagt oder niedergedrückt. Das Leben ist überall Leben, Leben in uns selber, nicht in dem, was außerhalb von uns liegt. Es werden Menschen um mich sein, und ein Mensch unter Menschen zu sein und immer ein Mensch zu bleiben, nicht zu verzagen und nicht einem Mißgeschick, das uns befallen mag, zu erliegen – das ist Leben; das ist die Aufgabe des Lebens. Ich habe das erkannt. Dieser Gedanke ist mir in Fleisch und Blut übergegangen.
Ja, es ist wahr! Der Kopf, der schöpferisch tätig war, der das höchste Leben der Kunst lebte, der die edelsten Bedürfnisse des Geistes erkannt und sich an sie gewöhnt hatte, dieser Kopf

ist mir von den Schultern geschlagen worden. Es bleibt die Erinnerung, und es bleiben die Bilder, die geschaffen, aber von mir noch nicht mit Fleisch bekleidet wurden. Sie werden mich foltern, das ist wahr! Aber es bleibt in mir mein Herz und dasselbe Fleisch und Blut, das auch lieben kann und leiden und begehren und sich erinnern, und das heißt ja schließlich: Leben! On voit le soleil! Nun lebe wohl, Bruder! Gräme Dich nicht um mich! ...

Lebe wohl, lebe wohl, Bruder! Ich drücke Dich an meine Brust, ich küsse Dich von Herzen. Denk an mich, ohne daß Dir das Herz weh tut. Gräme Dich, ich bitte Dich, gräme Dich nicht um mich! In meinem nächsten Brief werde ich Dir erzählen, wie es mir geht. Vergiß nicht, was ich Dir gesagt habe: lebe planvoll, vergeude Dein Leben nicht, schmiede selber Dein Schicksal, denke an Deine Kinder! Ach, könnte ich Dich doch sehen! Könnte ich Dich sehen! Lebe wohl! Jetzt reiße ich mich von allem los, was mir teuer war. Es tut weh, es aufgeben zu müssen. Es tut weh, sich selber in zwei Stücke zu zerbrechen, mitten durch das eigene Herz den Schnitt zu führen. Lebe wohl! Lebe wohl! Aber ich werde Dich wiedersehen, das ist meine Überzeugung – das ist meine Hoffnung. Bleibe, wie Du bist, behalte mich lieb, laß die Erinnerung an mich nicht erkalten. Der Gedanke an Deine Liebe wird der beste Teil meines Lebens sein. Lebe wohl und noch einmal: lebe wohl! Lebt alle wohl! Dein Bruder

Fjodor Dostojewski

Johanna Kapp an Gottfried Keller

Kein Glück bei den geliebten Frauen

Gottfried Keller (1819–1890), als Sohn eines Drechslermeisters in Zürich geboren, wollte eigentlich Kunstmaler werden. Nach erfolglosem Studium in München entdeckte er sein literarisches Talent. Durch seine Romane und Novellen (u. a. »Kleider machen Leute«) zählt er heute noch zu den bedeutendsten Dichtern der Schweiz.

Im Herbst 1848 erhielt er von der kantonalen Regierung in Zürich ein Stipendium für ein Studium in Heidelberg. Dort verliebte er sich in Johanna Kapp, die 25jährige Tochter eines Philosophie-Professors. Der kleine Dichter mit den auffällig kurzen Beinen hatte jedoch zeitlebens bei dem schönen Geschlecht kein Glück. Auch Johanna Kapp erwiderte seine Gefühle nicht. In dem Antwortschreiben auf den Antrag Kellers (sie hat seinen Werbebrief vernichtet) enthüllte sie die Tragik ihres Lebens. Ihre Liebe galt dem verheirateten Philosophen Ludwig Feuerbach (1804–1872), der sich für sie jedoch nicht von seiner Frau trennen wollte. Schon am 7. Dezember 1849 verließ Johanna Kapp deshalb Heidelberg und ging als Landschaftsmalerin nach München. Sie starb 1883 in geistiger Umnachtung.

7. November 1849

Lieber, lieber Freund!

Ich bin so tief erschüttert, daß ich kaum weiß, wie ich Ihnen schreiben soll, und doch drängt mich's dazu. Ihr lieber Brief hat mich furchtbar traurig gemacht, obgleich Sie mir's verbieten. Ich möchte Ihnen danken und tu's auch aus vollem Herzen; aber es kommt mir schrecklich traurig vor, daß ich soviel Unheil anrichte. Es ist mir oft ganz unbegreiflich. In den letzten Tagen hab' ich wohl gefühlt, daß Sie mich gern hatten; aber ich hielt es für eine schöne menschliche Teilnahme und hätte mich auch gefürchtet, etwas mehr zu glauben. Nun aber liegt der Reichtum Ihres schönen Herzens plötzlich vor mir in neuem Glanze und ich hab' tief aufseufzen müssen! Ich hab's Ihnen schon gestern gesagt, daß ich ebenso glücklich wie unglücklich, weil ich getrennt bin, aber geliebt! Als ich Ihnen vor acht Tagen meine Gedichte gab, da nahm ich mir innerlich vor, Ihnen nie den Namen dessen zu sagen, in dem mein Wesen aufgegangen. Es schien mir selbst Ihnen gegenüber eine Profanation. Aber heute fühl' ich anders; auch anders wie gestern, da ich es Ihnen gegönnt hätte, aber doch um keinen Preis hätte sagen können. Jetzt aber sind Sie's gewiß wert, und ich fühl's, ich bin's Ihnen schuldig, damit Sie mich ganz begreifen und auch verstehen, wie nach so bittern Herzensqualen mir doch noch ein Leben möglich blieb, das bisher nur auf kurze Zeiten mich mit meinem Geliebten vereinte. Es ist allerdings ein tief tragisches Glück, wenn Augenblicke lange Trennungen aufwiegen müssen; aber selbst wenn meine letzte Hoffnung noch schwinden sollte, ein dauerndes Vereintsein zu ereichen, glaube ich dennoch Kraft zu behalten, um die kurzen Momente als Momente zu erfassen und zu genießen, die mein vielbewegtes Leben erhellen. Sie haben in Ihrem schönen Briefe den geliebten Namen selbst ausgesprochen.

Der Mann, der Ihrem Kopfe ward, was Ihr edles Herz in mir fand, dieser herrliche Mann ist es, und der wundersame Zufall, der Sie uns beide zusammenstellen ließ, hat mich mit stürmischer Freude ergriffen. So mag Ihnen denn das Rätsel gelöst erscheinen. das meine in Schmerzen erblühte Liebe Ihnen sein mußte. Wie verwickelt dieses tragische Verhältnis ist, können Sie aber nicht ahnen; doch glaub ich noch an eine Möglichkeit, die aber mit saurem Kampfe errungen werden muß und nach meinem Gefühl die einzige

Versöhnung wäre für das herbe Leid, darunter viele leiden, am meisten die arme edle Frau, deren Glück ich zerstören mußte.

Erstarren Sie nicht ob den Untiefen, die das Leben hinter anscheinend glücklichen Verhältnissen birgt, verkennen Sie weder mich noch ihn! Wo Sie nicht alles begreifen, glauben Sie das Gute doch, und lassen Sie mich für immer glauben, daß Sie nie irre an mir werden! Mein Herz ist unwandelbar; aber es ist nicht bloß dem Geliebten treu: es bewahrt auch seinen Freunden eine wahre Zuneigung mit Innigkeit. Ich werde Sie nie vergessen.

Die höchste Gabe, die der Mann einem Weibe bieten kann, ist seine Liebe und für dies Geschenk muß ich Ihnen danken, so traurig mich's auch macht. Ich hab' Sie wirklich lieb und glaube Sie zu verstehen in der tiefen Innigkeit Ihres Wesens ... ich weiß, was Sie sind, und darum brauchen Sie mir nicht erst zu geloben, etwas Rechtes werden zu wollen ... Ihr wunderschöner Brief hat mich tief ergriffen! ...

Joseph Victor von Scheffel an die Großmutter

Revisor in Säckingen

Am 9. April 1886 starb Joseph Victor von Scheffel (1826–1886) in seiner Vaterstadt Karlsruhe. Scheffel, der in Heidelberg Jura studiert hatte, trat im Januar 1850 seinen Dienst als Revisor im Bezirksamt von Säckingen, einer Kleinstadt am südlichen Schwarzwald, an. Der Großmutter mütterlicherseits, Katharina Krederer, die ihm in seiner Kindheit viele Märchen und selbsterlebte Geschichten erzählt hatte, schrieb er von dort viele Briefe. Sein eigenes Erzähltalent erkannte Joseph Victor von Scheffel 1854 während einer Studienreise durch Italien. Auf Capri entstand sein berühmtes Versepos »Der Trompeter von Säckingen«.

Säckingen,
den 5ten Juli 1850

Herzliebe Großmutter!
Deinen freundlichen Brief aus der Hub habe ich mit Rührung gelesen, den mächtigen Verweis, den Du mir wegen meines langen Schweigens erteilt, sachdienlich angenommen und dabei gedacht, wie unsere Bauern sagen, wenn sie mit einem Verweis durchkommen: »Ich dank für die gnädige Straf.«
Wenn Du aber in Säckingen wärest, so würdest Du begreiflich finden, daß einer, der sonst viel zu tun hat, im Sommer nicht viel schreibt. Der Schwarzwald ist so schön, und im Rhein schwimmt man so leicht und erquicklich, und die Kultur hat hier so zugenommen, daß das alte Schloß Schönau dahier mit seinen Gartenanlagen, Terrassen und Pavillons von seinem jetzigen Besitzer unritterlicher, aber höchst praktischer Weise in eine Sommerwirtschaft mit Kegelbahn umgewandelt wor-

den ist, und beim dortigen delikaten Bier, im Schatten der alten Kastanienbäume und beim Rauschen der Rheinwellen verträumt Dein Enkel seine Abende.
Neulich bin ich auch in der Schweiz drüben gewesen im Kanton Solothurn in Schönenwerth bei Aarau bei den Gebrüdern Bally, die teils hier, teils drüben große Fabriken haben und prächtige gastfreundliche Leute sind. Dort habe ich eine Großmutter vorgefunden, die neun Söhne und zwei Töchter hat, die bis auf den jüngsten alle verheiratet sind; und diese Großmutter hat am Tag meiner Ankunft die Geburt eines 21. Enkels erlebt und ist frisch und wohlauf und hat ihre neun Söhne zu tüchtigen Leuten herangezogen. Vor der hab ich auch meinen Hut mit Hochachtung abgezogen und ihr gesagt, sie habe so viel geleistet als ein Feldherr oder Staatsmann.
Zum Zeichen, daß ich Deiner in Liebe und Hochachtung gedenke, und als besonderlichen Dank für den Zuschuß, den Du neulich meiner schwindsüchtigen Kasse hast angedeihen lassen, übersende ich Dir anmit einen Rosenkranz, der bei der heiligen Mutter Gottes zu Einsiedeln geweiht worden ist. Es sind neulich viele schöne und häßliche Pilgerinnen von hier nach Einsiedeln gewallfahrtet, und da hab ich eine ersucht, – nicht für mich, denn ich bin in etwas anderer Weise fromm und pilgere an andere Wallfahrtsorte – sondern für meine liebe Großmutter einen Rosenkranz mitzubringen, und hab denselbigen richtig erhalten.
Ich grüße das ganze Haus; der Mutter schreib ich nächstens viel und von allerlei; einstweilen bitt ich um Geduld.
Liebe Großmutter, ich hab Dich ungeheuer lieb und schließe mit der Versicherung meiner ausgezeichneten Hochachtung.
Leben Sie gefälligst hoch!

Dein treuer Enkel
Joseph

Leo Nikolajewitsch Tolstoi an Mahatma Gandhi

Das einfache Leben – ein Vorbild für Gandhi

Leo Nikolajewitsch Graf Tolstoi gehört durch seine Romane und Erzählungen (u. a. »Krieg und Frieden«; »Die Kreuzersonate«) zu den erfolgreichsten russischen Dichtern. Bis 1885 führte er auf seinem Landsitz in Jasnaja Poljana (Gouv. Tula) das sorglose Leben eines reichen Großgrundbesitzers. Im Alter von 57 Jahren änderte er seine Lebensweise. Er zog einfache Bauernkittel an, ging barfuß, gab das Rauchen auf, aß kein Fleisch mehr, suchte die Freundschaft seiner Landarbeiter und unterrichtete die Dorfkinder auf seinem Hof. Der junge Gandhi, der später in einem dreißigjährigen gewaltlosen Kampf die Unabhängigkeit Indiens von der britischen Kolonialmacht errang, verehrte Tolstoi als Vorbild. Aus Südafrika, wo er bis 1914 als Rechtsanwalt und politischer Führer der indischen Einwanderer tätig war, schickte er dem Dichter seine Schriften und berichtete ihm von der »Tolstoi-Farm«, die er in Transvaal (nördliches Südafrika) errichtet hatte. Das Antwortschreiben – Tolstoi ließ für Gandhi noch eine englische Übersetzung anfertigen – erreichte den indischen Freiheitskämpfer erst im Dezember 1910. Da war der russische Schriftsteller bereits gestorben.

Kotschety, 7. September 1910

Ich erhielt Ihre Zeitschrift »Indian Opinion« und habe mich gefreut zu erfahren, welche Erfolge die Gewaltlosigkeit hat. Es drängt mich, Ihnen einige Gedanken vorzutragen, die diese Lektüre in mir angeregt hat.

Je länger ich lebe – und besonders jetzt, da ich den Tod nahen fühle –, desto stärker wird in mir das Bedürfnis, mich über das auszusprechen, was mir am Herzen liegt und von unerhörter

Wichtigkeit scheint: daß nämlich das, was man Verzicht auf allen Widerstand durch Gewalt heißt, letztlich nichts anderes ist als das Gebot der Liebe, das noch nicht durch lügnerische Auslegung entstellt ist. Die Liebe oder, mit anderen Worten: das Trachten der Seelen nach Kommunikation und Solidarität mit den anderen Menschen ist das Höchste und einzige Gesetz des Lebens. Jeder weiß das und fühlt es in der Tiefe seines Herzens (am deutlichsten sehen wir das an den Kindern). Er weiß es, solange er noch nicht in die Lügenmasse des weltlichen Denkens verstrickt ist.

Dieses Gebot haben alle Weisen verkündet: Hindus, Chinesen, Hebräer, Griechen und Römer. Am deutlichsten ist es, glaube ich, von Christus ausgesprochen worden, der mit unmißverständllichen Worten gesagt hat, daß dieses Gebot das »ganze Gesetz und die Propheten in sich schließt«. Aber noch mehr: da er die Entstellungen voraussah, die dieses Gebot bedrohten, hat er ausdrücklich die Gefahr angegeben, es könne durch Leute um seinen Sinn gebracht werden, deren Leben materiellen Interessen gewidmet ist. Er wußte, was jeder vernünftige Mensch weiß, daß die Anwendung von Gewalt mit der Liebe unvereinbar ist. Er wußte, daß das Gebot sofort außer Kraft ist, sobald auch nur in einem einzigen Falle die Gewalt zugelassen wird. Die gesamte christliche Kultur, so glänzend sie scheint, scheitert an diesem so seltsamen flagranten Widerspruch, der in manchen Fällen bewußt gewollt, meist aber unbewußt vollzogen wird.

Ja, wir können in unseren Zeitungen über die Fortschritte der Fliegerei schwätzen, über diplomatische Komplikationen, über Klubs, über Entdeckungen und über die sogenannten Kunstwerke. Aber der Sozialismus, die Anarchie, die Heilsarmee, die wachsende Kriminalität, die Arbeitslosigkeit, der ungeheuerliche Luxus der Reichen, der immer üppiger wird, und das düstere Elend der Armen, die furchtbare Zunahme der Selbstmorde – dieser ganze Zustand weist auf einen inneren Widerspruch hin, der aufgelöst werden wird und

muß. Aufgelöst wahrscheinlich in dem Sinn, daß das Gebot der Liebe anerkannt und jede Anwendung von Gewalt verdammt wird.
Daher steht Ihre Tätigkeit in Transvaal, das für uns am anderen Ende der Welt liegt, dennoch im Mittelpunkt unserer Interessen. Sie ist heute die wichtigste Tätigkeit auf der ganzen Erde.
Es wird Sie gewiß freuen zu erfahren, daß sich auch bei uns in Rußland eine solche Bewegung ausbreitet und daß die Kriegsdienstverweigerungen von Jahr zu Jahr zunehmen. Wie schwach auch bei Ihnen noch die Anzahl der Gewaltlosen und bei uns die Anzahl der Aufsässigen sein mag, die einen wie die andern dürfen sich sagen: »Gott ist mit uns. Und Gott ist mächtiger als die Menschen.«
Zwischen dem christlichen Glaubensbekenntnis selbst in der pervertierten Form, die man uns lehrt, und dem gleichzeitigen Glauben an die Notwendigkeit, sich für die Schlächterei des Krieges zu rüsten, besteht ein so schreiender Widerspruch, daß er sich früher oder später in seiner ganzen Nacktheit enthüllen muß. Dann wird man entweder die christliche Religion vernichten müssen (ohne die aber die Staatsmacht sich schwerlich behaupten kann), oder aber man muß die Heere abschaffen und auf jede Anwendung von Gewalt verzichten (obwohl Gewaltanwendung ebenso nötig ist für die Staatsmacht). Diesen Widerspruch spüren heute alle Regierungen. Ihre englische ebenso wie unsere russische, und daher verfolgen sie, nach dem Gesetz der Selbsterhaltung alle, die den Widerspruch aufdeckten, mit mehr Energie als jede andere staatsfeindliche Tätigkeit. Wir haben es in Rußland erlebt, und wir sehen es nun aus Ihrer Zeitschrift.
Die Regierungen wissen sehr gut, wo die drohendste Gefahr für sie ist, und sie schützen mit ihrer Wachsamkeit nicht nur ihre augenblicklichen Interessen. Sie wissen, es geht für sie um Sein oder Nichtmehrsein.

Anselm Feuerbach an seine Stiefmutter Henriette

Ruhm erst nach dem Tode

Der Studienratssohn aus Speyer fühlte sich als »römischer Maler deutscher Nation«. Anselm Feuerbach (1829–1880) knüpfte in Italien an die Antike an; »Iphigenie« oder »Medea auf der Flucht« hießen seine Bilder. Sein Vater, bald nach Anselms Geburt Witwer, heiratete 1832 erneut und starb 1851. Stiefmutter Henriette ernährte opfervoll den Sohn in Rom. Berühmt wurde er erst nach seinem Tod durch Briefe und Notizen, die seine Stiefmutter herausgab: »Anselm Feuerbach – ein Vermächtnis«.

4. Juni 1863

Liebe Mutter, wenn Du mir schreibst, Du fühlst Dich arm und gedemütigt, so zerreißt Du mir das Herz, Gott sei vor, solange ich ein Haar auf dem Haupt habe, daß meine Mutter das sagen soll. Du sollst Dich in meiner Liebe gehoben fühlen, sprich Dich aus, soll ich kommen auf einige Zeit, mich mit Dir besprechen? Soll ich nächsten Monat kommen? Sage mir, was ich tun soll, was Du bedarfst, was Dir wohl tut. Den römischen Winter und Boden habe ich ja so wie so. Ich habe mich gestern den ganzen Tag der Tränen nicht enthalten können, habe ich gefehlt gegen Deine Liebe, so verzeihe mir. – Du hast gelitten meinethalb, und das soll und darf nicht mehr sein, was ist mir die Kunst, was Rom, wenn es auf Kosten des Heiligsten gehen soll, was Menschen überhaupt verbindet? Sprich Dich aus, ich will Dir ein lieber, treuer Sohn sein, und es ist das nicht bloß Gerede, sondern Du bist mir das Nächste, und alle Rücksichten sollen fallen, alle. Was Du für mich gelitten und getan hast, wer hätte es getan? Sind nicht alle Resultate, die ich erzielen werde, nicht die Hälfte Dein und mein Werk? Und glaubst Du, meine Kunst freut mich nur einen Augenblick, wenn ich Dich vereinsamt und leidend weiß? Ich hätte soviel zu sagen, soviel, aber meine Gedanken sind reicher als meine Worte. Warum so niedergedrückt, die Du ja alles, alles für mich getan hast, ohne Interesse, immer mit gleicher Liebe und Geduld...

Vorwürfe, die ich mir mache, Sorge um Dich machen mich konfus, ich bitte Dich, mir zu sagen, was Dein Herzenswunsch ist, soll ich abbrechen, soll ich weitermachen, ich bin zu allem bereit, zu allem. Ich fühle mich heute recht unglücklich, ich denke und denke. Auch ich, liebe Mutter, bin allein, mein Schaffensdrang drängt vorwärts, mein Herz ist bei Euch, denn was ist Größe ohne Liebe? Es ist wahr, ich habe dieses Jahr mehr an mein als an Dein Wohl gedacht, und das tut mir so wehe, ich war genötigt dazu.

Dein treuer Anselm

Carl Schurz an Gottfried Kinkel

Zwei Vorkämpfer für Demokratie und Freiheit

Carl Schurz (1829–1906) und Gottfried Kinkel hatten sich 1849 an dem badischen Aufstand für eine Reichsverfassung beteiligt. Nach der Niederlage wurde Kinkel zu lebenslanger Haft verurteilt. Mit einem kühnen Streich konnte Schurz 1850 den Freund befreien. Durch Briefkontakt blieben die Freunde verbunden, auch nachdem sich ihre Wege trennten. Kinkel ging nach England, dann als Kunstprofessor nach Zürich; Schurz wanderte nach Amerika aus. In Watertown, US-Staat Wisconsin, trat er 1856 den Republikanern bei und kämpfte für den Präsidentschaftskandidaten John C. Frémont, der für die Sklavenbefreiung eintrat. 1860 war Schurz Mitarbeiter von Abraham Lincoln, 1877 wurde er sogar Innenminister im Kabinett des Präsidenten Rutherford B. Hayes.

Watertown, I. Dezember 1856

Lieber Kinkel, Ich schreibe Dir heute aus dem vollen Behagen meiner Häuslichkeit heraus. Denke Dir ein hübsches Landhaus auf einer sanften Anhöhe, auf Flintenschußweite von der Stadt, mit einem freien Blick auf Fluß und Stadt und die umschließenden Hügel vor sich und einem, hier und da von kleinen Häusern belebten, Eichenwald hinter sich. Im Hause rechts von dem Hausflur zwei hohe und geräumige Zimmer, die durch eine breite Schiebtür miteinander in Verbindung stehen, und im ausgebauten Erkerfenster des einen eine hübsche junge Frau arbeitend und ein spielendes kleines rotbäckiges Posaunengesicht, und im anderen Zimmer ein männliches Wesen am Schreibtisch, von Büchern umgeben, unter denen sich Blackstone und Kent und ähnliche Gesellen durch ihre Dicke hervortun, an den Wänden Gewehre und Jagdgeräte und dergl., und die ganze umgebende Einrichtung so recht gemütlich und behäbig, im vordern Erkerzimmer nicht ohne Eleganz – da hast Du meine Frau und Hans und mich, wie wir in diesem Augenblick leiben und leben. Willst Du die Scenerie vervollständigen, so denke Dir, daß sich heute der Dezember mit einem jener Schneestürme anmeldet, die man nur hier im Westen kennt, die Eisenbahnzüge auf dem offenen Felde zum Stillstehen bringen. Der Sturm singt in den zackigen Spitzbogen unserer Veranda ein vielstimmiges Lied und der wirbelnde Schnee erlaubt uns, wenn wir am Fenster stehen, eine Aussicht von wenigen Schritten: »Solch ein Moment wars nach der großen Aktion« – als ich dazu kam, Dir zu schreiben ...

Wie oft habe ich in den letzten Monaten Dir und uns gewünscht, Du wärest hier! In diesem Lande wird jetzt ein Kampf gekämpft, in welchem wir alle unsern Platz haben – und der tätige Ideenkampf ist doch zuletzt die Würze des Lebens. Der zufriedenste Mensch kann wohl nicht leugnen, daß er hier Manches entbehrt, aber das Bewußtsein, einmal wieder für Etwas da zu sein, einen Gedanken und eine Handlung in die Wagschale des Allgemeinen werfen zu können, ersetzt mir Alles. Zwecke zu haben, die außer uns selbst und unserem nächsten Kreise liegen, ist ein großes Ding und wohl wert, uns selbst und den Unsrigen dafür Etwas zuzumuten. Du kennst wohl die Vorgänge der letzten Monate im Allgemeinen durch die Zeitungen gut genug. Es giebt nichts Sonderbareres als die beiden Parteien nach dem Wahlkampfe, die demokratische, obgleich sie gesiegt hat, mißmutig und niedergedrückt, voll von Furcht wegen dessen, was da kommen mag; die republikanische, obgleich geschlagen, voll von Kraftgefühl, voll von Selbstbewußtsein wegen der gewonnenen Erstlingsresultate und voll von Zuversicht für die Zukunft ...

Meine Frau und ich sprechen in dieser Zeit häufig von dem

gemütlichen Weihnachtsfest, das wir im vorigen Jahr bei Euch feierten, und Du nimmst es gewiß nicht für eine höfliche Redensart, wenn ich Dir sage, daß wir innig wünschen, so Etwas noch einmal zusammen haben zu können. Dieses ist freilich die Zeit der soliden Vorsätze und Bestrebungen, aber wer weiß, was in den nächsten Jahren, wenn alles gut geht, der in uns immer rege Wandergeist noch zu wege bringen wird. Ich verzweifle daran, daß Du Dich dem traurigen England entwinden und in die neue Welt hinüberkommen wirst, und ebenso schwach ist in mir die Erwartung von Ereignissen, die uns in Europa zu einer gemeinsamen Tätigkeit führen könnten. Um so nötiger ist es, daß wir von nun an in Briefen sympathisieren, denn Leute wie wir dürfen einander nicht fremder werden, als die unerbittliche Entfernung im Raum es gebietet.
Grüße Deine Frau und Deine Kinder aufs Herzlichste von uns Allen, besonders von Margarete und Deinem

Carl Schurz

Wilhelm Busch an Nanda und Letty Keßler

Eheglück blieb ihm versagt

Wilhelm Busch hat nie geheiratet. Seine berühmten Bildergeschichten (u. a. »Abenteuer eines Junggesellen«) waren bittere Satiren auf das Eheleben. Trotzdem hat er lange auf das Glück einer Ehe gehofft. Zu den wenigen Frauen, die er liebte, gehörte Johanna Keßler, Gattin eines Frankfurter Bankiers. Vier Jahre, von 1868 bis 1872, war er fast ständiger Gast in ihrem Haus. Doch die Bankiersfrau, die Busch als bedeutenden Maler verehrte, konnte ihm keine Geliebte sein. Ihren Kindern, Nanda und Letty, blieb Busch zeitlebens ein guter Onkel und Briefpartner. Vor allem Nanda suchte noch als erwachsene Frau immer wieder seinen Rat.

Lüethorst d. 28. Juni 1871

Meine liebe Nanda und Letty!
Ihr wißt ja wohl! Wo ich auch bin,
Euch beide hab ich stets im Sinn;
Sei's nun zu Frankfurt an dem Maine,
Sei's zu Hannover an der Leine;
's ist ganz egal und einerlei;
Ich denk an die bewußten Zwei!

Jetzt bin ich hier, wie Ihr ja wißt,
Beim Pfarrer, der mein Onkel ist;
In einer wunderschönen Gegend:
Allein es regent, regent, regent! –
Den ganzen Tag von Morgens früh
Trägt jeder Mensch den Paraplü;
Und legt er Abends sich zur Ruh

Und deckt die müden Glieder zu,
So horcht er noch mit stillem Grausen,
Wie draußen Wind und Regen sausen.
»Na!» – denkt er dann und dämmert ein –
»'s wird Morgen ja wohl annersch sein!« –
Ja, prost! – Des Morgens in der Früh
Plitschplatscht es draußen wie noch nie.

Am Dache, oben in der Rinne,
Da saßen Spatzennester drinne,
Und in den Spatzennestern drein
Hört man viel junge Spatzen schrein.
Schisch! Kommt der Regen angegoßen
Daß alle Spatzen weggefloßen
Bis durch das lange Waßerrohr
Und kommen unten dann hervor
und sausen plidderpladdernaß
In's große Regenwaßerfaß
Und wirbeln drin herum geschwind
Bis daß sie todt und tödter sind.
Die alten Spatzen rings umher
Sehn das mit an und piepsen sehr.

Im Stalle steht auch eine Ziege,
Die konnte früher zur Genüge
Im Grase hupfen froh und frei
Und war auch sehr gesund dabei.
Doch als der viele Regen kam
Und's Hippe nun ein Ende nahm,
Hat sie das Meckern ganz vergeßen
Und steht im Stall und will nicht freßen.
Der Ziegendoctor sprach: »Ja, die,
Die hat ja die Melancholie!
Ja, ja, da ist nicht viel zu Spaßen,
Die müßen wir zur Ader laßen.«

Der Doctor nimmt die Geis beim Ohr
Und zieht das Meßer leis hervor:
»Nun, bitte, halten Sie hübsch still,
Weil ich sogleich beginnen will,
Indem ich Ihres Ohres Spitze
Ein ganz klein, klein, klein wenig ritze!«
Kaum hört dies Wort die Meckerzick,
So zieht sie schnell das Ohr zurück:
Mäh-häh! – Das war ein schöner Schreck,
Denn – ratsch! – das ganze Ohr ist weck!

Nun, Kinder, schreibt mir aber bald,
Ob's auch bei Euch so naß und kalt,
Und ob Ihr bei der bösen Zeit
Noch kreuzfidel und munter seid.

Grüßt tausend Mal das ganze Haus
Vom Keller bis zum Dach hinaus;
Doch Jede, welche dieses liest,
Sei fünf Milliardenmal gegrüßt!!
vom

Onkel Wilhelm

Björnstjerne Björnson an den Dichter Henrik Ibsen

Versöhnung zweier Dichter

Als Studenten hatten sich Björnstjerne Björnson und Henrik Ibsen in Christiana (heute Oslo) gegenseitig zu großen dichterischen Leistungen getrieben. Die Freundschaft zwischen den norwegischen Dramatikern wurde dann aber durch unterschiedliche Ansichten über Literatur und Politik getrübt. 1865 ärgerte sich Ibsen besonders über die harte Kritik Björnsons an seinem Drama »Brand«. Der Streit erregte großes Aufsehen. Der Versöhnungsbrief folgte 1867. Björnson erkannte, daß Ibsen mit »Peer Gynt« das bedeutendste norwegische Bühnenstück geschaffen hatte.

Kopenhagen, Vestergade 110, zweiter Stock
18. November 1867

Teuerster Ibsen! –
Groß ist meine Dankbarkeit für »Peer Gynt«, und ich wüßte mich keines Buchs zu erinnern, das mir in meinen Schriftstellerjahren so sehr den Wunsch nahegelegt hätte, dem Spender warm die Hand zu drücken für seine warme Gabe. Ebenso sicher ist, daß kein Mensch und kein Buch in Norwegen mir persönlich so hilfreiche Dienste geleistet hat wie »Peer Gynt«. Alles, was meiner Arbeit im Wege steht, alles, was ich aus tiefster Seele hasse, umfaßt »Peer Gynt« und so voll und so konzentriert, daß vierhundert Pfaffen zusammengenommen kaum ein so erziehlich wirkendes Seitenstück zustande bringen würden, und doch würden sie höchstens das Verständnis für das Buch erschließen, nicht aber seine positive Arbeit leisten können. Das ist meine Mei-

nung, und in »Norsk Folkeblad« habe ich das meine getan, sie zu popularisieren.
Lieber Ibsen, wenn ich auch immer so viel von Dir gehalten habe, seit Deinem Gedicht »Der Eidervogel«, daß ich über alles in Aufruhr geriet, was mir an Dir mißfiel, Taten wie Schriften – wenn ich immer eine liebende Teilnahme hatte für das, was Dir innerlichst eigen ist und was sich tief und leuchtend mir offenbarte selbst in den Dingen, die mich kränkten: So bin ich jetzt so ganz von Dir erfüllt, daß ich von nichts anderem reden kann als von Deiner Dichtung, an nichts anderes denken kann als an Dich – und da muß ich Dir das wohl auch selbst sagen. Die Treue, die ich in Dir finde (denn wie treu bist Du in diesem Buch!) hat mehr noch als das Buch mein ganzes Herz erobert, – wie auch mein Denken in Deinem Bann ist.
Ich liebe Deine Treue gegen unsere großen Ziele, von der Dänenfrage bis zu den idealsten Ansprüchen. Ich liebe Deinen Zorn, ich liebe den Mut, der ihn mit Waffen ausrüstet. Ich liebe Dein Drama, ich liebe Deine Rücksichtslosigkeit, – hei, das war wie Meeresatmosphäre an der Küste nach der stickigen Krankenzimmerluft, – all mein Denken wurde auf Lachlust, Tatenfreude, rücksichtslosen Wahrheitstrieb gestimmt –, und so wurde das Kleine klein und das Große sandte Licht und Glanz über meine Sehnsucht hin. Am liebsten möchte ich fluchen, wie wenn ich zu lange im Salon französisch gesprochen hätte und hungerte nun nach einem norwegischen Laut.
Ich sitze hier und schreibe »Das Fischermädel« und werfe manchmal einen Seitenblick auf »Sigurd Jorsalfar« –, und ich bin jetzt doppelt froh und hoffnungsvoll bei meiner Arbeit. Kein Mensch hat eine Ahnung, was es heißt, einen Mitarbeiter zu haben, wie ich ihn jetzt habe. Weiter so, weiter so, – und brauchst Du Erholung, so schreibe wie zum Spiel eine satirische Komödie – da liegt der Kernpunkt Deiner Begabung – Du brauchst es nur aus dem Ärmel zu schütteln: die Überzeu-

gung habe ich in noch höherem Maße durch »Peer Gynt« gewonnen. Aber Du hast die Pflicht, auch Bücher wie »Peer Gynt« in die Welt zu senden, solange Du noch ein Schwert schwingen kannst. Man mag einwenden, es sei kein Gedicht, es fehle die abgerundete, methodische Behandlung, meinetwegen – mag das Stück sein, was es will, mag es eine Sense sein und überhaupt kein Buch, – – eine Sense ist es jedenfalls, die häßliche Bäume von vielhundertjährigem Wuchs niedermäht wie andere Sensen das Gras.
Ich hätte Dir viel über das Stück zu sagen, aber dieser Brief ist nicht das geeignete Gefäß; denn er ist ein Liebesbrief, nichts anderes, und antwortest Du nicht, und zwar auf der Stelle, so bist Du der größte Idiot. –
Ja, schreib mir bitte; dann sende ich Dir unverzüglich eine ganze Ladung von allem möglichen Plunder, der Dir so ungefähr ein Bild von den augenblicklichen Verhältnissen in Norwegen geben soll.

Dein treuer
Björnstjerne Björnson

Johannes Brahms an Clara Schumann

Verzicht auf die Erfüllung einer Liebe

Als der Komponist Johannes Brahms 1853 seinen Förderer Robert Schumann in Düsseldorf besuchte, verliebte er sich in dessen Frau, die Pianistin Clara Schumann. Ein Jahr nach dieser Begegnung kam Robert Schumann, der an Depressionen litt, in die Heilanstalt Endenich. Brahms zog nach Düsseldorf. Er kümmerte sich um die Kinder der Schumanns, wenn Clara auf Konzertreise war. In Ehrfurcht vor Robert Schumann (der Komponist starb 1856) verzichtete Brahms jedoch auf ein Zusammenleben mit der Frau, die er über alles liebte.

Düsseldorf, 21. August 1854

Verehrte Frau,
zwei teure Briefe habe ich von Ihnen erhalten, tausend Dank dafür; Sie können durch Ihre Briefe mich kurze Zeit vergessen machen, daß Sie fern sind.
Mir gehen die Worte so schwer aus der Feder, daß wohl sogar meine mündliche Unterhaltung interessanter sein mag. Ich schriebe Ihnen gerne bloß mit Noten, doch habe ich Ihnen heute zu schreiben, was Noten nicht sagen können.
Ich scheue mich fast, Ihnen zu schreiben, daß auch ich Ihren geliebten Mann gesehen habe; es kommt mir – hart – vor, daß wir, die wir ihm so unendlich ferner stehen, ihn eher sehen als Sie, ich gönne es mir nicht, wenn ich an Sie denke.
Den 19. war ich in Bonn, mit Reimers ging ich nach Endenich, wir sprachen den Arzt, und ich war überglücklich, als dieser mir Hoffnung machte, Herrn Sch. sehen zu können.
Es war ungefähr 4 Uhr nachmittags. Herr Sch. trank Kaffee und kam dann in den Garten (es war heitres Wetter).

Ihr teurer Mann hat sich nicht im geringsten verändert, nur etwas stärker ist er geworden. Sein Blick ist freundlich und helle, seine Bewegungen sind ganz dieselben wie früher, die eine Hand hielt er beständig an den Mund, er rauchte in kleinen Zügen wie sonst, sein Gang und sein Gruß waren freier und fester, was ja natürlich ist, da ihn keine großen Gedanken, kein Faust beschäftigen. Der Arzt redete ihn an, ich konnte ihn leider nicht sprechen hören, doch war sein Lächeln und dem Ansehn nach sein Sprechen ganz wie früher.

Herr Sch. besah dann die Blumen und ging tiefer in den Garten, der schönen Fernsicht entgegen, ich sah ihn verschwinden, während ihn die Abendsonne herrlich umleuchtete.

Meine Gefühle in dieser Stunde kann ich Ihnen nicht beschreiben, ich zitterte heftig und konnte mich nur mit größter Kraft halten, nicht hinauszurufen, zu ihm zu eilen. Ich konnte Ihnen nicht wünschen, meine Stelle zu vertreten, Sie hätten es nicht ausgehalten, ich konnte es kaum . . .

Hans von Marées
Der Maler
an sein Modell Melanie Tauber

Für die Malerei auf Glück verzichtet

Am 5. Juni 1887 starb Hans von Marées in Rom. Der Maler, 1837 in Elberfeld geboren, gehörte zu den als »Deutschrömer« bezeichneten Künstlern (u. a. Anselm Feuerbach), die lange in Italien wirkten. Zu Marées bedeutendsten Werken zählen die Fresken in der Zoologischen Station von Neapel. Die Wiener Malerin Tauber (spätere Freifrau von Wieser) lernte er 1872 in Dresden kennen. Das Mädchen, damals 18, nahm bei ihm Unterricht und stand ihm Modell. 1877 begleitete er sie auf einer Reise durch Italien. Daher verliebte er sich in sie. Als »Ritter der alten Schule«, wie sich Marées bezeichnete, fand er aber, daß Künstlerberuf und Ehe unvereinbar seien. Für die Malerei verzichtete er auf Familienglück.

Juni 1877

Geliebte Melanie!
Nach langem Hin- und Herüberlegen entschliesse ich mich zu folgenden Zeilen. Ich glaube damit eine Pflicht gegen Sie und mich zu erfüllen.
Dass ich Sie, liebe Melanie, wirklich und von ganzem Herzen liebe, davon bin ich innerlich überzeugt und auch Ihnen kann dieses Geständnis nichts Neues sagen. Weil dem nun einmal so ist, so liegt mir natürlicherweise nichts mehr am Herzen, als Ihr Glück, so wie mich auch in Wahrheit nichts so tief schmerzen würde, als wenn Ihnen ein Solches verloren gehen sollte. Es wird wohl keine übereilte Vermuthung sein, wenn ich glaube, daß ich Ihnen nicht ganz gleichgültig bin. Darum muß ich hier einiges von mir selbst sagen.

Vor allen Dingen, ich bin im Leben auf nichts anderes als meine Gaben und meine Kräfte angewiesen. Allein dastehend habe ich auch niemals etwas anderes vermißt oder gewünscht. Das Schicksal hat mir doch die grosse Gunst zu Theil werden lassen, dass ich auf weitere und nicht gemeine Zeit lossteuern durfte. Im Grossen und Ganzen habe ich die Zeit nicht unbenützt vorüberziehen lassen; ich habe Manches erworben, was vielleicht nicht zu verachten ist.

Ich habe nicht planlos gelebt, und die Zeit nähert sich, wo sich das zeigen wird. Von Natur nicht ohne Muth, beseelt von Glauben und bewehrt mit festen, selbsterrungenen Ueberzeugungen, hat mich der Blick in die Zukunft nie zittern gemacht. Auch haben solche idealen Bestrebungen meinem Auge nicht die praktische Seite des Lebens verschlossen. Ich bin nicht unaufmerksam auf das Thun Andrer gewesen, und so sind mir auch manche Seiten des praktischen Lebens bekannt und geläufig. Von Hause aus hielt ich es unter der Würde meines Berufes, der ein edler ist, denselben zum eigentlichen Erwerb zu missbrauchen, obgleich mir es oft, wenn ich wollte, nicht so schwer wurde.

Da nun das Leben doch unter allen Umständen einem Verpflichtungen auflegt, für Andre zu sorgen u. s. w., so hat sich diese Scheu auch gelegt oder modificirt. Mein übriges Verhalten im Leben, wenn auch nicht immer tadellos, hat mir das Interesse, die Teilnahme, Liebe und Achtung vieler und vortrefflicher Personen erworben, so dass ich mit meiner persönlichen und gesellschaftlichen Stellung nicht unzufrieden sein kann.

Habe ich bei so bewandten Umständen das Recht, von einem Mädchen zu verlangen, mein Loos zu theilen? Oder kann ich sie dazu auffordern? Und besonders, da ich nicht mehr im ersten Reiz der Jugend blühe. Und wenn ich auch die genügende Kraft besässe, alle billigen und gerechten Anforderungen, die eine junge Dame an das Leben machen kann, zu befriedigen, so darf ich doch nie einen Schritt thun, ein

Mädchen zu einem solchen Schritt zu verleiten. Und müsse ich nicht auch Ansprüche an eine Frau machen? Vor allen Dingen mich in der Liebe zu meinem Beruf und der Ausübung desselben eher zu unterstützen, als darin zu hindern, welches Letztere bei den meisten Damen zu gewärtigen wäre. So, und nicht anders stehen die Sachen.

Aus obigem könnten Sie nun auch vielleicht mein Verhalten gegen Sie richtiger beurtheilen; den Vorwurf der Versteinerung müssen Sie zurücknehmen. Mein zurückhaltendes Wesen basirte auf der Achtung, die mit wirklicher Liebe unzertrennlich ist, oder sein müsste. Wie weit und mit welcher Anstrengung ich mich selber überwunden habe, das ist meine Sache und kann nicht leicht von Andern beurtheilt werden. Wenn ich auch hie und da in nicht geringe Verwirrung gerathen bin, so glaube ich mich doch als einen Mann gezeigt zu haben, dessen Freundschaft man nicht gering- und unterschätzen darf, und dessen Herz zu gut ist, um damit zu spielen.

Dass mancherlei unüberlegte (wie ich überzeugt bin) Aussprüche von Ihnen mich tief schmerzen mussten, und daher nicht zur Vergrösserung meiner Liebenswürdigkeit beitragen konnten, muss Ihnen auch klar sein. Doch das ist nun Alles vorüber; als Mann fühle ich mich verpflichtet, stets so klar, offen und ehrlich als möglich zu sein. Zu zeigen, ob und wie viel Ihnen an meiner Freundschaft gelegen ist, steht bei Ihnen.

Und so hätte ich vor der Hand weiter Nichts zu sagen, als dass die Büste heute abgegangen ist; mögen die harten, starren Züge derselben, weil sie nur die Hülle eines weichen, treuen und zarten Gemüthes sind, nicht unwillkommen sein.

Der Pallas die gebührende Verehrung und Kniebeugung von

Ihrem getreuen Ritter Hans

Geheimrat von Holstein an seine Braut

Die »Graue Eminenz« im Außenamt

Am 24. April 1837, wurde Friedrich von Holstein in Schwedt an der Oder geboren. Dreißig Jahre, von 1876 bis 1906, hatte er in verschiedenen Positionen (u. a. als Privatsekretär Bismarcks und hoher Beamter im Auswärtigen Amt) großen Einfluß auf die deutsche Politik. Nach Bismarcks Sturz (1890) betrieb der Geheime Legationsrat, so sein Titel, einen außenpolitischen Kurswechsel. Er erneuerte den Rückversicherungsvertrag mit Rußland nicht. Dafür suchte er Annäherung an England. Die »Graue Eminenz«, so genannt, weil er nie öffentlich auftrat, war neben Reichskanzler von Bülow und Großadmiral von Tirpitz einer der wichtigsten Vertrauten von Kaiser Wilhelm II. Als Holstein aber während der Marokkokrise (1906) eine härtere Politik gegenüber Frankreich vertrat als der Kaiser, mußte er zurücktreten. Er starb 1909. Seine Kusine Ida von Stülpnagel war die einzige Person, der Friedrich von Holstein private Empfindungen mitteilte. Ihr vertraute er sogar geheime Staatspapiere zur Aufbewahrung an.

Berlin, 26. November 1904

Liebe Ida!

Meine einzige Entschuldigung ist die sehr viele Arbeit. Gestern früh ließ der Reichskanzler mich schon aus dem Bette holen.

Mit dem Kaiserdiner ging es ganz einfach zu. Als ich zum Vortrag ging, erwartete mich der Adjutant des Reichskanzlers, Herr von Schartzkoppen, um mir zu sagen: »Ew. Exzellenz sind für heute um sieben Uhr zum Diner mit Sr. Majestät eingeladen. Die Einladung wird eben geschrieben.« Ich erwiderte mit Seelenruhe: »Die Sache erledigt sich dadurch, daß ich keinen Frack besitze.« Nach dem Vortrage sagte ich zu Bülow: »Sie haben die Freundlichkeit gehabt, mich dem Kaiser vorzuschlagen. Ich bin sehr dankbar, kann aber nicht kommen, da ich keinen Frack besitze, wie ich Ihnen das auch schon mal früher gesagt habe.« Er erwiderte: »Ja, das ist mir aber sehr unangenehm. Der Kaiser sagte schon, als ich Sie vorschlug, der kommt ja doch nicht. Ach was, ich werde da dem Kaiser schreiben, Holstein würde glücklich sein zu kommen, lebt aber seit fünfzehn Jahren zurückgezogen und hat deshalb keinen Frack, dem Kaiser ist das ganz egal.«

So geschah es. Als ich von meinem Mittagessen wieder aufs Amt kam, hatte der Kaiser sagen lassen, ich solle im Überrock kommen.

Der Kaiser war freundlich zu mir. Beim Kommen gab er mir die Hand und machte einen Scherz über den Frack. Ich sagte: »Jaa, Majestät, in sechs Stunden war keiner zu schaffen.«

Während des langen Cercle nach dem Essen hielt ich mich weitab im andern Zimmer. Als der Kaiser sich schließlich setzte, ward ich gerufen. Außerdem saßen Bülow und Tirpitz. Das dauerte etwa dreiviertel Stunden. Am meisten sprach er selber, demnächst ich. Mehrmals richtete ich die Fragen an ihn, die er eingehend beantwortete. Beim Abgehen – der Extrazug hatte schon zu warten – gab er Tirpitz und mir die Hand, der übrigen Gesellschaft machte er eine Kollektivverbeugung.

Der Kaiser ist ein großer Konversationskünstler. Nach dem Essen, in der kleinen Gruppe, wurde zum Teil Politik gesprochen. Beim Essen sprach er von unbedeutenden Dingen, denen er aber durch die Art des Vortrags ein gewisses Interesse gab.

Im Halse hat Seine Majestät nichts, er hat eine helle Stimme wie ein Hahn.

Das ist die Geschichte von dem Kaiserdiner, die übrigens an meinem Leben nichts ändert; bei Hofe melden werde ich

mich nicht. Ich fürchte, Seine Majestät wird mir das wieder verübeln, aber mit meinen siebenundsechzig Jahren und Krüppelaugen lasse ich die Dinge so, wie sie sind.
Jetzt muß ich mich aber schleunigst für das Amt fertig machen, es ist halb zehn.
Welche enormen Jagdresultate! Hundert Hasen auf der Zehdener Pachtjagd! Es ist unglaublich.

In Eile
Fritz

Friedrich Nietzsche an seine Mutter Franziska

Sorge um den Sohn

Durch den frühen Tod seines Vaters – er verlor ihn in seinem fünften Lebensjahr – entwickelte Friedrich Nietzsche eine besonders intensive Beziehung zu seiner Mutter. In seinen Briefen versuchte er immer wieder, sie zu beruhigen, damit sie sich nicht um seine Gesundheit sorgte. Die krankheitsbedingten Schmerzen, die der Philosoph im Laufe seines Lebens erdulden mußte, waren jedoch oft am Rande des Erträglichen. Schon als Schüler litt er ständig an Kopf- und Augenschmerzen. Nach der Militärzeit im Deutsch-Französischen Krieg (1870/71) kamen Magen-, Darm- und Kreislauferkrankungen hinzu. Einen für seine Gesundheit besonders schlimmen Winter verbrachte Nietzsche 1880/81 in Genua. Dort hatte er sein Werk »Morgenröthe« vollendet. In Recoaro, einem Kurbad bei Vicenza, suchte er anschließend vergeblich Erholung. Im Sommer 1881 entdeckte er durch einen Zufall das Dorf Sils-Maria im Engadin. Das Klima im Hochgebirge war für ihn sehr wohltuend. Nietzsche kam in eine euphorische Stimmung und entwickelte dort den Plan für die philosphische Dichtung »Also sprach Zarathustra«. – Nach den vielen körperlichen Leiden kam es 1889 bei Nietzsche zum psychischen Zusammenbruch. Er verfiel in geistige Umnachtung und wurde bis zu ihrem Tod aufopfernd von seiner Mutter gepflegt.

Sils Maria, Mitte Juli 1881

Meine Liebe Mutter,
Nun noch ein Wort von mir, zur Beruhigung. Ich mache mir Vorwürfe über meine Thorheit, Euch meine kurzen Gesundheits-Kärtchen und nichts weiter zu schicken; – so müßt

Ihr einen falschen Eindruck von mir gewinnen. Nie gab es einen Menschen, auf den das Wort »niedergedrückt« weniger gepaßt hätte. Die mehr von meiner Lebensaufgabe und deren unaufhaltsamer Förderung errathen, meinen, ich sei, wenn nicht der Glücklichste, so jedenfalls der Muthigste der Menschen. Mein Aussehen ist übrigens vortrefflich, meine Muskulatur in Folge meines beständigen Marschirens fast die eines Soldaten, Magen und Unterleib in Ordnung. Mein Nervensystem ist, in Anbetracht der ungeheuren Thätigkeit, die es zu leisten hat, prachtvoll und der Gegenstand meiner Verwunderung, sehr fein und sehr stark: selbst die langen schweren Leiden, ein unzweckmäßiger Beruf und die fehlerhafteste Behandlung haben ihm nicht wesentlich geschadet, ja im letzten Jahre ist es stärker geworden, und, Dank ihm, habe ich eines der muthigsten und erhabensten und besonnensten Bücher hervorgebracht, welche jemals aus menschlichem Gehirne und Herzen geboren sind. Selbst wenn ich mir in Recoaro das Leben genommen hätte, so wäre einer der ungebeugtesten und überlegtesten Menschen gestorben, nicht ein Verzweifelnder. Mein Gehirnleiden ist sehr schwer zu beurtheilen, in Betreff des wissenschaftlichen Materials, welches hierzu nöthig ist, bin ich jedem Arzte überlegen. Ja, es beleidigt meinen wissenschaftlichen Stolz, wenn Ihr mir Eurerseits neue Kuren vorschlägt und gar meint, ich »ließe meine Krankheit laufen«. Vertraut mir doch ein wenig mehr auch hierin!

Jeder verständige Arzt hat mir übrigens eine Genesung erst nach einer längeren Reihe von Jahren in Aussicht gestellt. Seid mir ja nicht böse, wenn ich Eure Liebe und Theilnahme in diesem Punkte zurückzuweisen scheine. Aber ich will durchaus mein eigener Arzt nunmehr sein, und die Menschen sollen mir noch nachsagen, daß ich ein guter Arzt gewesen sei – und nicht nur für mich allein. Immerhin gehe ich noch vielen, vielen Leidenszeiten entgegen; werdet nicht darüber ungeduldig, ich bitte Euch von Herzen! Dies macht mich

ungeduldiger als meine Leiden selber, weil es mir zeigt, daß meine nächsten Anverwandten so wenig Glauben an mich haben.
Wer im Geheimen zusehen könnte, wie ich die Rücksichten auf meine Genesung mit der Förderung meiner großen Aufgaben zu verknüpfen weiß, der würde mir keine geringe Ehre zollen. Ich lebe nicht nur sehr muthig, sondern im höchsten Maß vernünftig und unterstützt von einem reichen medizinischen Wissen und unablässigen Beobachten und Forschen.
Von ganzem Herzen und mit der Bitte, mir nichts übel zu deuten.

Euer Sohn und Bruder.

Schreibt mir gute Dinge hier hinauf, wo ich über der Zukunft der Menschheit brüte, und lassen wir alles das kleine persönliche Leiden und Sorgen bei Seite.

Gauguin an Schuffenecker

Vom Makler zum Maler

Als junger Mann war Paul Gauguin ein erfolgreicher Börsenmakler in Paris. An der Börse lernte er Émile Schuffenecker kennen, der davon träumte, Maler zu werden. Gauguin wurde von diesem Wunsch angesteckt. 1881 gaben die Geschäftsleute ihren Beruf auf, um ganz für die Kunst zu leben. Ihr Vorbild war Paul Cézanne. Von dem Verkauf ihrer Bilder konnten sie jedoch nicht leben. Schuffenecker nahm eine Stelle als Kunsterzieher an; Gauguin ging mit seiner Frau Mette, einer Dänin, nach Kopenhagen. Doch die Ehe war nicht glücklich. Im Juni 1885 kehrte Gauguin alleine nach Paris zurück, wo er seinen Lebensunterhalt teilweise als Plakatkleber verdienen mußte. 1896 zog er für immer in die Südsee. Dort entstanden seine berühmten Bilder von dem Leben der Eingeborenen. Erst nach seinem Tod, 1903, auf der Marquesas-Insel Hiva Oa, wurde Gauguin berühmt.

Kopenhagen, 14. Januar 1885

Was mich anlangt, so bin ich augenblicklich ganz durcheinander. Doch je länger ich abends in meinem Bett grüble, je mehr komme ich zu der Überzeugung, daß ich recht habe. Seit langem schon beschäftigen sich die Philosophen mit den Erscheinungen, die wir übernatürlich nennen, und die wir trotzdem mit unseren Sinnen wahrnehmen. In dem Wort »sensation« – Sinnesempfindung – ist alles enthalten. Bei Leuten wie Raffael und andern ging diese »sensation« der gedanklichen Formulierung voran. Sie konnten so weiter Studien machen, ohne jemals diese »sensation« zu zerstören, und deshalb blieben sie Künstler. Für mich ist der große

Künstler gleichzeitig ein Mensch höchster Intelligenz. Ihm strömen die Empfindungen zu, die zartesten und deshalb auch unsichtbarsten Ausgeburten des Gehirns ...
Es gibt edle Farbtöne und gewöhnliche. Es gibt ruhige und tröstliche Farbharmonien, andere Zusammenstellungen regen uns auf durch ihre Kühnheit. Aus der Handschrift eines Menschen erkennt man, ob er offen oder ein Lügner ist.
Sollten uns auch die von einem Maler gewählten Linien und Farben nicht verraten, ob sein Charakter edel oder gemein ist? Nehmen wir Cézanne, den Unverstandenen. Ist er nicht seinem Wesen nach ein Mystiker des Ostens? In den Linien offenbart sich das Geheimnis und die tiefe Ruhe eines Menschen, der liegt und träumt. Die Frage ist schwermütig wie der Charakter der Orientalen. Selbst ein Mensch des Südens, bringt Cézanne ganze Tage damit zu, auf dem Gipfel der Berge im Vergil zu lesen und den Himmel zu betrachten. Deshalb sind auch seine Horizonte so hoch angelegt, ist sein Blau so tief, und sein Rot vibriert in einer erstaunlichen Weise. Die Äneis läßt verschiedene Bedeutungen zu, und man kann sie nach Belieben auslegen. So sind auch Cézannes Gemälde Gleichnisse mit doppeltem Sinn. Seine Hintergründe sind gleichzeitig wirklich und bildhaft. Kurz: Wenn man eins seiner Gemälde sieht, ruft man aus: »Wie seltsam!« Aber er ist eben ein Mystiker. Und für die Zeichnungen gilt das gleiche. Je weiter ich gehe, desto mehr Beispiele finde ich dafür, daß der tiefere Sinn eines Gemäldes etwas ganz anderes ist als seine buchstäbliche Aussage. Wir werden sehen, wer recht hat. Habe ich unrecht, warum denn können Eure Akademiker, die doch alle von den Alten angewandten Mittel kennen, keine Meisterwerke zustande bringen? Weil man sich einen Charakter, eine Intelligenz, ein Herz nicht selbst zusammenbasteln kann, weil der junge Raffael aus seiner Intuition heraus schuf. In seinen Gemälden offenbart sich eine Harmonie der Linien, die man nicht begreifen kann, denn sie kommt aus dem geheimsten, ewig verhüllten Innern

des Menschens. Selbst in dem Nebensächlichen, z. B. einer Landschaft des Hintergrundes, offenbart sich bei Raffael das gleiche Gefühl wie im Antlitz einer seiner Gestalten. Die Reinheit eines Künstlers wird sichtbar in allem, was er schafft. Eine Landschaft von Carolus Durand ist ebenso bordellhaft wie eines seiner Porträts. Ich kann das nicht erklären, aber ich empfinde das so.

Ich bin hier mehr als je mit den quälenden Problemen der Kunst beschäftigt. Weder meine Geldsorgen noch geschäftliche Angelegenheiten können mich davon abbringen. Sie raten mir, ich soll mich Eurer Gesellschaft der Unabhängigen anschließen. Soll ich Ihnen sagen, was da passieren wird? Sie sind heute hundert und werden morgen zweihundert sein. Die Kunsthändler sind zu zwei Dritteln Intriganten. Was sollen aber wir anfangen, die Träumer, die Unverstandenen? Dieses Jahr habt Ihr noch eine gute Presse gehabt. Im nächsten Jahr werden die Kerle den ganzen Dreck aufwühlen und Euch damit bewerfen, damit sie sauber erscheinen.

Kehrt Euch nicht daran, arbeitet in voller Freiheit und wie Verrückte. Dann werdet Ihr Fortschritte machen, und früher oder später wird man Euch anerkennen, wenn Ihr wirklich etwas Wertvolles schafft. Vor allem schwitzt nicht zu lange an einem Gemälde. Ein großes Gefühl kann unmittelbar und schnell dargestellt werden. Bewegt es träumend in Eurem Sinn, und dann sucht die einfachste Form. – Das gleichseitige Dreieck ist die solideste und vollkommenste Form des Dreiecks. Ein längliches Dreieck ist eleganter. In Wahrheit gibt es überhaupt keine Seite. Für unser Gefühl gehen die Linien rechts nach vorn, während die Linien links zurückweichen. Die rechte Hand schlägt zu, die linke wehrt ab. Ein langer Hals sieht graziös aus, aber die tief in den Schultern sitzenden Köpfe wirken nachdenklicher. Eine Ente, die den Kopf in die Luft streckt, lauscht – was weiß ich noch alles! Ich rede einen Haufen Unsinn.

Was die Geschäfte anlangt, so bin ich immer noch am An-

fang. Erfolg werde ich in sechs Monaten sehen, wenn es überhaupt einen Erfolg gibt. Inzwischen sitze ich ohne einen Pfennig da, bis über den Hals in der Scheiße. Deshalb tröste ich mich mit meinen Träumen. – Meine Frau und ich, wir suchen uns über Wasser zu halten, indem wir französische Stunden geben. Ich – – – französische Stunden! – – Ich wünsche Ihnen mehr Glück, als es uns beschieden ist.
Herzlichste Grüße, auch an Ihre Gattin

Ihr P. Gauguin

Vincent van Gogh an seinen Bruder Theo

Nur einer hielt zu ihm

Vincent van Gogh, in Groot-Zundert (Holland) geboren, hätte ohne die Unterstützung durch seinen Bruder Theo nicht als freier Maler existieren können. Theo war Kunsthändler. Ihm verdankte van Gogh auch, daß er nach Südfrankreich gehen konnte. In Arles mietete er »Das gelbe Haus« (so auch der Titel eines seiner Werke). Dort entstanden seine schönsten Bilder, die entscheidend auf die Entwicklung des Expressionsismus wirkten. Am 20. Oktober 1888 zog Paul Gauguin zu ihm. Durch die zeitweilig geistige Verwirrung von van Gogh kam es zu Spannungen zwischen den beiden Brüdern. Nach einem Streit am 23. Dezember 1888 schnitt sich van Gogh das rechte Ohr ab. Der Aufenthalt in einer Heilanstalt brachte keine Besserung. Er starb am 29. Juli 1890 an den Folgen eines Selbstmordversuches.

Arles, Sommer 1888

Ich habe mich nun gestern damit befaßt, das Haus zu möblieren; wie mir der Briefträger und seine Frau gesagt hatten, kommen die Betten, wie man etwas Gediegenes haben will, auf je hundertfünfzig Francs. Alles, was sie mir über die Preise gesagt haben, hat sich als richtig herausgestellt. Also mußte man sich durchzuschlängeln versuchen, und ich habe folgendes getan: ich habe ein Bett aus Nußbaum gekauft und ein anderes aus rohem Holz für mich, das ich später bemalen will.

Dann habe ich Bettwäsche gekauft und zwei Strohmatratzen.

Wenn Gauguin oder ein anderer herkommt, ist sein Bett im Handumdrehen fertiggemacht. Von Anfang an habe ich das Haus nicht für mich allein einrichten wollen, sondern so, daß

jemand mit drin wohnen könnte. Natürlich hat das den größten Teil des Geldes verschlungen. Vom Rest habe ich zwölf Stühle gekauft, einen Spiegel und unentbehrliche Kleinigkeiten, so daß ich nächste Woche schon dort wohnen kann.
Wenn jemand zu Gaste kommt, soll er das hübscheste Zimmer oben haben, das ich so gut wie möglich einrichten will, wie ein wirklich künstlerisches Damenzimmer.
Dann ist oben noch mein eigenes Schlafzimmer, das ich äußerst einfach haben möchte, aber mit derben, großen Möbeln: Bett, Stühle, Tisch, alles aus rohem Holz.
Unten das Atelier und ein zweiter Atelierraum, der gleichzeitig als Küche dient.
Ich will ein richtiges Künstlerhaus daraus machen, aber nichts Gesuchtes, im Gegenteil, gar nichts Gesuchtes, doch alles, vom Stuhl bis zum Bild, soll Charakter haben.
Auch bei den Betten habe ich die landesüblichen zweischläfrigen Betten genommen statt eiserner Bettstellen. Das macht einen Eindruck von Gediegenheit, Dauerhaftigkeit, Ruhe, und wenn man etwas mehr Bettzeug braucht, so ist das zwar schade, aber der Charakter muß gewahrt bleiben!
Wie ich dir schon schrieb, will ich auch mein Bett bemalen, mit drei Motiven. Vielleicht eine nackte Frau, ich habe mich noch nicht entschieden, vielleicht eine Wiege mit einem Kind, ich weiß noch nicht, ich lasse mir Zeit.
Jetzt empfinde ich nicht mehr das leiseste Zögern bei dem Gedanken hier zu bleiben, denn Ideen für die Arbeit kommen mir in Fülle.
In meinem Bild vom Nachtcafé habe ich auszudrücken versucht, daß das Café ein Ort ist, wo man sich ruinieren, wo man verrückt werden und Verbrechen begehen kann. Durch die Gegensätze von zartem Rosa mit blutrot und dunkelrot, von mildem Louis-XV-und Veroneser Grün mit den gelbgrünen und harten blaugrünen Tönen – das alles in einer Atmosphäre von höllischem Backofen und blassem Schwefelgelb – habe ich die finstere Macht einer Kneipe ausdrücken wollen.

Und zwar unter dem Deckmantel japanischer Heiterkeit und der Biederkeit eines Tartarin. Aber was würde Herr Tersteeg zu diesem Bilde sagen, er, der schon vor einem Sisley – Sisley, dem diskretesten und zartesten der Impressionisten! – gesagt hat: »Ich kann es nicht ändern, mir kommt es so vor, als wäre der Künstler, der das gemalt hat, ein bißchen benebelt gewesen.« Vor meinem Bild würde er da sagen, es wäre Delirium tremens im höchsten Stadium.

Pierre Curie
an Marie Sklodowska, spätere Madame Curie
Strahlende Liebe im Labor von Paris

Im Frühjahr 1894 verliebte sich in Paris der 35jährige Wissenschaftler Pierre Curie in die Physikerin Marie Sklodowska. Über ein Jahr warb er um die 27jährige Polin, ehe sie ihm das Jawort gab. In gemeinsamer Forschungsarbeit entdeckte das Ehepaar die radioaktiven Elemente Radium und Polonium. 1903 wurden sie dafür mit dem Nobelpreis für Physik geehrt, den sie sich mit Madame Curie's Doktorvater Henri Becquerel, dem Entdecker der Uranstrahlen, teilten. Nach dem Tode ihres Mannes (1906) erhielt Madame Curie 1911 noch einmal den Nobelpreis, diesmal für Chemie. Sie starb am 4. Juli 1934 an Anämie, einer Folge des dauernden Umgangs mit den strahlenden Stoffen.

Am 10. August 1894

Nichts hätte mir größeres Vergnügen bereiten können als die Nachricht, die ich von Ihnen erhalten habe. Die Aussicht, zwei Monate lang nichts von Ihnen hören zu sollen, war mir äußerst unangenehm gewesen. Ihr Billett war also mehr als willkommen.

Ich hoffe, Sie sammeln einen Vorrat guter Luft an und kommen im Oktober zu uns zurück. Was mich betrifft, so denke ich, ich werde nirgendwo hingehen. Ich werde auf dem Lande bleiben, wo ich den ganzen Tag an meinem offenen Fenster oder im Garten verbringe.

Wir haben einander versprochen – nicht wahr? –, zum mindesten sehr gute Freunde zu sein. Wenn Sie nur nicht Ihren Sinn ändern! Denn es gibt keine bindenden Versprechen: dergleichen kann nicht nach Wunsch und Willen vorgeschrieben werden. Es wäre aber dennoch eine schöne Sache (an die ich kaum zu glauben wage), wenn wir unser Leben nahe beieinander verbringen könnten: hypnotisiert von unseren Träumen – Ihrem patriotischen, unserem humanitären und unserem wissenschaftlichen.

Von allen diesen Träumen ist, glaube ich der letzte der einzige echte. Ich meine damit, daß wir nicht die Macht haben, die soziale Ordnung zu ändern, und hätten wir sie, so wüßten wir nicht, was wir tun sollten: in welcher Richtung wir uns auch betätigen mögen, wären wir nie sicher, ob wir nicht, statt etwas Gutes zu tun, eher Unheil anrichteten, indem wir eine unvermeidliche Entwicklung hemmten. Vom wissenschaftlichen Standpunkt aus dagegen können wir hoffen, etwas zu tun; der Boden ist hier fester, und jede Entdeckung, die wir vielleicht machen, wird, mag sie noch so klein sein, erworbenes Wissen bleiben.

Sehen Sie, wie es geht: wir haben abgemacht, daß wir sehr gute Freunde sein wollen, aber wenn Sie Frankreich in einem Jahr verlassen, wäre es doch eine gar zu platonische Freundschaft zwischen zwei Geschöpfen, die sich nie wiedersehen würden. Wäre es für Sie nicht besser, wenn Sie bei mir blieben? Ich weiß, diese Frage verdrießt Sie, und Sie wollen nicht, daß darüber noch einmal gesprochen wird – und außerdem fühle ich mich so ganz und gar unwürdig von jedem Gesichtspunkt aus. Ich hatte daran gedacht, Sie um die Erlaubnis zu bitten, daß ich Ihnen von ungefähr in Fribourg begegnen dürfe. Aber, wenn ich nicht irre, bleiben Sie dort nur einen Tag, und an diesem Tage werden Sie natürlich unseren Freunden, den Kowalskis gehören. Glauben Sie mir, daß ich bin

Ihr ergebener
Pierre Curie

Der Komponist Hugo Wolf an seine Mutter

Ruhm und früher Wahn

Der österreichische Komponist Hugo Wolf, am 13. März 1860 in Windischgräz geboren, verlebte, wohlbehütet von seinen Eltern, eine glückliche Kindheit. Später, als berühmter Musiker, sehnte er sich noch nach der Knoblauchwurst, die ihm seine Mutter immer zum Geburtstag geschenkt hatte. 1887, als er durch seinen Bruder Gilbert den Brief seiner Mutter empfing, arbeitete er als Musikkritiker in Wien. Aber schon damals hatte er erste eigene Kompositionen geschaffen. Es begann eine große Karriere. In Deutschland wurden seine Lieder nach Gedichten von Mörike, Eichendorff und Goethe stürmisch gefeiert. Stolz hatte Katharina Wolf die Festigung seines Ruhmes verfolgt. Sie mußte aber auch miterleben, wie ihr Sohn 1897 in geistige Umnachtung verfiel. Er starb im Februar 1903 in einer Wiener Heilanstalt – ein halbes Jahr vor seiner Mutter.

1887

Liebe, liebe Mutter

Soeben übergibt mir Gilbert einen Brief von Ihnen, und ein Brief von Ihnen, liebste Mutter, ist für mich, wie Sie wohl denken können, immer ein Fest- und Freudentag. Ich darf nur die altmodischen, zittrigen Buchstaben ansehen, so füllen sich schon mit Tränen die Augen, und jedes liebe Wort zerreißt mir das Herz. Dann weiß ich mich vor Glück gar nicht zu fassen, und nur ein Gedanke, ein Gefühl beherrscht und durchdringt mich, und ich möchte es aller Welt jubelnd zurufen: »Ich habe noch eine Mutter.« – – Wie schmerzlich mußten mich nun Ihre Worte berühren, die mich überreden sollen, den Sommer zu Hause zu verbringen. Ach liebe Mutter, wer wie ich so lange in der Fremde gelebt, den drängt es wie mit Zaubergewalt in die Heimat, in die Arme seiner Lieben, an das Mutterherz, ach! und an das Grab des Vaters...

Nein, liebe Mutter! wir wollen noch lange uns des Lebens freuen, wir wollen einholen, was uns so spärlich zugemessen worden, wir wollen einander leben und lieben und nichts anderes im Sinne haben, als uns das Leben nach Kräften angenehm zu gestalten. Ob ich nach Hause komme? Natürlich! und wie ich mich darauf schon freue! wie! Daß Sie sich nur gut pflegen, schonen, nicht aufregen, nicht verkühlen. Ach, ich könnte vor Freude gleich weinen über alle diese prächtigen Aussichten. Was nun, liebe Mutter, meine Kompositionen anbelangt so werden einige derselben noch in diesem Monat erscheinen und – diesen Trost kann ich Ihnen geben – gut kritisiert werden.

Wenn mir auch schon das Glück nicht in den Schoß fällt, bin ich jetzt doch schon so schlau, dasselbe, wenn es meine Bahn streift, sogleich beim Schopf zu fassen und an meine Fahne zu fesseln. – Noch, liebste Mutter, muß ich Ihnen herzlichst danken, daß Sie genau meinem Wunsche nachgekommen und die bordeaurote Decke geschickt. Auch für den Polster danke ich schönstens. Er kam mir sehr gelegen. Bettzeug benötige ich heuer nicht. Im nächsten Jahr gedenke ich eine unmöblierte Wohnung zu mieten...

Wenn meine Erfolge Ihrem Leben nur irgendeine freundliche Färbung verleihen können, so sollen Sie alles nur mehr im rosigsten Schimmer erblicken, denn mein junger Ruhm ist jetzt mächtig im Aufsteigen und in kürzester Zeit werde ich vielleicht die erste Rolle in der Musikwelt spielen.

Mit vielen Grüßen an die Mädeln und Ihnen dankbarst die Hände küssend

Ihr Sohn
Hugo

Das Abschiedsschreiben des Polarforschers R. F. Scott an die englische Nation

Letzter Kampf im Blizzard

Am 18. Januar 1912, nach einem Marsch von 79 Tagen durch das Eis der Antarktis, erreichten der britische Marinekapitän Robert Falcon Scott (1868–1912) und seine Gefährten Wilson, Bowers, Oates und Evans den Südpol. Zu ihrer grenzenlosen Enttäuschung entdeckten die Forscher, die als erste Menschen den südlichsten Punkt der Erde betreten wollten, daß der Norweger Amundsen einen Monat vor ihnen am Ziel gewesen war. Geschlagen traten sie den Rückweg an; eine Strecke von rund 1500 km bis zu ihrer Basis am Rossmeer.
Im März wurden die vier Männer (Evans war am 18. Februar gestorben) von einem Blizzard überrascht. Sie erfroren in ihrem Zelt, das sie, während der Sturm wütete, nicht verlassen konnten. In den Tagen bis zum 29. März (letzte Eintragung Scotts in sein Tagebuch) schrieben die Männer ihre Abschiedsgrüße. Und Scott verfaßte den Brief an seine Landsleute. Er wurde am 12. November 1912 bei der Leiche gefunden und trug dazu bei, daß der Verlierer Scott britischer Nationalheld wurde.

Die Ursachen der Katastrophe sind nicht in falscher Organisation zu suchen, sondern in unserem Mißgeschick bei allem, was gewagt werden mußte.
1. Der Verlust des Ponytransports im März 1911 zwang mich, später aufzubrechen, als ich beabsichtigt hatte, und die Menge der mitzunehmenden Vorräte zu beschränken.
2. Das Wetter während des ganzen Hinweges und besonders der langanhaltende Sturm auf 83°S hielten uns auf.

3. Der weiche Schnee in den niedrigeren Regionen des Gletschers verlangsamte abermals das Vorwärtskommen.
Wir setzten unsere Willenskraft gegen diese widrigen Umstände ein und überwanden sie, aber unsere Reserven an Vorräten gingen dabei drauf.
Die Ergänzung der Nahrungsmittel, unsere Kleidung, die Depots, die auf der inneren Eisfläche und auf der 700 Meilen langen Strecke zum Pol und zurück angelegt wurden – alles bewährte sich vollkommen bis in jede Einzelheit. Die vorausgeschickte Abteilung wäre in ausgezeichnetem Zustande und mit einem Überschuß an Lebensmitteln zum Gletscher zurückgekehrt, wenn nicht überraschenderweise gerade der Mann ausgefallen wäre, von dem wir es zuletzt erwartet hätten. Denn Edgar Evans galt als der kräftigste von der Abteilung.
Der Beardmore Gletscher ist bei gutem Wetter nicht schwierig, aber auf unserem Rückmarsch hatten wir nicht einen einzigen völlig schönen Tag; dies zusammen mit einem kranken Kameraden vermehrte unsere Sorgen ungemein.
Ich habe anderswo gesagt, daß wir auf fürchterlich höckeriges Eis gelangten, und daß Edgar Evans eine Gehirnerschütterung erlitt. Er starb eines natürlichen Todes. Aber wir Zurückbleibenden waren sehr erschüttert, und die Jahreszeit war schon übermäßig vorgeschritten.
Doch alle oben aufgezählten Umstände waren ein Nichts im Vergleich mit der Überraschung, die uns an der Barriere erwartete. Ich behaupte, unsere Vorkehrungen für den Rückmarsch waren völlig angemessen, und niemand in der Welt würde die Temperaturen und Oberflächen erwartet haben, die wir zu dieser Jahreszeit antrafen. An der höchsten Stelle (auf dem fünf- und sechsundachtzigsten Breitengrade) hatten wir −20°, −30°. An der Barriere, auf dem achtzigsten Breitengrade und 10000 Fuß tiefer, hatten wir −30° am Tage, −47° in der Nacht, und zwar ziemlich regelmäßig, und dabei ständig Gegenwind auf unseren Tagesmärschen. Es ist klar, daß

diese Umstände sehr plötzlich kommen, und unser Zusammenbruch ist sicherlich auf diesen plötzlichen Eintritt strengen Wetters, für den sich, wie es scheint, keine befriedigende Erklärung finden läßt, zurückzuführen. Ich glaube nicht, daß menschliche Wesen jemals einen solchen Monat durchmachen mußten, wie wir ihn durchgemacht haben, und wir wären trotz des Wetters durchgekommen, wäre unser zweiter Gefährte, Kapitän Oates, nicht krank geworden, hätte in unseren Depots nicht Knappheit an Brennmaterial (für die ich nicht verantwortlich bin) geherrscht, und hätte uns schließlich nicht 11 Meilen von dem Depot entfernt, in dem wir uns zum letztenmal verproviantieren zu können gehofft hatten, der Sturm überfallen.

Sicherlich hätte uns kein ärgeres Mißgeschick treffen können als dieser letzte Schlag. Wir gelangten bis auf 11 Meilen an unser altes Ein-Tonnen-Lager heran, wo wir Brennmaterial für eine letzte Mahlzeit und Lebensmittel für zwei Tage gefunden hätten.

Seit vier Tagen sind wir nicht imstande gewesen, das Zelt zu verlassen. Rings um uns heult der Sturm. Wir sind schwach, das Schreiben fällt mir schwer, aber ich für meinen Teil bereue diese Reise nicht, denn sie hat eins bewiesen: Engländer können Mühsale ertragen, einander helfen und dem Tode mit dem gleichen Mute entgegengehen wie nur je in der Vergangenheit. Wir nahmen Gefahren auf uns; wir wußten, daß wir es taten; die Umstände waren gegen uns, und deshalb haben wir keinen Grund zur Klage, sondern fügen uns in den Willen der Vorsehung, entschlossen, unser Bestes bis zuletzt zu tun. Wenn wir aber bereit gewesen sind, für dieses Unternehmen, das der Ehre unseres Landes dient, unser Leben zu opfern, so wende ich mich an unsere Landsleute mit der dringenden Bitte, darauf zu sehen, daß für die, die von uns abhängen, angemessen gesorgt wird.

Wären wir am Leben geblieben, so hätte ich eine Geschichte von der Kühnheit, Ausdauer und dem Mute meiner Gefährten erzählen können, die das Herz jedes Engländers bewegt haben würde. Diese knappen Aufzeichnungen und unsere Leichen müssen für uns sprechen; aber sicherlich, sicherlich wird ein so großes und reiches Land wie das unsere darauf sehen, daß für die, die auf uns angewiesen sind, angemessen gesorgt wird.

R. Scott

Zarin Alexandra an Nikolaus II., Rußlands letzten Zaren

Vor der Revolution dem Zaren eine große Zukunft prophezeit

Wenige Wochen vor Ausbruch der russischen Revolution versuchte Zarin Alexandra Feodorowna (1872–1918) ihrem Gatten, Zar Nikolaus II., das Gefühl zu geben, daß er noch eine große Zukunft habe. Der Zar befand sich im Hauptquartier. Mitten im Ersten Weltkrieg hatte er sich dazu entschlossen, an die Spitze des Heeres zu treten. Er war jedoch weder ein guter Feldherr noch ein starker Herrscher. Ein Antwortschreiben an seine Gattin mit seinem »herzinnigen Dank für die strenge Schelte« unterzeichnete er: »Dein armer, willensschwacher Gemahl.«
Ihre Zuversicht empfing die Zarin, eine Enkelin der englischen Königin Victoria, von dem Mystiker Rasputin. In Nachfolge des Wundertäters Dr. Philippe hatte Rasputin ab 1907 verhängnisvollen Einfluß am Zarenhof gewonnen. In dem Brief nannte ihn die Zarin mit seinen Vornamen Grigorij und bezeichnete ihn als »lieber Freund«. Zwölf Tage später, in der Nacht zum 17. Dezember, wurde Rasputin vom Fürsten Jussopow ermordet. Es war der Auftakt zu weiteren Unruhen. Nach drei verlustreichen Kriegsjahren meuterten die Armeen; die hungernden Massen verlangten Frieden und Brot.
Am 15. März 1917 dankte der Zar ab. Er und seine Familie wurden am 16. Juli 1918 von roten Revolutionären erschossen.

Zarskoje Selo
den 4. Dez. 1916

Mein teurer Schatz!
Lebe wohl, Du mein Geliebter!
Es ist ein großer Schmerz, Dich ziehen lassen zu müssen – schlimmer als alles nach den harten Zeiten, die wir durchlebt

und durchkämpft haben. Aber Gott, der ganz Liebe und Erbarmen ist, hat es so gefügt, daß eine Wendung zum Besseren eingetreten ist – nur noch etwas Geduld und das tiefste Vertrauen auf die Gebete und die Hilfe unseres Freundes – dann wird alles gut werden. Ich bin fest davon überzeugt, daß für Deine Regierung und für Rußland große und schöne Zeiten kommen.

Sei nur guten Mutes, lasse Dich durch keine Reden oder Briefe niederdrücken – laß sie vorübergehen wie etwas Unreines, das man schnell vergessen muß.

Zeige allen, daß Du der Herr bist, und man wird sich unter Deinen Willen beugen, die Zeit der Schonung und Sanftmut ist vorüber – jetzt kommt die Zeit da Du mit Deinem Willen und Deiner Macht regierst, und sie sollen gezwungen werden, sich vor Dir zu beugen und Deinen Befehlen zu gehorchen und zu arbeiten, wie und mit wem Du es verlangst – Gehorsam muß man ihnen beibringen, sie kennen die Bedeutung dieses Wortes nicht, Du hast sie durch Deine Freundlichkeit und Deine Bereitschaft, alles zu verzeihen, verwöhnt.

Warum hassen die Leute mich? Weil Sie wissen, daß ich einen starken Willen habe, und daß ich, wenn ich etwas für richtig halte (und wenn Gregorij seinen Segen dazu gibt), meinen Sinn nicht ändere, und das können sie nicht vertragen. Aber das sind die Schlechten.

Denke daran, was Mr. Philipps sagte, als er mich mit einer Glocke verglich. Da Du so gütig, vertrauensvoll und sanft wärest, müßte ich Deine Glocke sein: wer mit schlechten Absichten käme, würde sich mir nicht nähern können, und ich würde Dich warnen ...

Aber bald wird alles vorübergehen, es wird lichter – auch das Wetter klärt sich auf, das ist ein gutes Zeichen, denke daran.

Und unser lieber Freund betet so inständig für Dich – ein Mann Gottes in unserer Nähe gibt uns die Kraft, den Glauben und die Hoffnung, die man so bitter nötig hat. Und andere können Deine große Ruhe nicht verstehen und glauben des-

halb, Du begreifst nichts, und versuchen Dich nervös zu machen, Dir Angst einzuflößen, Dich aufzustacheln. Aber sie werden es bald müde werden.
Sollte die liebe Mutter schreiben, so vergiß nicht, daß die Michels hinter ihr stehen. – Beachte es nicht und nimm es Dir nicht zu Herzen – Gott sei Dank, daß sie nicht hier ist, aber gütige Menschen dieser Art finden Mittel, durch Briefe Unheil zu stiften. – Alles wendet sich zum Guten – die Träume unseres Freundes bedeuten so viel. Liebster, gehe zu der Heiligen Jungfrau von Mohilew und finde dort Frieden und Stärke – gehe nach dem Tee hinüber, bevor Du empfängst, und nimm Baby mit Dir, ganz im stillen – es ist so ruhig dort – und Du kannst Deine Kerzen aufstellen. Laß die Leute sehen, daß Du ein christlicher Herrscher bist, und sei nicht scheu – selbst ein solches Beispiel wird anderen helfen. –
Wie werden die einsamen Nächte sein? Ich kann es mir nicht vorstellen. Der Trost, Dich fest in meinen Armen zu halten – er lullte den Schmerz der Seele und des Herzens ein, und ich versuchte, meine ganze endlose Liebe, meine Gebete, meinen Glauben und meine Stärke in meine Liebkosungen zu legen. Du bist mir so unsagbar teuer, mein herzlieber Gemahl. Gott segne Dich und mein Kleinod, unser Baby – ich bedecke Euch mit Küssen – wenn Du traurig bist, dann gehe in Babys Zimmer und setze Dich dort hin und weile still unter seinen netten Leuten. Küsse das geliebte Kind, und Du wirst Dich erwärmt und ruhig fühlen. Meine ganze Liebe gieße ich über Dir aus, Sonne meines Lebens. –
Schlafe wohl, mit Herz und Seele bin ich bei Dir, meine Gebete umschweben Dich – Gott und die Heilige Jungfrau werden Dich niemals verlassen.

Auf immer und ewig
Die Deine

Paula Modersohn-Becker an ihren späteren Ehemann Otto Modersohn

Wirren einer Künstlerliebe

Im Sommer des Jahres 1900 verliebte sich die 24jährige Malerin Paula Becker in ihren Kollegen Otto Modersohn. Er hatte 1889 zu den Begründern der Künstlerkolonie Worpswede bei Bremen gehört. Nach der Hochzeit im Mai 1901 spürte sie die Fesseln der Ehe. Mehrmals zog sie für längere Zeit nach Paris. Doch immer kehrte sie zu ihrem Mann in das Künstlerdorf zurück. Sie starb dort am 20. November 1907, wenige Tage nach der Geburt ihrer Tochter Tille.

Bremen, 26. Dezember 1900

Wie hast Du mir süß geschrieben Du! Dein Brief war wie ein weiches Kosen Deiner Hände. Und ich hielt mich Dir hin und ließ es mir so gerne gefallen.

Wie ist doch die Liebe so ein seltsam Ding. Wie wohnt sie in uns und ruht sie in uns und nimmt Besitz von jedem Fäserlein unseres Körpers. Und hüllt sich ein in unsere Seele und bedeckt sie mit Küssen.

Das Leben ist ein Wunder. Es kommt über mich, daß ich oftmals die Augen schließen muß, wie wenn Du mich in den Armen hältst. Es überrieselt mich und durchleuchtet mich und schlägt in mir satte, verhaltene Farben an, daß ich zittere. Ich habe ein wundervolles Gefühl der Welt gegenüber. Laß sie treiben, was sie will, und hinken statt tanzen, soviel sie will, und schreien statt singen, soviel sie will. Ich gehe an Deiner Seite und führe Dich an der Hand. Und unsere Hände kennen sich und lieben sich und ihnen ist wohl.

So zwei sich lieben von ganzem Herzen,
Sie können ertragen der Trennung Schmerzen.

So zwei sich lieben von ganzer Seele,
Sie müssen leiden des Himmels Befehle.
So zwei sich lieben mit Gottesflammen,
Geschieht ein Wunder und bringt sie zusammen.

Und bei uns geschieht das Wunder! Wir sehen uns wieder trotz des Abschieds in der kleinen Vogeler-Bibliothek. Und bald, mein Schatz, bald. Komm, wann Du willst, Lieber. Komm Silvester oder komm am zweiten, mache es ganz, wie Du wünschest, ich finde alles gut.

Ich habe das wundervolle Gefühl, als ob in dieser Zeit der Trennung unsere Liebe geläutert und durchseelter würde. Das erfüllt mich mit einer dankbaren Frömmigkeit gegen das Weltall. Mein König Roter! Ich bin das Mägdlein, das Dich liebt, und das sich Dir schenkt, und dessen Scham vor Dir gebrochen liegt und zerronnen ist wie ein Traum. Und das ist meine Demut. Lieber, daß ich mich gebe, wie ich bin und in Deine Hände lege und rufe: Hier bin ich.

So sei es bis an unseres Lebens Ende. Laß Dir leise den Roterbart streicheln und empfange einen Kuß auf jede Wange, und dann nimm meine Seele auf und trinke sie. Trinke sie in einem heißen Kuß der Liebe.

Paula Modersohn-Becker an Clara Westhoff

Rilke rettet die Freundschaft der beiden Künstlerinnen

Die Malerin Paula Modersohn-Becker kam 1898 in das Künstlerdorf Worpswede. Dort befreundete sie sich mit der zwei Jahre jüngeren Kunstschülerin Clara Westhoff. Beide Frauen verband ein Ziel. Sie wollten sich in der von Männern beherrschten Kunstwelt durchsetzen. Obwohl sie sich drei Jahre lang fast täglich sahen, sprachen sie sich gegenseitig immer mit dem förmlichen »Sie« an. Ihre Freundschaft sollte etwas Außergewöhnliches bleiben. Zu einer Verstimmung kam es, nachdem Clara Westhoff den Dichter Rainer Maria Rilke geheiratet hatte. Rilke sah in Worpswede keine Möglichkeit, eine Familie zu ernähren. Deshalb verließ das junge Paar die Künstlerkolonie. Paula Modersohn-Becker erkannte diesen Grund nicht. Sie glaubte an persönliche Motive, die mit ihr zusammenhingen. Der Dichter antwortete auf die Vorwürfe in ihrem Brief freundlich. Er forderte sie auf, Vertrauen in die Liebe anderer Menschen zu haben. Die Freundschaft zwischen Paula Modersohn-Becker und Clara Rilke-Westhoff blieb dadurch erhalten.

Worpswede, den 10. Februar 1902

Liebe Clara Westhoff,
... Sie haben seit dem Nachmittage, als ich Ihnen das Geld in Ihr kleines Zimmer hinterm Schlosse brachte, sehr gekargt. Und ich, die ich dem Leben anders gegenüberstehe, ich hatte Hunger. Ist Liebe denn nicht tausendfältig? Ist sie nicht wie die Sonne, die alles bescheint? Muß sie einem alles geben? Und andern nehmen?
Darf Liebe nehmen? Ist sie nicht viel zu hold, zu groß, zu allumfassend? Clara Westhoff, leben Sie doch, wie die Natur

lebt. Die Rehe scharen sich in Rudeln und die kleinen Meisen vor unserem Fenster haben ihre Gemeinschaft und nicht nur die der Familie.

Ich folge Ihnen ein wenig in Wehmut. Aus Ihren Worten spricht Rilke zu stark und zu flammend. Fordert das denn die Liebe, daß man werde wie der andere? Nein und tausendfach nein. Ist nicht dadurch der Bund zweier starker Menschen so reich und so allbeglückend, daß beide herrschen und beide dienen in Schlichtheit und Friede und Freude und stiller Genügsamkeit?

Ich weiß wenig von Ihnen beiden, doch wie mir scheint, haben Sie viel von Ihrem alten Selbst abgelegt und als Mantel gebreitet, auf daß Ihr König darüberschreite. Ich möchte für Sie, für die Welt, für die Kunst und auch für mich, daß Sie den güldenen Mantel wieder trügen.

Lieber Rainer Maria Rilke, ich hetze gegen Sie. Und ich glaube, es ist nötig, daß ich gegen Sie hetze. Und ich möchte mit tausend Zungen der Liebe gegen Sie hetzen und Ihre schönen bunten Siegel, die Sie nicht nur auf Ihre feingeschriebenen Briefe drücken.

Clara Westhoff, in dem Zimmer vom vergangenen Jahre, wo mein Mann wohnte und Gerhart Hauptmann, da wohnten auch Sie. Ich glaube, ich habe ein treues Herz, ein deutsches schlichtes Herz. Und ich glaube auch, daß keine Macht der Welt Ihnen die Erlaubnis gibt, dies Herz zu treten. Und ich glaube, wenn Sie es tun, so wird der Fuß, der tritt, nicht schöner.

Und das alles sollte die Liebe fordern? Denken Sie an die Neunte Symphonie, denken Sie an Böcklin. Sind das nicht Gefühle, die überquillen, spricht das denn nicht gegen Ihre neue Philosophie? Schlagen Sie Ihre Seele nicht in Ketten, und wären es güldene, die gar lieblich sängen und klängen.

Ich segne Euch beiden Menschen. Geht denn das Leben nicht, wie wir sechs es uns einst dachten? Wenn Ihr auch unter uns seid, sind Eure Seelen nicht auch in dieser größeren

Gemeinschaft vereint? Können wir denn nicht zeigen, daß sechs Menschen sich liebhaben können? Das wäre doch eine erbärmliche Welt, auf der das nicht ginge. Und ist unsere denn nicht wunderschön und zukünftig? Ich bin Ihre alte Paula Becker, und bin stolz, daß meine Liebe so viel dulden kann und von gleicher Größe bleibt.
Ich danke Ihnen, lieber Freund, sehr für Ihr schönes Buch. Und bitte, bitte, bitte, geben Sie uns keine Rätsel auf. Mein Mann und ich, wir sind zwei einfache Menschen, wir können so schwer raten, und hinterher tut uns der Kopf weh und das Herz.

Antoine de Saint-Exupéry an seine Mutter

Zärtliche Botschaft in Briefen

Durch das Märchen »Der kleine Prinz« und Romane über die Fliegerei (u. a. »Wind, Sand und Sterne«) wurde der Pilot Antoine de Saint Exupéry einer der berühmtesten Dichter des 20. Jahrhunderts. Als Vierjähriger verlor er den Vater. Um so inniger war die Beziehung zu seiner Mutter. Er schrieb ihr zahlreiche Briefe von seinen Einsätzen aus vielen Ländern der Welt. Am 31. Juli 1944 kehrte der französische Flugoffizier von einem Aufklärungsflug nicht mehr zurück.

Camp d'Avord, Oktober 1922

Meine kleine Mama
Eben las ich wieder Deinen so liebevollen Brief, den Du mir neulich geschrieben hast. Meine kleine Mama, wie gern wäre ich bei Dir! Wenn du wüßtest, wie ich täglich lerne, Dich noch etwas lieber zu haben. Ich schrieb nicht die letzten Tage, aber wir haben gegenwärtig so viel zu tun!
Es ist schönes und mildes Wetter heute abend, aber ich bin traurig, ich weiß nicht weshalb. Diese Ausbildung in Avord ist auf die Dauer so ermüdend. Sehr nötig habe ich eine Ruhekur in Saint-Maurice und daß Du bei mir bist.
Was treibst Du, Mama? Malst Du? Du hast mir nichts von Deiner Ausstellung erzählt...
Schreib mir! Deine Briefe tun mir wohl; sie kommen zu mir wie ein frischer Luftzug. Meine kleine Mama, wie bringst Du es nur fertig, die so köstlichen Dinge zu finden, die Du sagst? Sie bewegen einen den ganzen Tag.
Ich brauche Dich ebenso sehr wie damals, als ich ganz klein war. Die Feldwebel, die militärische Disziplin, die Kurse über

Taktik, was ist das alles für trockenes und sprödes Zeug! Ich sehe Dich vor mir, wie Du die Blumen im Salon ordnest und bekomme eine Wut auf sie: auf die Feldwebel.

Wie konnte ich Dich nur manchmal zum Weinen bringen? Wenn ich daran denke, bin ich so unglücklich. Ich ließ dich an meiner Zärtlichkeit zweifeln. Und doch: wenn Du nur von ihr wüßtest, Mama.

Du bist das Beste, was ich im Leben habe. Ich habe heute abend Heimweh wie ein kleiner Junge. Wenn ich mir vorstelle, daß Du dort herumgehst und sprichst, und daß wir zusammen sein könnten, und daß ich nichts von Deiner Zärtlichkeit habe, und daß ich Dir keine Stütze bin.

Mir ist wahrhaftig zum Heulen heute abend. Du bist der einzige Trost, wenn man traurig ist. Als ich ein kleiner Junge war, kam ich mit meinem dicken Ranzen auf dem Rücken nach Hause, schluchzend, weil ich bestraft worden war – Du erinnerst Dich doch an Le Mans; und nur durch einen Kuß von dir war alles vergessen. Du warst ein allmächtiger Schutz gegen die Aufpasser und den Pater Präfekten. Man fühlte sich geborgen in Deinem Hause, man gehörte zu Dir; wie gut war das.

Nun, jetzt ist das ebenso, Du bist meine Zuflucht, Du weißt alles, Du läßt alles vergessen, und ob man will oder nicht, man fühlt sich als ganz kleiner Junge.

Mama, ich verlasse Dich. Die Arbeit wächst mir über den Kopf. Ich werde noch ein letztes Mal am Fenster frische Luft schöpfen. Die Frösche hier quaken wie in Saint-Maurice, aber sie quaken bei weitem nicht so gut!

Ich umarme dich zärtlich.

Dein großer Sohn Antoine

Morgen im Flugzeug werde ich mindestens fünfzig Kilometer in Deiner Richtung fliegen, damit ich mir einbilden kann, daß ich zu Dir unterwegs bin.

Pater Alfred Delp
Die letzten Worte eines Jesuitenpaters für seine Freunde
Ein Opfer für die Menschlichkeit

Der Jesuitenpater Alfred Delp wurde 1941 als Seelsorger an die St. Georg-Kirche in München berufen. Sein Provinzialoberer, Pater Rösch, führte ihn 1942 in den Kreisauer Kreis ein, eine Gruppe von Widerstandskämpfern, die sich auf dem Gut des Grafen Helmuth James von Moltke in Kreisau konstituiert hatte.
Die Mitglieder des Kreises sahen den Untergang der nationalsozialistischen Herrschaft voraus. Sie planten eine Neuordnung Deutschlands. Nach dem mißglückten Attentat von Claus Graf Schenk von Stauffenberg auf Hitler (20. Juli 1944) wurden die meisten Widerstandskämpfer verhaftet, darunter auch Alfred Delp.
Obwohl er persönlich gewaltsame Aktionen immer abgelehnt hatte, verurteilte ihn der fanatische Richter Roland Freisler zum Tode. Am 2. Februar 1945 wurde Alfred Delp im Gefängnis Berlin-Tegel hingerichtet. Wenige Tage zuvor hatte er mit gefesselten Händen den Abschiedsbrief an seine Freunde geschrieben.

1945

Ist es nun Torheit, noch zu hoffen, oder Einbildung oder Feigheit oder Gnade? Ich sitze oft da vor dem Herrn und schaue ihn nur fragend an.
Auf jeden Fall muß ich mich innerlich gehörig loslassen und mich hergeben. Es ist Zeit der Aussaat, nicht der Ernte. Gott sät; einmal wird er auch wieder ernten. Um das eine will ich mich mühen: wenigstens als fruchtbares und gesundes Saat-

korn in die Erde zu fallen. Und in des Herrgotts Hand. Und mich gegen den Schmerz und die Wehmut wehren, die mich manchmal anfallen wollen. Wenn der Herrgott diesen Weg will – und alles Sichtbare deutet darauf hin –, dann muß ich ihn freiwillig und ohne Erbitterung gehen. Es sollen einmal andere besser und glücklicher leben dürfen, weil wir gestorben sind.

Auch, Freunde, daß die Stunde nicht mehr schlug und der Tag nicht mehr aufging, da wir uns offen und frei gesellen durften zu dem Wort und Werk, dem wir entgegenwuchsen. Bleibt dem stillen Befehl treu, der uns innerlich immer wieder rief. Behaltet dieses Volk lieb, das in seiner Seele so verlassen und so verraten und so hilflos geworden ist. Und im Grunde so einsam und ratlos, trotz all der marschierenden und deklamierenden Sicherheit. Wenn durch einen Menschen ein wenig mehr Liebe und Güte, ein wenig mehr Licht und Wahrheit in der Welt war, hat sein Leben einen Sinn gehabt.

So lebt denn wohl. Mein Verbrechen ist, daß ich an Deutschland glaubte auch über eine mögliche Not- und Nachtstunde hinaus. Daß ich an jene simple und anmaßende Drei-Einigkeit des Stolzes und der Gewalt nicht glaubte. Und daß ich dies tat als katholischer Christ und als Jesuit.

Das sind Werte, für die ich hier stehe am äußersten Rande und auf den warten muß, der mich hinunterstößt: Deutschland über das Heute hinaus als immer neu sich gestaltende Wirklichkeit – Christentum und Kirche als die geheime Sehnsucht und die stärkende und helfende Kraft dieses Landes und Volkes – der Orden als die Heimat geprägter Männer, die man haßt, weil man sie nicht versteht und kennt in ihrer freien Gebundenheit oder weil man sie fürchtet als Vorwurf und Frage in der eigenen anmaßenden, pathetischen Unfreiheit.

Ich aber will hier ehrlich warten auf des Herrgotts Fügung und Führung. Ich werde auf ihn vertrauen, bis ich abgeholt werde. Und ich werde mich mühen, daß mich auch diese Lösung und Losung nicht klein und verzagt findet.

Helmuth Graf von Moltke an seine Frau

Der Patriot in den Fängen des Diktators

Helmuth James Graf von Moltke wurde am 11. März 1907 in Kreisau (Schlesien) geboren. Schon früh erkannte er, daß Hitler Deutschland ins Chaos führen werde. Zusammen mit seinem Freund Peter Yorck von Wartenburg sammelte er ab 1940 eine Gruppe von Gegnern des Nationalsozialismus um sich. Sie wollten Vorbereitungen für die Zeit nach dem Zweiten Weltkrieg treffen. Von der Gestapo erhielt diese Gruppe den Namen »Kreisauer Kreis«. Das Ziel des Kreises war der Aufbau einer neuen Demokratie in Deutschland. Das Christentum sollte eine Grundlage dieser neuen Gesellschaft sein. Nach dem mißlungenen Attentat auf Hitler (Moltke war daran nicht beteiligt) erfuhren die Nationalsozialisten die Namen vieler ihrer Feinde. Auch Moltkes Name gehörte dazu. Er wurde von Staatsanwalt Schulze wegen Hochverrats angeklagt und von Freisler, dem Präsidenten des Volksgerichtshofes, zum Tode verurteilt. Am 23. Januar 1945 fand die Hinrichtung statt.

Tegel, den 19. Januar 1945

Mein liebes Herz, zunächst muß ich sagen, daß ganz offenbar die letzten 24 Stunden eines Lebens gar nicht anders sind als irgendwelche anderen. Ich hatte mir immer eingebildet, man fühle das nur als Schreck, daß man sich sagt: nun geht die Sonne das letztemal für Dich unter, nun geht die Uhr nur noch zweimal bis 12, nun gehst Du das letztemal zu Bett. Von all dem ist keine Rede. Ob ich wohl ein wenig überkandidelt bin?

Denn ich kann nicht leugnen, daß ich mich in geradezu gehobener Stimmung befinde. Ich bitte nur den Herrn im

Himmel, daß er mich darin erhalten möge, denn für das Fleisch ist es sicher leichter, so zu sterben. Wie gnädig ist der Herr mit mir gewesen! Selbst auf die Gefahr hin, daß das hysterisch klingt: ich bin so voll Dank, eigentlich ist für nichts anderes Platz. Er hat mich die zwei Tage so fest und klar geführt: der ganze Saal hätte brüllen können, wie der Herr Freisler, und sämtliche Wände hätten wackeln können, und es hätte mir gar nichts gemacht; es war wahrscheinlich so, wie es im Jesaja 43,2 heißt: Denn so du durch Wasser gehst, will ich bei dir sein, daß dich die Ströme nicht sollen ersäufen; und so du ins Feuer gehst, sollst du nicht brennen, und die Flamme soll dich nicht versengen. – Nämlich Deine Seele.
Mir war, als ich zum Schlußwort aufgerufen wurde, so zumute, daß ich beinahe gesagt hätte: Ich habe nur eines zu meiner Verteidigung anzuführen: nehmen Sie den Leib, Gut, Ehr, Kind und Weib, laß fahren dahin, sie haben's kein Gewinn, das Reich muß uns doch bleiben. Aber das hätte doch die anderen nur belastet; so sagte ich nur: Ich habe nicht die Absicht, etwas zu sagen.
Es ist nun noch ein schweres Stück Weges vor mir, und ich kann nur bitten, daß der Herr mir weiter so gnädig ist. Für heute abend hatte Eugen (Gerstenmaier, Hrg.) uns aufgeschrieben Lukas 5,1–11. Er hatte es anders gemeint; aber es bleibt wahr, daß dies für mich ein Tag eines großen Fischzuges war, und daß ich heute abend mit Recht sagen kann: »Herr, gehe von mir hinaus. Ich bin ein sündiger Mensch.« Und was haben wir, meine Liebe, gestern Schönes gelesen: »Wir haben aber solchen Schatz in irdenen Gefäßen, auf daß die überschwengliche Kraft sei Gottes und nicht von uns. Wir haben allenthalben Trübsal, aber wir ängstigten uns nicht. Uns ist bange, aber wir verzagen nicht. Wir leiden Verfolgung, aber wir werden nicht verlassen. Wir werden unterdrückt, aber wir kommen nicht um. Und tragen allezeit das Sterben des Herrn Jesu an unserem Leib, auf daß auch das Leben des Herrn Jesu an unserem Leibe offenbar werde.«

Dank, mein Herz, vor allem dem Herrn, dank, mein Herz, Dir für Deine Fürbitte, Dank allen anderen, die für uns und für mich gebeten haben. Dein Mann, Dein schwacher, feiger, »komplizierter«, sehr durchschnittlicher Mann, der hat das erleben dürfen. Wenn ich jetzt gerettet werden würde – was ja bei Gott nicht wahrscheinlicher oder unwahrscheinlicher ist als vor einer Woche –, so muß ich sagen, daß ich erstmal mich wieder zurechtfinden müßte, so ungeheuer war die Demonstration von Gottes Gegenwart und Allmacht. Darum kann ich nur eines sagen, mein liebes Herz: möge Gott Dir so gnädig sein wie mir, dann macht selbst der tote Ehemann gar nichts. Ich kann Dir nur eines sagen: wenn Du das Gefühl absoluter Geborgenheit erhältst, wenn der Herr es Dir schenkt, was Du ohne diese Zeit und ihren Abschluß nicht hättest, so hinterlasse ich Dir einen nichtkonfiszierbaren Schatz, demgegenüber selbst mein Leben nicht wiegt. Diese armseligen Kreaturen von Schulze und Freisler und wie das Pack alles heißen mag: nicht einmal begreifen würden sie, wie wenig sie nehmen können!

Ich schreibe morgen weiter, aber da man nie weiß, was geschieht, will ich in dem Brief jedenfalls jedes Thema berührt haben. Ich weiß natürlich nicht, ob ich nun morgen hingerichtet werde. Es mag sein, daß ich noch vernommen, verprügelt oder aufgespeichert werde. Kratze, bitte, an den Türen; denn vielleicht hält sie das doch von zu argen Prügeln ab. Wenn ich auch nach der heutigen Erfahrung weiß, daß Gott auch diese Prügel zu nichts machen kann, selbst wenn ich keinen heilen Knochen am Leibe behalte, ehe ich gehenkt werde, wenn ich also im Augenblick keine Angst davor habe, so möchte ich das lieber vermeiden. – So, gute Nacht, sei getrost und unverzagt.

Namenverzeichnis

G

H

I

J

K

L

M

N

O

P

R

S

T

V

W

»Ein Buch für alle Verliebten – ein Buch für alle, die einmal verliebt waren – ein Buch für alle, die nicht mehr an die Liebe glauben – ein Buch für alle, die wissen, daß die Liebe alles ist – ein Buch für die Realisten, die an Wunder glauben …«

Leinen · 252 Seiten
ISBN 3-485-00593-2